DE L'UTILITÉ DES VOYAGES,

ET DE L'AVANTAGE que la Recherche des Antiquitez procure aux Sçavans.

Par M. BAUDELOT DE DAIRVAL,
Avocat en Parlement.

TOME II.

A PARIS,

Chez { PIERRE AUBOÜIN, ET PIERRE EMERY } Quay des Augustins, à l'Ecu de France, prés l'Hôtel de Luynes.

M. DC. LXXXVI.

AVEC PRIVILEGE DU ROY.

TITRES PRINCIPAUX

DES MATIERES qui ſont traittées dans la ſeconde Partie.

Memoire de quelques observations generales qu'on peut faire pour ne pas voyager inutilement. 695.

Est quodam prodire tenus, si non datur ultra.

Horat. l. 1. Ep. 1.

LE TALISMANS

JE n'ay point parlé des Talismans en parlant en des pierres gravées, quoy qu'il s'en trouve un plus grand nombre dans cette espece d'Antiquité, que parmy les metaux ; j'ay donc crû qu'il étoit plus à propos d'en faire un Article à part pour éviter la confusion. En effet, non seulement le principe, le dessein, le choix des pierres, & l'usage en sont particuliers ; mais même on en peut faire, disent les Autheurs avec toutes sortes de matieres, comme metaux, pierres communes, arbres, plantes, & racines.

Je n'aypas envie neanmoins de donner icy dans les visions indiscretes du vulgaire ignorant, ou de souscrire à tout ce qu'on en debite sans l'entendre, ou d'anathematiser tout ce qu'on en a écrit sans l'examiner. Je me suis plus attaché d'ailleurs à rapporter ce que les anciens en ont pensé, & à éclaircir quelques passages qui m'ont paru difficiles, qu'à composer un Traitté qui en enseignat la fabrique. Comme le secret & l'usage d'en faire sont tres anciens: il est impossible qu'en les ramassant on n'y découvre beaucoup de choses propres à developper les mysteres de l'antiquité. Voilà enfin la seule utilité que je veux décrire & que je pretens en tirer.

Je ne sçay où Reichelt a pris que *Apollonius Tyaneus* est le premier autheur de la science des Talismans, ny qui sont ces Autheurs Arabes & Chrétiens qui avancent cete vision. Je sçay bien que Selden a dit quelque part qu'un Manuscrit Arabe parle d'un *Polonus sapiens* inventeur des Talismans, & qu'il croit que c'est Apollonius; ce qui sans doute a aussi trompé Licetus: mais une conjecture si mal fondée ne prouve rien Gaffarel avant luy, n'a que trop bien refuté son sentiment. En effet, il est aisé de montrer non seulement que les Chaldéens, les anciens Perses, & avant eux les Egyptiens en ont connu les secrets; mais encore que les premiers Patriarches les ont cultivez. Sans cela comment pourroit-on expliquer ces *Theraphins* de l'Histoire Sainte †, & des Prophetes*, Je trouve Monsieur, pour confirmer ce

† *Judic. c.* 3. *&* 17.

* Sedebunt filii Israël sine Rege, & sine Principe, & sine sacrificio, & sine altari, & sine Ephod & sine Theraphim. *Osée ch.* 3.

que j'avance, que le Pere Kirker est de ce sentiment dans son Oedipe Egyptien ; sur quoy il cite Abenezra qui tient que les *Theraphims* étoient des figures constellées & propres pour la divination. Ces sortes de figures étoient communes en Egypte, s'il est vray que *Theraphim*, ait été tiré par corruption de, *Serapes*, les Chaldéens ne pouvant pas prononcer ce mot autrement, comme le veut encor le Pere Kirker. Les Egyptiens sont aparemment les premiers inventeurs des Talismans, comme Herodote, ce me semble, l'insinuë au livre second de son histoire ; aprés avoir dit que ces peuples donnerent les premiers le nom à douze Dieux, & qu'ils leurs dedierent des Autels, des Statuës, & des Temples, cét Autheur ajoute qu'ils furent aussi les premiers à *graver des animaux sur des pierres* : ce qui convient fort aux Talismans. D'où vient que ceux de pierreries seroient sans-doute les plus anciens. Le P. Kirker pretend au reste que les Egyptiens apelloient chez eux, *Serapes*, tout ce qui avoit le pouvoir & la vertu de conserver, de deffendre ou de procurer quelque bien ; & que les Israëlites aprirent en Egypte le secret de les fabriquer. En effet, cela est si fort

Tom. 1.

καὶ ζῶα ἐν λίθοισι ἐγγλύψαι.

connu des plus ſçavans, que le P. Simon dans ſon hiſtoire critique de la bible qui paroit depuis peu, aſſeure qu'on ne ſçauroit expliquer une bonnne partie des livres de Moyſe, ſi l'on ne connoit la Religion des anciens Sabbaites, dont cette ſcience ſelon luy, faiſoit une partie de myſteres. Et n'eſt-il pas encor tres-probable que ces figures par leſquelles Laban augura que Jacob attireroit la benediction de Dieu ſur ſa famille, étoient des images Taliſmaniques ou conſtellées; telle qu'étoit aparemment cette petite figure qu'un inconnu, au raport de Suetone, donna à Neron, & à qui ſeulle il faiſoit des Sacrifices trois fois par jour; parce qu'il l'a regardoit comme un remede contre les embuches & contre les conjurations. Il me ſemble encor que ces remedes apellez *Proebia* ſont de ce genre. Caja Coecilia femme de Tarquin l'ancien, ſelon Feſtus, les avoit inventez; & ce ne peut être autre choſe que des Taliſmans, puiſque Varron dit qu'on les apelle, *proebia à prohibendo* empécher, détourner. Il ajoûte qu'on s'en ſervoit pour ſe mettre en ſcureté contre les maux étrangers, & qu'on les attachoit au cou des enfans.

Si quidem icũculam, puellarem, cum quaſi remediũ inſidiarum à plebeio quodã ignoto muneri accepiſſet, detecta conſeſtim conjuratione pro ſũmo numine, triniſque in die ſacrificiis colere perſeveravit: volebatque creui monitione ejus futura praenoſcere.

Proebia à prohibendo ut ſit rutũ quod ſint remedia in collo à pueris.

Je ne croy pas non plus qu'on puiſſe expliquer autrement ce vers de Lucrece.

> Exsultare etiam Samothracia ferrea
> Vidi
>
> *I'ay veu méme enlever l'anneau de Samothrace,*
> *Tout composé qu'il est.*

Qu'en le rapportant aux Talismans que ceux de l'isle de Samothrace faisoient d'une certaine maniere, & d'où l'on a donné le nom à des bagues faites de mème. *Le nom prouve l'origine de cette coutume*, dit Pline parlant de l'usage d'enchasser du fer ou de l'or, *& montre qu'elle vient de Samothrace.* C'étoit ainsi des anneaux d'or qui avoient du fer enchassé, au lieu de pierres precieuses, cóme le dit Isidore, *l'anneau de Samothrace est d'or à la verité, mais il y a du fer enchassé au lieu de pierres, on l'apelle ainsi du lieu ou on le fabrique.* Ainsi lors que Lucrece a dit *Samothracia ferrea* en décrivant les vertus de l'aimant, il a entendu parler du fer qui étant enchassé dans des anneaux, comme ceux de Samothrace, ne laissent pas de sauter par la Vertu de l'aimant, quelque pesant que fut le fer, quoyque joint à un autre metal, quoy même encore qu'il

Cuius licentiæ origo nomine ipso in Samothrace id institutum esse declarat.

Samothracius aureus est quidem, sed capitulo ferreo à loco ita vocatus.

fut constellé. Le grand Scaliger dans ses notes sur Varron semble l'avoir remarqué, puis qu'il dit que ces *anneaux qu'on apelloit Samothraciens avoient quelque chose qui preservoit contre l'envie & les, autres maux étrangers, ou qui les repoussoit*; ces anneaux comme dit Artemidore qui ont du fer au dehors & à qui l'art a communiqué quelque vertu salutaire, puis qu'il les croit de bon augure dans les songes. Par où l'on peut voir que Turnebe, s'est trompé dans sa conjecture, lors qu'il dit que la pensée de Lucrece se doit entendre seulement d'un anneau tout de fer. Ce qui est avancé sans authorité, & contre le témoignage des anciens. Petrone parlant des bagues que Trimalcion portoit, il dit que celle qu'il avoit au dernier article du petit doit étoit d'or semée & garnie d'étoilles de fer. Sur quoy Monsieur Pithou dit que c'étoit *un Anneau de Samothrace.* Kirchmannus qui suit Turnebe, pretend qu'il ne faut pas écouter l'authorité d'Isidore, quoy que cet ancien n'ait suivy que celle de Pline qui avoit dit avant le passage que j'en viens de raporter, *les esclaves même commencent à environner d'or leurs anneaux de fer, & quelques-uns les en couvrent entierement.* Ce qui fait remar-

Habebant aliquid ἀλεξίκακον annuli ferrei qui dicebantur Samothracii.

Extremo vero articulo digiti sequentis minorem ut mihi videbatur totum aureum, sed plane ferreis veluti stellis ferruminatum.

Nec non & servitia jam ferrum auro cingunt, alia

quer que le Naturaliste entend parler du fer que l'on commençoit à enchasser dans de l'or ; soit qu'on y laissast un cercle de fer, ou qu'il n'y en eut qu'un morceau en guise de pierre. Et en effet ce qu'il ajoute ensuite que cette mode & cet usage venoit de Samothrace justifie Isidore & la remarque que je fais. Au reste Mr. ces anneaux de Samothrace etoient sans doute des Talismans dont le fer étoit constellé. Car à quoy bon enchasser un petit morceau de fer dans une matiere plus precieuse, & de quel ornement cela pouvoit-il être. Ne croira t'on pas plûtôt que ces anneaux étoient faits par les regles d'une Philosophie secrette qui leur communiquoient des proprietez pour beaucoup d'effets : tels qu'étoient ces bagues dont la fabrique avoit été enseignée par Salomon, selon Joseph, avec lesquels on pouvoit chasser les diables, & ces anneaux creux d'Artemidore qui ont quelque chose de divin renfermé au dedans. Ce n'est point une conjecture mal fondée, il faut que de tout tems les peuples de cette Isle se soient appliquez à étudier les secrets de la nature, puisque je trouve dans Jamblicus que Pythagore aprit entr'autre à Samothrace une espece de Philosophie

per se se mero auro decorans, l. 33 c. 1.

οἱ γὰρ κοιοὶ δὲ θεῖον ἔνδον ἔχοντες.

qu'il apelle divine, & que je croy avec beaucoup de vray semblance être la science en partie des Talismans. Ce qui revient assez à ce que dit l'interprete des songes. Aussi cette Religion, ce Culte, ces Dieux qu'on apelloit de Samothrace ne sont rien autre chose que ceux qui étoient crus presider ou favoriser la pratique de cette science, & les ceremonies qu'on y observoit, ou contribuer à la composition des Talismans. Les Inscriptions de ces trois Autels dont parle Tertulien, le confirment *devant les Colonnes*, dit-il, *il y a trois autels dediez à trois especes de Dieux MAGNIS, POTENTIBUS, VALENTIBUS*. C'est à dire à ceux qui peuvent tout pour l'execution des choses difficiles, ou qui president à leur entreprise, *& l'on croit* ajoute-t'il, *que ces Dieux sont ceux de SAMOTHRACE*. Aussi Varron les apelle-t'il DIVI POTES. Et il pretend que c'est le Ciel & la terre, ce qui fait beaucoup pour mon sentiment. La connoissance des Astres & des corps sublunaires sont les ressorts de cette science, la Physique en un mot est la Divinité seule qui preside à la fabrique des secrets dont je parle, & la cause qui produit les effets que nous admirons. *Di-*

Ante has tres aras trinis deis parent, MAGNIS POTENTIBUS, VALENTIBUS, eosdem SAMOTHRACAS existimant.

vi Potes, dit le sçavant Romain *sont ceux qu'on apelle en Samothrace les Dieux puissans & ces Dieux sont le Ciel & la terre*, les anciens ont crû que quiconque étoit initié dans les Mysteres de Samothrace, avoit des preservatifs contre les plus violentes attaques de la nature, les plus difficiles méme à repousser, & devoir être en seureté contre tous les perils. Ce qu'on voit entr'autres dans le premier livre des Argonautiques d'Apollonius, sur quoy l'interprete ancien qui dit qu'Ulysse avoit été initié dans ces mysteres confirme ce que son Autheur en dit. Il fait neanmoins trois sortes de divinitez à qui il joint Mercure, & raporte les noms barbares de ces Dieux, qu'il étoit défendu de reveler comme AXIERUS, AXIOCERSA, AXIOCERSUS & CASMILUS qu'il batise de Ceres, de Proserpine, de Pluton & de Mercure. On a aparemment abusé de cette science, & de ces secrets, dans la suitte, puisque S. Clement d'Alexandrie dans son discours, *aux nations*, deteste méme celui qui l'a inventée ou qui l'a aprise aux habitãs de Samothrace. Ce Philosophe au reste s'apelloit *Action*, je ne doute point par consequent que le *Samothracia Ferrea* n'en vienne & ne se doive expliquer

Divi Potes & sunt pro illeis qui in Samothrace θεοὶ δυνατοὶ hæc duo Cœlum & Terra.

p. 96.

p. 8.

comme j'ay fait, d'autant plus que je vois encore cette espece de Talismans confirmée par Aristophane dans son Plutus, lors qu'il fait dire à un des personnages de cette fable

ΔΙΚ. ἐδὲν προτιμῶ σῦ φορῶ τε πριάμενος. τὸν δακτύλιον τὸν δὲ παρ' Εὐδάμυ δραχμῆς.

IVST. Ie ne crains rien de toy marant
Ie porte un antidote, une bague qui vaut
Vne dragme, Eudamus l'a faite & l'a venduë.

ne donne-t'il pas à juger qu'il entend par ce mot de bague, un antidote propre à preserver du mal, ou à le repousser. Puisque le Scholiaste grec dit que cet Eudamus étoit un Philosophe qui faisoit des anneaux dont la vertu particuliere étoit de chasser les demons, les serpens, & les autres choses nuisibles, & qui guerissoient ceux qui avoient été mordus des Serpens. Aussi le Poëte prouve-t'il en suitte que c'est dans ce sens qu'il faut prendre l'endroit que je viens de citer, puis qu'il fait ajouter par le valet de Chremylle.

ΚΑΡ. ἀλλ' ἐκ ἔνεςι συκοφάντε δήγματος.

CHAR. Mais il n'est point d'Antidote efficace
Qui preserve ou qui chasse
Le poison que répand un calomniateur
Par sa morsure.

sur quoy le commentateur raporte que les anciens ont crû qu'il y avoit dans de certains anneaux qu'ils apelloient φαρματίκοι ou φυσικοὶ une vertu fatale, & presque magique, pour repousser le mal, ou pour se procurer quelque avantage, tel qu'étoit l'anneau de Gyges. Ces anneaux au reste étoient creux & à jour, comme on le voit dans Artemidore, ou il est dit qu'ils paroissent plus gros qu'ils ne sont, lourds. Il falloit méme qu'ils fussent bien communs, puis qu'ils ne valloient qu'une dragme, ce que je remarque encor dans Antiphanes cité par Athe-
née, ou ce Poëte fait dire à un de ses l. 3.
Acteurs, qu'il ne se porte point mal, mais que si les tranchées le prennent, il a acheté un anneau que Phertatus luy a vendu une dragme. Aelian au livre 5. de l'histoire des animaux en fait la description d'un, dont il dit avoir veu l'effet aussi bien que les mysteres & la fabrique; & cet anneau étoit bon contre le mal des yeux. Les Egyptiens de qui la plûpart des autres peuples ont apris le secret de ces anneaux avoient aussi d'autres Talismans pour toutes les parties du corps & c'est peut-être pour cela qu'on trouve tant de petites figures differentes de Dieux, d'hommes, & d'a-

nimaux dans les tombeaux anciens de cepays. Elles ſont la plûpart de terre de toutes couleurs, ou d'une pierre luiſante comme le Talc.

Je trouve Monſieur aſſez à propos pour finir cette remarque une pierre dans le livre de Monſieur Chaduc qui paroit avoir été gravée ou fabriquée cõme il vous plaira ſelon les regles de la Philoſophie Samothraciéne. La vertu de cette pierre étoit aparemment ou pour reuſſir dans une negotiation de Paix ou pour un autre ſujet aprochant. Car il y a au milieu une maniere de caducée & au tour ces mots pour legende SAMOT. REX. GAL. PAX. Mais Mr. vous en jugerez mieux par le type méme que voicy, & vous en expliquerez les myſteres plus aiſément que moy. Si elle ne vient point à mon ſujet, le terme de SAMOT m'aura trompé. Je ne ſçache pas neanmoins à quoy l'on pouroit l'attribuer, car il n'y a point eu de Roy des Gaules ou de Galatie de ce nom, & l'impoſture qu'Annius de Viterbe a fondée ſur une corruption du paſſage de Diogene Laerce, ſelon Caſaubon, ne peut être icy d'aucune authorité.

Ne seroit-ce point, Monsieur de ces sortes d'anneaux qui étoient pendus au Temple d'Achille dans l'Isle du méme nom, comme le dit Arrian, *on voit*, dit-il, *dans le Temple une infinité d'offrandes, comme des vases, des ANNEAUX & des pierres precieuses.* On ne doit pas trouver étrange ma conjecture, puisque cette Isle n'est pas loin de celle de Samothrace, & il pouvoit y avoir de ces anneaux gravez de caracteres latins aussi bien que grecs, puisque Scylax Geographe de l'Isle de Caryande vers la Carie, dit que dans ce Temple d'Achille, il y avoit des inscriptions Grecques & Romaines : & ces anneaux pouvoient avoir été offerts au Temple de cette Isle, par ceux qui en avoient éprouvé les effets pour en consacrer la cause, ou pour en remercier

καὶ ἄλλα πολλὰ ἀναθήματα ἀνάκειται ἐν τῷ νεῷ, φιάλαι καὶ ΔΑΚΤΥΛΙΟΙ καὶ λίθοι τῶν πολυτελεστέρων *Euxin* 1. *per.*

καὶ ἐπιγεγραμμένα τὰ μὲν Ῥωμαϊκῶς, τὰ δὲ Ἑλληνικῶς πεποιημένα. *Scyl p.* 10.

les Dieux qui avoient presidé à leur fabrique, & qui en avoient favorisé le succeds. Au reste les offrandes d'anneaux en general, quels qu'ils soient, ne sont point chimeriques, puisque j'en ay raporté des inscriptions qui le prouvent.

Les argumens que Richelt apporte pour combattre les Talismans, ne sont pas assez forts, selon mon sens, pour detourner ceux qui auroient envie de s'y appliquer. Aprés avoir soutenu que leur vertu ne consiste que dans la figure, cet Autheur tire des consequences de ce principe qui ne concluent rien. Il se donne une longue peine de montrer que les figures des signes celestes, n'ont point de raport avec celles qu'on imprime sur les Talismans. Que la situation des Astres n'est point en tous les lieux, telle que le demande les regles de cette pretenduë science. Il infere de là que les effets des figures constellées rapportés par les Autheurs ne sçauroient étre naturels; & que surpassant l'art humain, ce ne sont que *des amorces superstieieuses du diable.* Superstitiosos diaboli illices. Comme d'esperer par cette voye, l'affection des Princes, la faveur des Magistrats, de grandes victoires, d'empêcher l'incursion des ennemis, de chasser tous les maux, & de predire l'avenir.

Si cela est, Monsieur, le moins qu'on peut faire, est de traitter de fanatiques ceux qui promettent tant de merveilles. Mais il faut bien prendre garde que les habiles en cet art n'en demeurent pas d'accord. Bien éloignés d'user de fourbes pour profiter de leurs secrets, comme ces Sophistes d'Alexandrie dont parle Suidas quelque part, qui payoient un certain tribut, qu'on apelloit à cause de cela, le tribut des foux. Ils condannent avec les mois scrupuleux méme les operations rapportées par *Albinius Villanovensis*, par *Thebit ben corat*, une partie de celles de *Tritheme*, de *Coclenius*, de *Marcellus Emperycus* comme ridicules & superstitieuses. Ainsi il n'est point question ici, & je n'entens pas parler de ces mysteres qui ont donné lieu au prove be ἐφέσια γράμματα. de l'usage de se servir de mots barbares qui n'ont entre eux aucune liaison, & qui ne sçauroient operer que par les secours de l'enfer. Il ne s'agit pas non plus du metier que faisoient ces miserables πολυπράγμονες dont parle Maxime de Tyr que l'esperance du gain faisoit assembler dans les lieux publics, & qui s'oftroient au premier venu de luy predire l'avenir pour deux oboles ; ny de la fabrique de ces deux bagues d'Excestus Tyran de Phocée qui ne l'empecherent pas neanmoins de perir. Je n'entens parler que des secrets, que d'une maniere purement naturelle fondée sur des principes que la Philosophie & la raison peuvent avoüer, ou que l'experience a fait connoître, quoi qu'on ne les puisse pas expliquer, non plus qu'une infinité d'autres effets qui sont connus du peuple, & qui sont reçûs des plus sçavans. C'est ce que je remarque parmi les anciens dans Alexandre Aphrodisée, entre autres, dans Trallian, & dans Galien. Ils ont admis les Talismans au nombre des remedes, & temoignent l'avoir eprouvé avec succés. Je dis les Talismans, car qu'est-ce autres choses que les pierres gravées de Jaspe Verd, dont Galien parle au 9. livre de la proprieté des remedes simples. Et quoi que cet autheur semble avoir cru que ces pierres dont il parle pouvoient faire le méme effet sans graveure, cependant, il ne la condanne pas comme superstitieuse & deffenduë. Aussi a t'on bien distingué dans l'antiquité, ce que j'apelle Talismans, d'avec les secrets magiques, comme

me

me on le voit dans Alexandre Aphrodisée, qui n'eſt pas un Autheur d'un nom mediocre, & qui ait dit les choſes à l'avanture. C'eſt dans ſon traitté de la deſtinée ou parlant de ces effets dont la cauſe eſt ignorée, il ajoute tels que ſont certains remedes *amuleta* reçûs dans le monde, qui n'ont aucune cauſe connuë ou probable en apparence pour produire les effets que nous voyons. Il en eſt de méme, dit-il, enſuite des enchantemens, ou des operations magiques. Par où l'on peut aiſement remarquer la difference qu'il fait des uns & des autres, quoi qu'il diſe que les cauſes ou les principes en ſoient inconnus. Cela eſt ſi vray que luy & les autres ont toûjours mis les ſecrets dont je parle parmi ceux de la nature. Monſieur Petit fait auſſi cette remarque dans ſes obſervations qu'il nous donna il y a quelque temps. Si ce livre vous étoit moins connu, je rapporterois le chapitre entier où il en parle ; car on a peu veu d'ouvrages dans ce genre qui ennuie moins, & où il y ait tant de Philoſophie, d'eloquence, & de varieté. Il y explique un paſſage de Platon d'une maniere tres-delicate, & tres ſpirituelle ; & ſa conjecture l'engageant à parler des vers dont on ſe ſervoit aux

οἷα [illegible]-κτά τε τινα περίαπτα οὐδεμίαν εὔλογον καὶ πιθανὴν αἰτίαν τοῦ ταῦτα ποιεῖν ἔχοντα. ἔτι δὲ ἐπαοιδαὶ, καὶ τινες τοιαῦται μαγγανεῖαι.
parag. & *p.* 4.

enchantemens, des anneaux magiques, & de ces remedes superstitieux des anciens, il dit que les grands hommes avoient honte de s'en servir lors que la violence méme de la douleur les y engageoit, ce qu'il prouve par un endroit de Pline, touchant les vers magiques & par le sentiment de Plutarque dans la vie de Pericles. Sur quoy il faut remarquer que les grands hommes lors qu'ils semblent reprouver ces secrets ils ne condannent que les magiques, & ils n'entendent parler que de cette espece. Ce que je trouve établi dans la suitte du Chapitre par monsieur Petit *cependant* dit-il *l'authorité de quelques anciens Medecins semble s'opposer à ce que je viens de rapporter. Ils mettent au rang des choses qui guerissent ces remedes physiques, c'est à-dire*, naturels *car c'est ainsi qu'ils les apellent. Ces remedes particuliers dis-je qu'on employe à la guerison des maladies dangereuses, s'ils ont une proprieté naturelle capable de produire un effet salutaire, pourquoy les mesprisera t'on? & il n'y a t il pas bien de l'aparence que les anciens n'ont pas negligé des remedes dont ils admiroient la vertu* Trallian *entre autres au chapitre de l'Epilepsie, aprés avoir decrit plusieurs recettes de la Medecine ordinaire*, *il passe à celles qui sont le moins en usage, & d'un genre plus élevé, qu'il rapporte sous ce titre* φυσικὰ πρὸς ἐπιληπτικοὺς *comme des secours qu'on n'admet que dans le dernier besoin.* Je n'ay expliqué, *dit il,* touchant l'Epilepsie, que ce que nous connoissons, & ce qu'une longue experience nous a apris. Cependant comme plusieurs se servent de ces remedes naturels qu'on attache au cou, ou aux parties malades, & qu'ils en usent d'autant plus volontiers qu'ils le font avec succés ; j'ay juge à propos d'en toucher quelque chose en faveur de ceux qui aiment l'étude, afin qu'un Medecin ait de quoy donner plus d'un secours aux malades, & qu'il soit instruit de tout ce qui peut les soulager. *Galien n'a pas reprouvé non plus ces sortes de remedes, & lors qu'il en parle au neuviéme livre* de la proprieté des medicamens simples, *il les recommande plutôt que de les mépriser, comme étant inutiles ou indignes de l'application des medecins. Il dit en avoir fait l'experience de quelques uns, & cite les Autheurs qui en ont écrit : & ce qu'il ne fait en cét endroit qu'en passant, il promet de les examiner ailleurs dans un autre traitté Si ces remedes par consequent n'ont point été méprisez par* Galien, *si* Alexandre Aphrodisée & *les autres les ont estimez & compris parmi les tresors de la Medecine, dira t on que les plus anciens les ont tellement condannés qu'un homme qui s'en seroit servi, auroit eu honte de l'avouer?*

Mais pour expliquer cette difficulté touchant la denomination de ces remedes je dis d'abord qu'ils ont été apeliez naturels pour les distinguer de ceux qui tombent dans l'usage commun de la Medecine. Comme on oppose ordinairement l'art à la nature, les choses artificielles à celles qui ne le sont pas, on a ainsi apelé naturels ces secours que la raison n'avoit point inventez; & parce qu'ils ne fournissoient aucune conjecture pourquoy on les appliquoit à un certain mal, ou qu'on ne découvroit point la cause de leurs utilitez, ny probables, ny évidentes, on a crû qu'ils surpassoient les forces de l'art, & qu'ils étoient introduits contre les regles & la methode qu'il prescrit. Voilà donc l'origine de leur nom ce que je montre par les propres termes de Galien au lieu cité. Il y a *dit, il* quelques autres pierres qu'on attache encor pour guerir plusieurs maux, elles ont au reste de certains caracteres & de certaines lettres gravées, comme l'Hieracites qui est bonne contre les Hemorroïdes, dont nous avons fait même l'experience. Il n'eſt pas tems icy d'en parler, parce qu'il n'y a que l'experience qu'on en a qui faſſe ajoûter foy à leur vertu. Auſſi ne s'en ſert on pas ſelon la methode ordinaire. *Il paroit par ces termes de* Galien *que ces remedes étant hors de l'art ſont apellez naturels & qu'on ne leur donne ce nom que parce qu'ils ne tombent point ſous les regles de l'art.* Galien *prouve donc l'efficace dans de certaines maladies de ces remedes qu'il a eprouvé luy même, & dont on ne peut donner de raiſon, mais cela ne regarde point ceux qui aimẽt mieux ſe railler que reſoudre ce qu'ils ne peuvent comprendre.* Ce recit Monſieur que je viens de vous faire de l'obſervation de Monſieur Petit, eſt infiniment plus agreable dans l'original, & ſans doute plus perſuaſif: mais le raiſonnement en eſt ſi bon qu'il n'a pas perdu toute ſa force dans nôtre langue, & qu'il ne contribuera pas mediocrement à juſtifier ceux qui ſe ſõt fait un étude des Taliſmans.

Ils ſoûtiennẽt donc avec juſtice & avec fondement que la veritable ſcience en eſt toute naturelle; qu'elle ne paſſe poĩt les regles de la Philoſophie, comme l'aſſeurent de tres grands hommes Syphorian, Campege, Campanella, & qu'il n'eſt point neceſſaire d'avoir recours aux abominations de la magie pour operer des choses que la Philosophie enseigne innocemment, selon Roger Bacon; parce qu'il est certain dit le commentateur du Plutus d'Aristophane que l'application des choses naturelles faite à propos est suffisante, & contribuë beaucoup à prevenir quelque effet ou a le produire. *Mais pour connoître cela il faut avoir penetré les causes de tout ce qui se fait & les forces secrettes de la nature*, "ajoûte t'il ensuite.* *Car il arrive tous les jours* dit admirablement Apulée dans son Apologie *des choses si merveilleuses & si extraordinaires qu'un ignorant ne les croira pas si on les luy raporte*; c'est aussi pour cette raison que s'il se trouve quelque obscurité dans ces sortes d'ouvrages, ces tenebres pour ainsi dire n'ont été inventées que pour en cacher les secrets à ceux, ou qui pouvoient en abuser, ou qui n'étoient pas capables d'en profiter, comme les anciens faisoient leur Theologie au raport de Plutarque dans l'endroit que j'ay cité, & ce que font encor aujourd'huy les Chimistes dans la description de leurs experiences.

Les découvertes dans la Phisique que les Cartesiens ont faites depuis un demy siecle, sont tres propres à faire faire quelques progrez dans cette étude: en

Non igitur oportet nos uti magicis illusionibus cum potestas Philosophiæ doceat operari quod sufficit. Naturalium enim rerum opportuna applicatio conferebat ad contrahendum vel expellendum. hæc nosse exacte, eius demum est qui naturalium rerum causas callet & vim secretiorem.

*Nam & mihi & tibi & cunctis hominibus multa usu venire mira & pene infecta quæ tamen ignaro relata fidem perdãt.

quoy l'on peut reconnoître l'utilité de la Philosophie moderne pour rétablir ces connoissances si salutaires à nos premiers peres, que le tems, l'idolatrie, & les superstitions ont presque anneanties, en les voulant pousser au delà des forces de la nature. Ceux qui ont parlé plus juste sur cette matiere, & qui en ont connu les veritables principes, admettent avec les plus grands philosophes l'épanchement & la communication des influences celestes sur les corps sublunaires. Ils ne doutent pas que les Astres n'ayent quelque ressemblance avec les choses d'icy bas, non pas formelle, mais de sympatie, & de mouvement, comme l'experience l'a montré. C'est aussi ce qui leur a fait donner par les premiers sages le nom des choses sur lesquelles elles agissoiẽt plus particulierement. Si les noms même ont quelques vertus particulieres; comme Origéne l'insinuë dans son livre premier contre Celse, ou il dit que chez les Hebreux, ils y en avoit quelques uns qui renfermoient une Theologie cachée; pourquoy des figures ne pourront elles pas recevoir des proprietez lors principalement qu'elles sont jointes à un corps, ou qui en est susceptible luy même, ou qui en possede. Voicy encor une belle pensée de Plotin qui sert merveilleusement à prouver cette opinion, il dit que les figures sont toutes faites & produites par des principes certains, & qu'elles sont comme les actions de l'ame du monde.

καὶ οἱ σχηματισμοὶ κατὰ λόγον, καὶ κατ᾽ ἀριθμοὺς δὲ ἕκαστα, καὶ τὰ χορεύοντα ζώου μέρη, ἄμφω ἀνάγκη ὁμολογεῖν τὴν ἐνέργειαν τοῦ παντὸς εἶναι, τά τε ἐν αὐτῷ γινόμενα σχήματα, καὶ τὰ σχηματιζόμενα μέρη αὐτοῦ, καὶ τὰ τούτοις ἑπόμενα. *Enn.* 4. *l.* 4. *c.* 35.

On a tiré cette consequence de là que de certaines figures artificielles en sont aussi succeptibles que les naturelles. ce que Saint Thomas & Albert le grand n'ont jamais nié. Mais Monsieur ceux qui suivent ce sentiment ne pretendent pas comme le veut Reichelt, que ce soient les figures seules & les images, qui determinent les influences des corps celestes à leur communiquer leurs Vertus. *Car quoy qu'elles ne soient pas le premier principe de l'operation* dit le Cardinal Cajetan *elles concourent neanmoins souvent avec le pricipe : témoin les instrumens des ouvriers dont les differentes figures agissent d'une telle ou telle maniere ; & qu'un fer plat nage sur l'eau plus aisement; que s'il avoit une autre forme qui le feroit aller au fond.* Jarchas dans Philostrate décrit à Apollonius une certaine pierre qui

Figura licet nõ sit ipsum principium operationis est tamẽ conprincipiũ quia in artificum instrumentis efficit figura ut illa sic vel sic operentur, tùm quia ferrum latum super aquas fertur quod si in aliam formam contrahas demergetur. a. 2. 9. 96. a.

qui étant posée en un endroit, avoit la vertu d'attirer à elle toutes les autres pierres des environs & de leur communiquer méme quelques proprietez. Cependant elle n'étoit pas plus grosse qu'un ongle, & il est à croire, supposé qu'elle soit vraye, que le Ciel des Indes où elle naissoit, de certains astres dominans de certains aspects particuliers formoient cette vertu, & la rendoient d'autant plus efficace que sa consistance étoit ou plus petite ou d'une certaine figure. L'exemple de l'aimant & ses effets ne peuvent-ils pas encore faire tirer quelques conjectures en faveur des Talismans. De certains Astres qui dominent plus fortement ou il naist luy communiquent cette vertu qu'on admire, & ne la repand méme en quelque façon, que sous une certaine figure, puisque pour agir il faut qu'il soit mis en œuvre d'une certaine maniere. Les figures cependant n'entrent pas toûjours dans la composition des Talismans, puis qu'on en fait de branches d'arbres & de plantes, comme on le peut voir dans le traitté *des Talismans de Vegetables* d'Ælias Chræstmairus, & d'autres qui en ont décrit les manieres. Je ne doute point non plus à propos de cela que nos Druydes ne con-

De amuletis vegetabilium.

Kk

nussent les secrets de cette science, & ne les pratiquassent dans la recherche de leur Guy de Chesne. Il falloit avoir un certain âge, & être dans une certaine saison pour le recüeillir, ce qui fortifie beaucoup la pensée qu'il m'en vient. Cette racine dont les Juifs se servoient pour exorciser les demons, est sans doute un Talisman de ce dernier genre. Joseph qui le raporte au livre huitiéme de ces antiquitez, en attribuë l'invention à Salomon. *On attachoit*, dit-il, *au nez du malade un anneau dans lequel à la place de la pierre, il y avoit une racine enchassée; Salomon l'avoit enseignée dans ses ouvrages.* Cet Hi-
l. 8. c. 2. storien dit méme qu'il en a veu l'effet, & qu'un Juif nommé Eleazar guerit une fois plusieurs possedez de cette maniere en presence de Vespasien, de ses fils, & d'une partie de son armée.

On n'y employe pas toûjours indifferemment ny la figure ny la matiere. Mais on choisit celles qui sont propres à recevoir les influences & qui sont susceptibles de certains effets; comme tant de pierres entr'autres dont parle Pline au livre trente-septiéme; ce que Marcil Ficin semble appuyer par l'usage des Medecins, qui broyent & employent ces medicamens avec succés à l'aspect de certaines constellations; Quoi qu'il ne soit pas du sentiment que les figures y contribuent, mais que le mouvement seul y peut être efficace, *Si quelqu'un*, dit-il, *veut employer avec succeds les metaux & les pierres, il est plus à propos de les frapper seulement, & de les échauffer, que d'y imprimer des figures.* Il ne seroit pas difficile neanmoins d'allier son sentiment, & de faire voir qu'il n'est point contraire à la puissance des figures. L'experience & la meditation en ont fait faire des regles : l'exemple des miroirs ronds & des concaves, n'a-t'il pas fait tirer beaucoup de consequences. Ils reçoivent si bien, & reunissent si merveilleusement les rayons du Soleil, cela produit un effet si subit & si admirable, qu'il paroîtra toûjours surnaturel à celuy qui n'en connoîtra pas la cause. Ceux d'acier qu'on a fait depuis peu dont l'operation est si prompte & si surprenannte tout ensemble, tout cela dis-je fait estimer avec assez de raison à ceux qui lés remarquent, qu'il peut y avoir d'autres matieres & d'autres figures capables de recevoir les rayons, & les vertus des autres Astres & de produire des effets qui leurs seroient conformes. Est-il si difficile de

Si quis tractare metalla lapidesque voluerit præstat percutere solũ atque calefacere quam figurare.

comprendre les mouvemens imperceptibles de cette communication d'esprits par des mouvemens ſemblables qui nous ſont connus. Les effets de l'amour & des autres paſſions ſur nos ſens ; ce que peut la peinture & la ſculpture ſur nos diſpoſitions ; ces changemens merveilleux dont parle Philoſtrate que cauſoient certains diſcours d'Antiphont que ce Sophiſte apelle *νηπενθεῖς des Taliſmans ou des remedes contre le chagrin.* Ces ſoulagemens que tant de gens ont éprouvé de la lecture de certains livres. Ces gueriſons ſi frequentes que la Muſique a operées ; auſſi y en
Iambl. p. 108. l. 5. avoit-il une eſpece ſelon Pythagore qu'il apelloit medecinale. La fureur la ſurdité & l'ivrõgne ont reſſẽty ſon pouvoir ; & l'on ſçait que la Lydiẽne rẽdoit effeminé, & la orienne intrepide. J'ay leu dans Kantzius un exemple ſi ſurprenant de ſon pouvoir, que je ne puis m'empêcher de le raporter icy pour confirmer ce qu'on raporte de ce Thimothée qui vivoit du temps d'Alexandre. Henry quatrieme Roy de Dannemark ayant ouy parler de la ſcience merveilleuſe d'un Muſicien voulut en voir les effets, & connoître ſur luy-méme par experience, ſi cet homme par ſes inſtrumens pouvoit endormir

comme il le disoit, donner de la joye, du chagrin, ou mettre en fureur. Le Musicien fit ce qu'il pût pour se dispenser d'experimenter son adresse sur le Roy, il obeït enfin, & ce Prince éprouva toutes ces passions sans se pouvoir deffendre méme de la fureur, jusqu'à tuer à coups de poing quelques-uns de ses amis qui l'environnoient pour le retenir. L'exemple encor si connu, des instrumens accordez à l'uni-son, & les autres experiences qu'ont ceux qui étudient la nature, leur a fait ajouter foy avec plus de facilité aux fruits qu'ils se promettoient de leur étude, & mépriser le sentiment des autres qui jugent cette occupation inutile & deffenduë.

Voila la Magie qu'ont pratiqué les premiers sages, & tant de sçavans modernes qui se sont efforcés de tirer du sein de l'ignorance & de la superstition des connoissances si anciennes, si reelles, si utiles, & si merveilleuses. *C'est de cette maniere, c'est par la connoissance des vertus & des mouvemens des Astres*, dit Porphyre dans son traitté des Oracles, *que les Dieux predisoient les choses futures*, & de là ajoûte Usebe qui cite cet Autheur, *on peut connoitre que les Dieux des nations ne prevoyoient pas les choses futures par une vertu divine, mais par l'observation des mouvemens celestes, par des Jugemens, par des notions mathematiques, & qu'ainsi ils n agissoient point en cela surnaturellement non plus que les hommes.* Ainsi la collection nombreuse que Reichelt a faitte pour montrer l'horreur qu'on doit avoir de cette science, ne sçauroit épouventer ceux qui la pratiquent ou qui l'étudient, pour l'exercer. Ces Anathemes ne tombent que sur les Magiciens & les Imposteurs, sur ceux qui par des fourbes infames & des superstitions abominables, s'efforcent de tromper les peuples, ou de produire des effets & d'obtenir ce que les Loix de la nature & celles de la Religion ne permettent pas.

En voila trop Monsieur ce me semble sur une matiere qui n'est pas à propos ni de mon dessein d'aprofondir ici davantage; il suffit seulement de vous ajouter sans vouloir expliquer la vertu & le pouvoir des Talismans, qu'on en trouve de toutes façons, & qu'il y en a de veritables, puis qu'on en a veu les effets. On en faisoit pour les porter ou pour les placer dans les lieux publics ou pour les ensevelir dans la terre comme tant d'histoires qu'il seroit trop long de raporter ici nous le decrivent. On en peut distinguer de quatre sortes, la premiere est la plus ancienne à mon sens, est celle d'en faire de vegetables, comme il se peut faire qu'en étoient les branches de peuple, d'Amandier ou de platane dont Jacob se servit pour multiplier son partage dans les troupeaux de son beau Pere. Mais il n'en est pas icy question, puis qu'on n'en rrouve pas cõme des trois dernieres, qui sont ou astronomiques, ou magiques, ou d'une espece qui tient & de l'une & de l'autre.

Les pierres sont gravées, les metaux sont fondus & gravez. Les Astronomiques se reconnoissent aux signes celestes qui y sont souvent avec des figures de deitez, ou d'autres, c'est à dire telles qu'on les a attribuez aux Planettes & aux Astres. Ceux de cette espece où il y a des caracteres anciens de langues Orientales avec des figures d'animaux sont asseurement les plus anciens. Il faut prendre garde neanmoins que ces legendes n'ayent point des sens superstitieux, ny de noms d'Anges inconnus, car en ce cas ils se raporteroient à la seconde espece, ou à la derniere. Les magiques ont quelque fois des figures avec des mots obscurs & des noms d'Anges inconnus.

La troisiéme maniere est composée de signes & de noms barbares. On en trouve de plus anciens dans les pierres precieuses que dans les mettaux & méme en plus grand nombre, parce qu'il y avoit peu de personnes considerables qui n'en eussent & que cette matiere a resisté au tems, à l'ignorance, & à l'avarice des siecles. Cela vous suffita Mr pour les distinguer aisément d'avec les autres monumens anciens de ce genre.

Les anciens ont cru, & principalement les Egyptiens, que de certaines pierres taillees en *Escarbots* avoient des vertus considerables, & quelles procuroiẽt de la vigueur & du courage à ceux qui les portoient. *En Egypte* dit Aelien *les gens d'épée avoient acoûtumé de faire graver des ESCARBOTS dans leurs bagues*. Parce que selon ce méme Autheur cet animal n'a point de femelle; & qu'il est dit Porphyre une image, un Symbole du Soleil. D'où vient que les Egyptiens le representoient sous la figure dont je parle, comme on le voit dans Pline & dans Diogene Laerce. La plûpart de ces pierres sont percées pour avoir servy ou de collier, ou de bracelet, & elles sont gravées souvent de plusieurs figures sur le côté qui est plat. Monsieur Chiflet dans la description du

l. x. c. xv.

l. 4. de l'abst. des anim.

l. 30. c. II.
Praef. V, Ph.

Tombeau de Childeric en donne le type d'une où il y a une grenoüille. Il insinuë & avec raison que cette figure étoit une de celles que les anciens croyoient utiles dans les fabriques des preservatifs ou des Talismans. Aussi Pline témoigne t'il que si on croit ceux qui cultivent la magie, *les Grenouilles doivent être estimées plus utiles à la vie que les loix*. C'est dans ce sens Monsieur & sur ce passage qu'il faut expliquer le cachet particulier de Mecenas, sur lequel cet animal avoit été gravé aparemment par quelqu'unes de ces raisons que Pline n'a pas raportées. Ce qu'on en a dit jusques icy n'y sçauroit ce me semble mieux convenir : & Meibomius qui a fait une si belle dissertation sur la vie de Mecenas paroit être de ce sentiment, puis qu'il ne se determine point sur aucunes des opinions qu'il en raporte. Je m'étonne pourtant comment on a oublié de parler de ces Grenoüilles d'Egypte à qui Elian attribuë de la sagesse & de la prudence, en ce qu'elles prennent un morceau de roseau qui les empesche d'être devorées par les Hydres du Nil. Je ne sçay si l'on n'auroit point voulu representer quelque chose de semblable dans ces deux rares Medailles Grecques que j'ay, & que je mets icy

Addunt etiā-num alia magi quæ si vera sunt, multo utiliores vitæ existimentur Ranæ quam leges. *l. 32. c. 5.*

l. 1. c. 3. V. h.

par occaſion, ſans vouloir m'arrêter à les expliquer d'avantage.

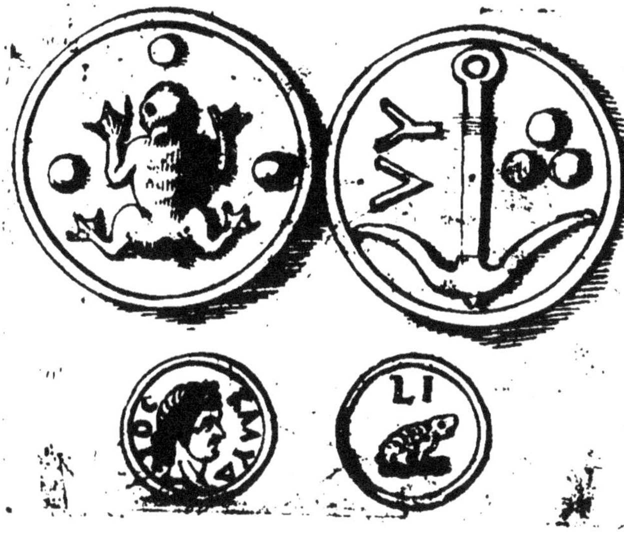

Ainſi Monſieur ſi quelques medailles doivent être miſes au rang des choſes qui ont été employées pour ſervir de Philacteres, ce pourroit être la plus grande des deux, & non pas celles
Anaſt. Child. c. 18. que Monſieur Chiflet raporte de pluſieurs Empereurs, ſur ce ſeul fondement qu'elles ſont troüées, comme ayant été enfilées ou attachées à quelque choſe. Je ne ſçaurois convenir non
OEdip. Egyp. Tom. 1. p. 520. plus du ſentiment du Pere Kirker qui met au rang des Taliſmans Egyptiens les Harpocrates Pantheons. Je demeu-

re d'acord qu'Hapocrate est originaire d'Egypte, mais je doute qu'il doive à ce pays ses frequens acroissemens; & l'explication que donne le sçavant Jesuite aux differens attributs de Dieux, dont ces figures sont composées la plûpart du tems, me paroit plus obscure & plus éloignée que les sources du Nil. Si les anciens se sont servis de petites statuës pour en faire des Talismans, il est certain que l'usage en a été tres rare & il y a bien de l'aparence qu'ils n'ont employé que la graveure sur les pierres, & sur les metaux, susceptibles d'ailleurs de certaines vertus, & capables de produire de certains effets. Voicy quelques descriptions de ces derniers tant de l'une que de l'autre espece, que je rapotre seulement pour la rareté du fait. Le portrait d'Alexandre en or ou en argent étoit commun dans une famille. D'autres portoient contre la colique des anneaux d'or où il y avoit un Dauphin gravé, ou un autre poissó avec ces mots ΘΕΟΣ ΚΕΛΕΥΕΙ ΜΗ ΚΥΕΙΝ ΚΟΛΟΝ ΠΟΝΟΥΣ ce qui veut dire DIEU VOUS DEFFEND ô COLON DE CONCEVOIR DES DOULEURS. *Tout l'Orient* dit Pline *porte le jaspe, qui ressemble à l'Emeraude, en guise de Talisman.* Lors

Treb. Poll.

Marcel. Emp c. 29.

l. 37. c. 9.

principalemẽt qu'il eſt environné d'une ou deux lignes blanches On croyoit encor qu'un anneau de cette pierre étoit propre à ceux qui parloiẽt en public. Les Amethyſtes qui ſont bonnes contre l'ivrõgnerie, ajoûte-t'il enſuite, reſiſtent aux venins, lors qu'on y grave le nom de la Lune ou du Soleil, & qu'on les pend au cou avec des cheveux de Cynocephales, *peuples d'Affrique*, ou des plumes d'Hirondelle. L'eſpece de Philoſophes qui les fabriquoient, pretendoient encor qu'elles étoient efficaces pour ſe procurer quelque faveur auprés des Princes, pour détourner la grêle, & chaſſer les Sauterelles des champs, en y ajoûtant quelque priere. Ils diſoient la même choſe des émeraudes, quand il y avoit des Aigles gravez ou des Eſcarbots. Pline d'écrit encor & ſe raille des autres viſions que les anciens ont eu touchant de certaines pierres, mais je ne les raporte point parce que je ne pretens parler icy que de celles qui avoient des figures gravées, pour vous aider à les connoître, & diſcerner celles de ce genre d'avec les autres. Aetius Medecin dit que quelques-uns ſe ſervoient pour guerir les douleurs de ventre & d'eſtomach, de bagues dont la pierre étoit de jaſpe verd, ou

Magiciens.

l. 1. Tetrab. Ser. 2. c. 36.

l'on avoit gravé un dragon avec des rayons. Comme pouroit être celle-cy, que j'ay déja mise parmy les Abraxas, & qui est de méme matiere & de méme figure.

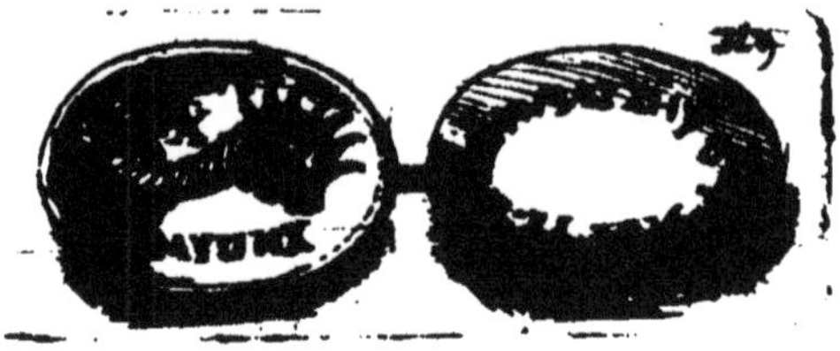

On attribuë cette pratique au Roy Nechepsus, & l'on tient qu'il l'a enseignée
dans ses ouvrages. Galien témoigne *l. 9. de Sim.*
aussi s'en être servy avec succez, quoy *Med. Fac.*
qu'il ajoute que ces pierres ne seroient
pas moins utiles sans figures. Trallien *l. 9. de off. r.*
donne ce Talisman cõtre les pierres qui *c. 4.*
s'engendrent dans le corps humain. Que l'on enchasse, dit-il, de l'airain de Chypre dans un anneau d'or au lieu de pierre, & qu'on y grave un Lion, la Lune, & une Etoille, & que le nom sur tout de la beste soit écrit dans le
cercle de la bague. Si l'on grave un *l. 10. de Cal.*
hercule debout qui suffoque un Lion, *& Bil. Hum.*
dans une Emeraude ou un Saphir de Medie enchassé en or, cela guerit les coliques. En voicy un autre pour le méme mal qui n'est pas moins plaisant

il faut dit cet Autheur avoir un anneau de fer à huit angles & y graver ces mots ΦΕΥΓΕ, ΦΕΥΓΕ ΙΟΝ ΧΟΛΗ Η ΧΟΡΥΔΑΛΟΣ ΕΖΗΤΕΙ c'est à dire, FUIS, FUIS MISERABLE BILE L'ALOUETE TE CHERCHE ou TE DESIRE. Et y joindre cette figure

p. 554. Il paroit dans *l'incredule* de Lucien qu'on en faisoit aussi contre les Spectres & contre la terreur que donnent ces sortes de visions. Celuy que Lucien fait parler dans ce dialogue, avoit acheté d'un Arabe une de ces bagues. Elle étoit composée à ce qu'il dit du fer d'une Croix, & elle étoit efficace en recitant une certaine Sentence tissuë de plusieurs noms. Tzetzes raporte qu'un certain Philosophe apaisa une peste à Antioche par un Talisman de pierre, sur laquelle il avoit gravé la tête de Charon. Apollonius employoit la figure des Cicognes contre les Serpens, Et les Egyptiens se servoient communement de la figure de Serapis, du Canope, de l'espreuier, ou pour mieux dire, ce que nous apellons un Sacre,

& d'un aspic contre les maux qui pouvoient venir des quatre Elemens, la Terre, l'Eau l'air & le Feu. Voila en gros ce que j'en ay pû remarquer jusqu'à present dans les anciens. Les Talismans modernes ne valent pas la peine de les ramasser, & ne serviroient rien à l'intelligence des Autheurs, ny à la recherche des monumens. J'entens par les modernes, ceux qui sont purement Arabes, Turcs ou d'autres langues Orientalles en caracteres nouuveaux.

Le P. Vansleb en parle dans sa relation d'Egypte, & dit y avoir trouvé des livres Arabes qui aprennent le secret d'en faire, celuy de connoître ceux qui sont faits ou de s'en servir. Scaliger neanmoins pretend quelque part qu'il n'y a que ceux qui les ont faits qui les puissent expliquer. Monsieur Lambecius dit qu'il y a dans la Biblioteque de l'Empereur un ouvrage Astrologique manuscrit en ancien caractere de R. Levi tiré des anciens monumens Indiens, Persans, Egyptiens, & autres. Il y a bien de l'apparence que c'est un traitté de ce genre dont je parle. Suidas raporte quelque part qu'un Julien de Chaldée Philosophe, avoit écrit quatre livres des demons ou des Genies ; & que cet ouvrage contenoit des Phylacteres. c'est à dire proprement des Talismans, pour toutes les parties du corps humain. Et Monsieur Scaliger dans une de ses lettres françoises, dit que Ptolemée & Porphyre, en ont écrit aussi bien que les Arabes. Les principaux modernes sont Camilli Leonardi qui a fait *le miroir des pierres*. On a encor *la magie astroloique, la Sympathie des pierres des metaux & des Planetes*. Geber, Bacon, Paracelse en ont fait des traittez. Celuy de Monsieur Gaffarel est intitulé *les curiositez inouyes*, il y promet plusieurs ouvrages sur cette matiere, & entre autres de faire graver un grand nombre de Talismans de toutes façons, avec une explication pour les connoître & d'enseigner enfin la maniere de les faire, & d'y reussir. Il seroit à souhaiter qu'il eut executé ce dessein. Il ne faut pas oublier icy que le livre d'Agrippa *de la Philosophie occulte*, n'est proprement que le secret & l'explication des Talismans, quoyque jusqu'à present on ait eu de son ouvrage une opinion moins avantageuse. Cela vient sans doute de ce que ceux qui ont travaillé sur ce sujet, l'ont fait si obscurement, & couvert leurs écrits de tant d'énigmes, que le Vulguaire & quelques-uns uns même de ceux qui s'en distinguent,

distinguent l'ont attribué à une science dangereuse & deffenduë. Je sçay que les termes dont ils se sont servis, & que les ceremonies qu'ils veulent qu'on observe pour la fabrique de leurs secrets, ont une apparence dangereuse mais qui ne le seroit point si elle étoit developpée & expliquée comme on doit faire les secrets de la Chymie.

Il seroit à souhaiter que ces autheurs nous eussent laissé la clef de leurs écrits peut-être aussi l'ont-ils fait, & que quelque ignorant ou quelque envieux nous la retient.

CONTRE VN ENVIEVX IGNORANT.

Il y en a tant aujourd'huy qui font des tombeaux de leurs bibliotheques ou de leurs cabinets, & qui ont moins d'avidité, quelques ardens qu'ils soient d'acquerir pour eux ce qu'ils trouvent de rare, que d'empressement de l'oster au public. Nous en avons veu un entre autres d'un genie tout particulier. Il vouloit un mal mortel à celuy qui avoit fait imprimer un livre dont il avoit le manuscrit. C'est contre luy que Monsieur Petit a fait une piece imprimée parmy ses poësies intitulée IN BIBLIOTAPHUM *contre un enterreur de livres.* Cet hôme avoit passé sa vie à acheter des livres & des manuscrits, & il étoit de luy ce que Luciẽ dit d'un de ses semblables. Les Libraires loüoiẽt son discernement en ce qu'il achetoit leur marchandise; ainsi devenu la proye de leurs discours & de sa vanité, tout son bien a été un tresor aquis & un fond asseuré pour eux. Quoy que dupe neanmoins à les payer, il en avoit fait un amas & tres curieux & tres considerable. Mais par malheur pour luy, ny la connoissance des autheurs & de leur merite, ni l'amour des sciences, n'authorisoit le choix de sa folie, & n'excusoit pas sa profusion; on peut dire qu'il n'avoit aucun motif honnête, il achetoit

καὶ θησαυρὸς ἕτοιμος τοῖς καπήλοις αὐτῶν.

Ny sans aymer la Lyre, ou cherir quelque Muse

Nec studio cytharæ nec musæ deditus ulli. *Hor. 2. Serm.*

ce n'étoit pas pour s'en servir, mais pour en ôter l'usage aux autres, & pour nous derober ce qu'on luy disoit être unique, curieux ou singulier: semblable à ce chien du proverbe dont Lucien parle en plusieurs endroits & dont quelque Grec a fait une Epigramme que voicy.

Η κύων ἐν τῇ φάτνῃ.

Dans le Misãtrope & cõme un ignorãt

Sur de l'orge entassé remarquez bien ce Dogue,
Son instinct envieux & rogue,

Deffend, sans en manger l'approche du cheval.

Ainsi jaloux, l'avare enrage,
Que du tresor dont il joüit si mal,
Vn autre en fit meilleur usage.

Ne seroit-il point descendu Monsieur de ce genre d'hommes de Galatie dont parlent Strabon & Athenée, au moins son nom à beaucoup de raport avec leur, & son inclination ne differoit en rien de leur manie. Ces peuples qu'ils appellent ΚΟΡΔΙΣΤΑΙ, deffendoient par un pur capricequ'on se servit ny de l'or ny de l'argent, & ne permettoient pas qu'on enlevât de chez eux ces metaux qui leurs étoient si inutiles. Tel étoit ce Bibliotaphe si bien décrit par nôtre amy, & à qui il donnoit un si bon conseil de vendre sa biblioteque, parce qu'il est plus natureld'enfermer des écus dãs son coffre, que des livres. Cordeau.

Vend les tous mon amy, les écus dans un coffre
s'enferment mieux.

vende omnes melius nummi condentur in arca.

Il avoit des manuscrits uniques, & en grand nombre, cependant à peine en aprenoit on le nom, & je ne sçache aucuns sçavans qui se loüent de luy dans leurs ouvrages ou autrement pendant 40 ans qu'il les a possedez. Sa servante qu'il avoit epousée sur la fin de ses jours, les luy a fait vendre, & il n'y a guere de Biblioteques dans Paris qui n'en ait profité. J'en ay eu en mon particulier quelques manuscrits entre lesquels est un Grec de Pletho, sur la Geographie, dont Monsieur Bourdelot parle dans l'edition d'Heliodore. Il promettoit de le donner & le mien pourroit bien étre le méme qu'il possedoit.

L'OFFRE MANIFIQUE DU ROY POUR LE TITE LIVE.

Quoy qu'il en soit Monsieur nous sommes dans un siecle & sous un Prince qui nous consolent de ce que ces ames basses & envieuses nous derobent. Quelles recompenses le Roy ne donne-t'il pas à ceux qui ont fait des découvertes salutaires, & quel empressement n'a t'il pas à les communiquer, non seulement à ses sujets, mais à toute la terre. Vous sçavez ce que LOUIS LE GRAND a donné autrefois a un grand nombre de sçavans, & ce qu'il donne encor depuis si lon-tems à quelques uns d'eux, pour leur procurer le loisir de cultiver les muses &

d'enrichir le public par leurs écrits. quels ordres ne donne t'il pas de publier ce qu'on découvre tous les jours par ses dépenses & ses liberalitez dans les sciences. Quelle somme méme n'a t'il pas offerte pour un seul Autheur. Un Grec de Chio qui possede le Tite Live apprit il y a quelque tems qu'il se tenoit en France chez Monsieur le Duc d'Aumont une conference touchant l'Histoire ancienne. Cette nouvelle le fit partir de son païs pour venir à Paris dans l'esperance que nôtre nation qui reçoit si bien les étrangers, luy feroit un accueil d'autãt plus favorable, qu'il verroit luy offrir un tresor. Il s'adressa donc à quelqu'un de l'assemblée & se trouva à la conferẽce au cõmencemẽt du printemps dernier. Le Duc genereux chez qui elle se tenoit, luy témoigna toute la bienveillance imaginable, & écouta avec joye le recit de sa bonne fortune, & l'offre qu'il y venoit faire de la partager avec nous. Cette proposition étoit trop agreable, & il jugea qu'il falloit le presenter au Roy ; que la recompense d'une telle découverte étoit reservée à ses seules liberalitez ; que Tite-Live qui avoit vécu sous un regne que la fortune & le Dieu des sciences ont rendu si celebre, devoit renaître par les faveurs d'un souverain qui fait aujourd'huy le destin de l'Europe, & le bon-heur des Muses. Monsieur le Duc d'Aumont le mena donc aussi-tôt à Versailles, tant il a d'empressement de procurer un nouvel objet de gloire à nôtre Invincible Monarque : le Roy admirable en tout, ce Prince né pour ces evenemens singuliers qui rendent aux lettres, qui procurent à ses peuples tant d'avantages, & qui promettent à ses desseins une gloire imortelle, reçoit le Grec avec une bonté merveilleuse; & plus manifique que Tarquin, il accorde sur le champ ce qu'on luy demande, comme si ce livre devoit faire le bonheur de son Empire, & plus genereux mille fois qu'Heraclius, il ne devient point *tumulicide* pour ainsi dire ΤΥΜΒΟΦΟΝΤΗΣ selon l'expression de S. Gregoire de Nazianze, il ne tire point un livre du sein des Sepulchres en y cherchant des tresors comme fit cét Empereur, *& in sede manium opes quarendo*. Il en repand plûtôt des siens & les prodigue avec joye pour des écrits où l'éclat de sa grandeur & de sa liberalité, ont moins de part, que l'utilité de ses sujets. Il ne faut pas oublier icy que c'est à un Voyageur que nous devons cette decouverte, du moins au-

Plin. l. 37.

tant qu'au Grec même. *Pietro della Valle* l'avoit averti dans la relation de ses voyages, qu'il y avoit un Tite-Live entier dans la Bibliotheque Othomane; que le Grand Duc en 1615 avoit negocié long-temps pour l'avoir, & en avoit fait offrir 5000 Piastres; que l'Ambassadeur de France, Achiles de Harlay depuis Evêque de S. Malo, & luy en avoient fait offrir dix mille écus sous main à l'esclave qui garde les livres. *Ce Bibliotequaire*, ce sont ses termes, *nous l'avoit promis à cette condition. Mais le mauvais sort de Tite-Live veut que le barbare ne l'a sceu trouver, aprés l'avoir cherché quelques mois; & il n'est pas possible de s'imaginer ce qu'il est devenu.* Voilà ce qu'il en a écrit & je croy qui est plus probable que l'avarice de l'infidele qui le promettoit, fut cause qu'on ne l'eut pas dans ce ce temps-là, & que l'esperance qu'il eut qu'on augmenteroit la somme luy fit deguiser la verité. Enfin 50 ou 60 ans aprés, le feu qui épargne encor moins que le tems, nous conserve cet Autheur, & nous le donne tout entier. Il se trouva heureusement à l'endroit du tresor ou le feu s'étoit pris. On le jetta avec les autres dans la ruë, pour en empêcher la continuation; & quelque

Esclave plus soigneux de ramasser que d'éteindre, le recueillit aparémmét & le védit aux Grecs. Enfin le nôtre à qui un Caloyer le môtra se souvît àce qu'il m'a dit à moy-méme, pu recit *Della Valle.* Il reconnut aisement ce tresor, mais voicy comment la chose se passa, & de la maniere qu'il me l'a contée. Un Prêtre Grec qui étoit son Compere voulant faire un pelerinage au MONT ATHOS, qui est la plus celebre devotion du païs, à cause des 22 Monasteres qu'on y conte, le vint trouver un jour en particulier. Comme il sçavoit qu'il avoit voyagé dás le païs latin il luy demanda s'il en entendoit la langue, & lui montra en méme tems plusieurs volumes manuscrits, sur quoy il le conjura de luy preter quelque argent. Nôtre Grec adroit & de bonne mémoire voyant un Tite-Live dont le volume est gros, entier, & bien conservé, il le choisit volontiers pour caution de sa somme, & luy dôna sans peine celle qu'il luy avoit demandée. Le Prêtre fit son voyage, & dépensa ce qu'il avoit emprunté. Mais se trouvant à son retour dans l'impossibilité de rembourser son creancier, il le vint trouver & luy dit qu'il luy laisseroit volontiers le livre s'il vouloit encor luy donner quelque chose. Nôtre homme

homme ne se fit point tirer l'oreille & pour huit ou dix Piastres qu'il accorda liberalement, il se vit maître du plus heureux tresor du monde. Cependant le Caloyer faisant reflexion chez luy sur la liberalité du Grec, qui n'est pas ordinaire à cette nation, la soupçonna plus interressée que genereuse. Il chercha ce qui pouvoit l'avoir obligé à donner quarante ou cinquante écus pour un livre; & rappellant ses idées, & la tradition de l'historien pour lequel on avoit voulu donner dix-mille écus, il vint retrouver en diligence son acheteur & luy témoignant le soupçon qu'il avoit redemanda son livre, & luy dit qu'il étoit prest de luy en rendre le prix. Nôtre Grec qui crut l'avoir acheté de bonne foy, ne manqua pas de defaite, & luy répondit qu'il en avoit déja disposé. Voila ce que j'en sçay, & il y a quelque apparence à ce dernier fait, car il s'est associé à ce qu'il dit avec un autre pour faire les frais du voyage & du transport de sa decouverte. Je ne doute point s'il a de la gratitude qu'il ne benisse les voyageurs, & principalement celui qui luy a fait faire une si riche conqueste, si elle est veritable. Quoi qu'il en soit, comme dit Ælian parlant d'un recit que Theopompus fait

Mm

l. 3. c. 18. de Silene & de Midas, *si un homme de Chio est digne de foy, il pourra croire ce que je viens de dire*, καὶ ταῦτα, εἴτῳ πρὸς ὁ χῖος λέγων, πιστευέσθω.

LES MANUSCRITS.

Apropos de Manuſcrits, ne negligez pas Monſieur ce que vous en trouverez, ſoit Grecs, ſoit Latins ou des autres langues Orientalles. Ce n'eſt que par là ſeulement qu'on peut reparer les naufrages des lettres, & les revolutions qu'elles ont ſouffertes. Que de pertes en effet nous a cauſé le malheur des tems, que de treſors entrainez par le debordement de ces peuples barbares, les Huns, les Gots, les Vandales, les Sarazins & les Turcs. Combien méme y a-t'il de playes à ce qui nous reſte. Quel plaiſir, Monſieur, quelle felicité, d'y pouvoir appliquer du remede. Les ſcavans de ces derniers tems n'ont preſque fait autre choſe; & n'ont-ils pas travaillé pour leur gloire, en retabliſſant celle des grans hommes, qui n'avoient embraſſé le travaux qui conduiſent à la ſçience, que pour nous en faciliter l'entrée, & qui n'ont tant écrit que pour nous inſtruire.

La pluſpart de ces illuſtres morts ſont répandus ça & là ; ou ſont enſevelis dans la pouſſiere, & diſpercez en mille pieces. Ce ſont autant de parties d'eux-mémes, mais de parties les plus precieuſes, que l'envie du tems a ſeparées, & que la pieté, ſi cela ſe peut dire ainſi, nous oblige à reunir. Nous avons pour le moins autant d'intereſt nous-mémes à leur rendre ces derniers devoirs. Ces ſoins portent avec eux leur recompence ; & l'avantage que l'on retire à ramaſſer ces precieuſes reliques, eſt ſouvent de partager la gloire qu'elles ont méritées, & de conſacrer ſon nom, en relevant des Trophées, que le tems, la barbarie & l'ignorance avoient abatus. Il eſt vray qu'aprés la perte d'une infinité de bibliotheques, il faut entreprendre de grans travaux pour ſatisfaire à cette eſpece de pieté ; mais auſſi la reputation l'avantage & l'agrement qu'on en retire ſurpaſſent toutes les peines qu'on auroit ſouffertes. Ne ſentez-vous pas, Monſieur, exciter vôtre courage pour de ſemblables exploits. Que de Provinces pour ainſi dire ces cruels uſurpateurs dont je viens de parler ont enlevées, & quelle gloire n'auroit-on pas d'en reconquerir au moins quelques-unes. La poësie, l'histoire, l'eloquence & la Philosophie sont des champs si vastes, que tant de Heros ont cultivés, & cependant nous n'en possedons pas la milliéme partie.

Nous n'avons que des fragmens de Solon, de Sapho, d'Alcée, de Menandre, d'Anacreon. A propos de ce dernier, on dit que Monsieur Decour neveu du grand Saumaise, & Gentilhomme de Monsieur le Duc du Maine a trouvé quelques Odes de ce Poëte. Peut-être ne nous envira-t'il pas longtems ces bijoux, luy qui peut les enchasser si precieusement, & qui a tant dequoy faire des liberalitez au public. Qu'avons-nous de ce Therpandre dont les poësies faisoient de si merveilleux effets, que les Lacedemoniens l'envoyerent prier de venir apaiser une sedition dont leur Ville étoit troublée. Que nous reste-t'i de Corinne cette Muse lyrique, ainsi nommée par l'antiquité. Dempedocles que les Agrigentins ses compatriotes regardoient non-seulement comme un Dieu, mais qu'un Poete la in semble estimer de méme en parlant de ses ouvrages.

Ut vix humana videatur, stirpe creatus Lucr. l. 1.

A peine croiroit-on qu'il seroit né mortel.

Nous ne voyons presque rien de Telesille cette Amazone d'Argos, de cette Aspasie que Pericles adoroit; d'Antimachus que l'Empereur Hadrien vouloit mettre au dessus d'Homere. Il nous manque des pieces entieres d'Eschyle, d'Euripide, de Sophocles, d'Aristophanes, de Callimaque. Qu'avons-nous d'Ennius, de Lucile, de Terence, de Cornelius Gallus, de Pædo Albinovanus, de Petrone & de tant d'autres qui ne nous fasse regretter le reste.

Que n'avoient point fait les Roys Hieron, Philometor, Attalus, Archelaus, puis qu'ils avoient composé des traittez d'agriculture à ce que dit Pline. Nechepsus dont parle Galien & Juba sont encor des Princes qui avoient beaucoup écrit & dont les ouvrages sont perdus. Ne sçavons nous *l. 18. c. 3.* pas que Jules Cæsar, Auguste, Tibere, Germanicus, Claude, Neron, Vespasien, Hadrien, Albin, Septime Severe & plusieurs autres Empereurs ont composé une infinité d'ouvrages de toutes sciences, dont il ne nous reste à peine que les titres & quelques passages. Le premier a fait beaucoup de plaidoyers qui ne cedoient au raport de Ci- *Ep. ad brut.* ceron à pas un des Orateurs de son tems. Suetone parle encor de deux livres *d'A-*

nalogie deux *Anticatons* d'un Poëme intitulé *le voyage*, il écrivoit beaucoup de lettres au Senat, à Ciceron & à ses amis. Jugés ce que ce devoit être puisque dans sa jeunesse il avoit fait les *loüanges d'Hercule*, une tragedie intitulée *Oedipe*, & un recueil des bons mots de tous les grans hommes de son tems. Son Successeur ne s'est pas moins rendu celebre par les lettres que par sa politique. Combien d'ouvrages a t'il fait, qu'il lisoit, dit Suetone, dans le Senat, devant le peuple, ou les soldats de crainte de perdre du tems en les aprenant par cœur. Il en fit d'autres intitulés *Rescripta*; *Bruto*; *de Catone*. qu'il recitoit devant ses amis comme dans un auditoire public. Ses exhortations à la Philosophie; les 13. livres de sa vie, ses oraisons funebres de Julia son ayeulle, d'Octavie sa sœur, de Drusus, de Marcellus, d'Agrippa contenoient aparemment bien des faits, des tours d'esprit, & des expressions considerables; il a fait encor beaucoup de Poëmes, un de *la Sicile*, des tragedies *d'ajax & d'Achilles*, une satyre contre Pollion intitulée *Fescennini*. Un livre d'Epigrammes, l'Eloge de Drusus. Il a fait aussi des vers Grecs, & Macrobe raporte à ce sujet un fait qui sans doute ne vous ennuira pas. *Il y avoit un Grec, dit-il, qui luy presentoit souvent lors qu'il sortoit de son Palais une Epigramme en son honneur. Ce Grecule neãmoins le fit plusieurs fois sans que l'Empereur l'en remerciast. Il arriva qu'un jour Auguste remarqua son dessein, & demandant sur le champ du papier, il écrivit une Epigramme grecque qu'il presenta à cet homme qui venoit l'aborder. Le Grec la reçût avec beaucoup de respect, la loüa fort en la lisant, & marqua son admiration par ses gestes, & par sa voix; puis s'étant approché du Prince, il tira de sa poche quelques deniers pour les luy donner, & ajouta, Seigneur cela n'est pas digne de vous, j'en donnerois ~~neanmoins~~ davantage si j'étois plus riche. Tout le monde se prit à rire là-dessus. Auguste reconnut sa faute, il ressentit cette espece de reproche comme il falloit, & donna ordre aussi-tôt à son Intendant de conter au Grec cent mille Sesterces.*

Solebat descẽdenti à Palatio Cesari honorificum aliquod epigrãma porrigere Græculus. Id quum frustra sæpe fecisset: rursusque eum id facturũ vidisset Augustus breve manu sua in charta exaravit græcũ epigramma; Pergẽti deinde ad se obviã misit. Ille legendo laudare: mirari tam voce quã vultu: quũque accessisset ad sellã: demissa in fundã pauperem manu: paucos denarios protulit, quos Principi daret. Ad ectus hic sermo μὴ κατὰ τὴν τύχην σοῦ σεβασσε εἰ πλεῖον ἐδίδουν non secundum fortunam tuam Auguste. si plus haberem, plus darem. Secuto omnium risu dispensatorem Cæsar vocavit, & sestertia centum millia Græculo numerare jussit

cela feroit bien 600000 livres de nôtre monnoye s'il n'y a point de faute dans le latin.

Les traittés qu'il a fait du gouvernement étoient bien precieux puisque sa politique l'a rendu le plus grand Prince du monde. Il adressa à Tibere ses avis pour l'administration de la Republique, à Agrippa & à Mecenas des instructions ; un état & un compte de l'Empire au Senat.

Antoine avoit fait un traitté de son ivrognerie qu'il publia un peu avant la bataille d'Actium. Nous sçavons encor ce que Tibere a fait ; ses oraisons funebres de Drusus son fils, & des autres, ses playdoyers, sa clef de l'histoire des fables, son Poëme lyrique intitulé *plainte sur la mort de Lucius Casar* sont citez par tout. Il a fait aussi d'autres Poëmes Grecs dans lesquels il a imité le stile d'Euphorion, de Rhianus & de Parthenius à qui il dedia des statuës dans les bibliotheques publiques en y plaçant leurs ouvrages. Les Successeurs de ces grans Princes, ont la plûpart suivi quelques-unes de leurs traces. Beaucoup ont fait l'histoire de leur regne. Hadrien avoit autant d'emulation dans les lettres, que le moindre de ses sujets. nous en attendons avec impatience la description qu'en fera Monsieur Rainssant ; son erudition & sa politesse doivent nous faire esperer beaucoup de plaisir, & son ouvrage ne peut manquer de nous instruire & de nous charmer. Albin avoit fait des agreables Milesiennes, ce qu'on aprend par les reproches que luy en fit Septime S[illegible]re dans une lettre qu'il écrivit au Senat. Mais Monsieur j'en aurois trop à vous dire, si je voulois icy donner tous le titres des ouvrages que les Empereurs ont fait. Cela demande plus de loisir & un plus grand volume.

Je ne veux pas cependant oublier icy ce qu'Eginhard rapporte du premier de nos Empereurs François, CHARLEMAGNE. Il recueillit de sa propre main tous les vers écris en langue antique, qui contenoient les guerres & les exploits des Rois anciens. Cela s'entend parmy les Allemans, ce que je remarque dans Tacite, *Ils celebrent*, dit-il, *Tuiscon leur Dieu par des vers anciens qui est le seul genre d'Annales qu'ils ayent chez eux, & la seule maniere de conserver la memoire de leurs Heros.* Nôtre Prince fit encor une grammaire en son langage, il donna des noms François aux mois & aux vents, il fit des vers latins tres bons pour ce tems-là, des Epitres, des Epithaphes tels que Lambecius en raporte dans le second volume de sa bibliotheque. Je ne doute point non plus qu'il n'ait fait d'autres ouvrages, puis qu'il sçavoit les langues étrangeres qu'il avoit cultivé les sciences, & qu'il parloit si bien de toutes choses qu'il ne cedoit à aucun

Celebrant, carminibus antiquis (quod unum apud illos memoriæ & annalium genus est) Tuisconē Deum.

Adeo quidem facundus erat ut etiam didascalus apparere.

maître, dit encor Eginhard. Il seroit à souhaiter que quelqu'un voulust se donner la peine de ramasser non seulement ceux des Empereurs, mais méme des autres, quelques sciences qu'ils ayent professé. L'utilité en seroit tres-grande, & feroit peut-être faire beaucoup de decouvertes. Une personne ne sçauroit avoir leu tous les autheurs qui les citent. Ceux qui les sçavent n'ont pas le tems de feuilleter les Manuscrits, ceux qui peuvent les rencontrer les negligent souvent, parce que les sujets ne sont pas de leurs gout, ou qu'il n'en connoissent pas les autheurs; mais si on en avoit un catalogue distribué par matieres, ou par ordre chronologique de ce que les autheurs ont laissé sur chaque science où écrit dans chaque tems, comme S. Hierôme, Isidore, Bellarmin, & le P. Labbe ont fait sur les matieres Ecclesiastiques; il est indubitable qu'on decouvriroit une infinité d'ouvrages que l'ignorance nous retient jusqu'à present, & qu'on feroit par là comme un Catalogue des celebres bibliotheques de Rome de Constantinople, des Atales, & des Ptolemées. Si personne ne me previent cependant je veux bien m'en faire une dette envers vous, & vous promettre d'y ſatisfaire avant vôtre retour.

Apropos, Monſieur de la bibliotheque des Ptolémée, je ne puis m'empêcher de m'écarter un peu pour juſtifier Strabon d'une ignorance qu'on luy reproche ſur leur ſujet dans le dernier traitté de bibliotheque, imprimé chez Michallet. On l'accuſe d'avoir fait un *anachroniſme* dans une hiſtoire où il n'étoit pas aiſé à un autheur comme luy de ſe méprendre. *Strabon*, dit ce traité, *raporte qu'Ariſtote fut le premier qui amaſſa des livres, & qu'il enſeigna au Roy d'Egypte la maniere de faire une bibliotheque. Mais je ne vois pas comment cela auroit pû être, puiſque quand Ptolemée Philadelphe, qui fut le ſecond Roy d'Egypte aprés Alexandre le grand, erigea ſa pompeuſe bibliotheque, il y avoit déja plus de 40 ans qu'Ariſtote étoit mort.* Il paroit par ces termes qu'on n'a point veu Strabon, & qu'on l'a condamné ſans l'entendre *non viſis tabulis*. Il dit bien qu'Ariſtote fut le premier qui ayant acheté des livres de tous côtez en composa une bibliotheque, mais il ne dit pas qu'il enſeigna au Roy d'Egypte (c'eſt-à-dire Ptolemée Philadelphe comme on l'explique) la maniere d'en faire une. Il ajoute ſeulement καὶ διδάξας τοὺς ἐν Αἰγύπτῳ βασιλέας βιβλιοθήκης

EXPLICATION D'UN PASSAGE DE STRABON.

en 1680.

σύνταξιν qui expliqué mot à mot sans avoir égard au sens ny à l'élegance de la langue veut dire, *& il aprit aux Roys d'Egypte la construction d'une bibliotheque* ce qui ne se reduit pas seulement à Philadelphe, & ne fait pas entendre qu'il instruisit ce Prince, & qu'il le conduisit dans l'erection de sa bibliotheque. Ceux donc qui entendront la pensée & le langage du Geographe, ne luy attribueront pas une erreur si grossiere. Car voila ce qu'il a voulu dire par ces parolles καὶ διδάξας τοὺς ἐν Αἰγύπτῳ βασιλέας βιβλιοθήκης σύνταξιν. *Et son exemple servit de modelle aux Roys d'Egypte dans l'ordre & dans la composition de leurs bibliotheques.* Au reste, Monsieur, j'ajouteray en passant que ce dernier traitté de bibliotheque n'est pas plus heureux à en dresser une, qu'à critiquer : il faudroit faire reimprimer les livres exprés selon ses regles ; & l'ordre qu'il décrit n'est bon tout au plus qu'à ébaucher une table de matiere.

Quelque éclairé que soit nôtre siecle, il faut pourtant demeurer d'accord que les moindres ouvrages méme des anciẽs ont quelque chose de si venerable, qu'ils inspirent au moins de l'esprit & de l'emulation, si ils n'instruisent pas tout à fait. Il n'y a guere de sujets qui n'ayent été traittés par eux. En effet, de quoy n'ont pas écrit Varron, Nigidius Figulus & tãt d'autres jusqu'à des traittés de cuisine par des chevaliers Romains, cõme celuy d'Apicius. Que n'avõs-nous point perdu d'Aeschines, de Lysias, de Quintilien, de Longin, d'Himmerius, de Damascius, de Jamblicus ; de combien encor de Philosophes regrettons-nous les écrit, de Pythagore, d'Epicure, de Democrite, d'Heraclite, d'Iamblicus, mais je ne finirois point si je faisois seulement l'énumeration de tant d'autheurs dont nous deplorons la perte. Et si nous en avons quelques extraits dans Athenée Diogene Laerce, Philostrate, Eunapius, Photius, Suidas, Constantin Porphyrogenete, & Stobée, cela ne fait qu'irriter nos desirs & augmenter nôtre douleur. Ils servent au moins à justifier les sommes immenses que l'on donnoit autrefois pour les acquerir. Dion de Syracuse entre autres à ce que dit Jamblicus donna cent mines d'argent à Philolaus pour les ouvrages de Pythagore.

L'histoire n'a pas eu un meilleur sort que les autres sciences ou nous avons perdu la plûpart des autheurs qui l'ont écrite, ou nous n'avons que la plus petite partie de ceux qui

no s en reſtent. Comme cette matiere eſt d'un gout plus univerſel, on a auſſi pl is d'empreſſement pour elle ; & ſi l'on s'attache avec plus de ſoin à rechercher ce qui nous manque, c'eſt avec
l. 1. juſtice, puis qu'elle eſt ſelon Diodore de Sicile comme la Metropolitaine de toutes les ſciences. Pour vous aider, Monſieur, à faire quelques conquêtes dans ce pays, en voicy une eſpece de deſcription dans laquelle Monſieur le Vayer m'a un peu guidé dans ſon jugement des Hiſtoriens. Je ne vous en marqueray pas neanmoins tous les lieux qui ont été autre fois connus, car cela ſeroit trop long, & il eſt plus à propos de le reſerver pour un autre tems.

Pherecide, Denis de Milet, Hecatée, Xantus de Lydie, Charon de Lampſaque, & Hellanicus ont écrit avant Herodote, mais ils ne ſont pas encor venus juſqu'à nous. Le curieux Monſieur Colomiez raporte que Voſſius & Gataker ont trouvé des paſſages de ce dernier qui ne ſe trouvent point dans les imprimés. Un entr'autre Cité par Ariſtote au l. 8. c. 18. de ſon hiſtoire des animaux, ce qui fait voir que nous n'avons pas tous les ouvrages de ce charmant Hiſtorien.

Des 40 livres dont l'hiſtoire de Polybe étoit compoſée, il ne nous en reſte plus que les 5 premiers d'entiers, & l'abregé des douze ſuivans. Il y a encor beaucoup d'aparence qu'il a fait un livre particulier de la guerre de Numance, comme on le voit dans une lettre de Ciceron, où cet Orateur demande à Lucius ſi ſon deſſein eſt d'écrire l'hiſtoire de ſon Conſulat parmi l'univerſelle ou bien d'en faire une à part comme beaucoup de Grecs, qui ont toûjours ſeparé du corps de leurs ouvrages de certains evenemens ſemblables à ceux de ſon hiſtoire.

Conjoncte ne malles cum ceteris rebus noſtra contexere an ut multi Græci fecerunt. Calliſthenes Troicum bellū, Timæus Pyrrhi, Polybius Numantinum. l. 5.

Diodore cet agreable hiſtorien aprés des voyages infinis, 30 ans de ſoins & d'application dans la premiere ville du monde, avoit ramaſſé en 40 livres, ce qui s'étoit paſſé de plus conſiderable par toute la terre connuë de ſon tems, pendant plus de onze cens trente huit ans. Cependant il ne nous reſte que 15 de ces livres. Son ouvrage avoit trois époques generales, La premiere qui étoit du tems heroïque, comprenoit 6 livres dont nous n'avons point le dernier. La ſeconde, depuis ce tems juſqu'à la mort d'Alexandre, contient onze livres dont les quatres premiers ſont perdus, c'eſt-à-dire le ſeptiéme, le huitiéme, le neufviéme & le dixiéme. L'edition latine ajoûte ridiculement Dictis de crete, Dares de Phrygie, & Triphiodorus d'Egypte pour suppléer à ces quatres livres. La derniere s'étendoit jusqu'aprés les conquêtes de Jules Cesar dans les Gaules, & dans l'Angleterre. Il employoit vingt-trois livres dans ce recit, mais nous n'en avons que les trois premiers, le dixhuit, le dixneuf & le vingt, & quelques fragmens du reste dans Eusebe & dans Photius. Cette histoire nous consoleroit en quelque façon de la perte de celle de Berose de Theopompe, d'Ephore, de Philiste, de Callistene, & de Timée. Henry Etienne asseure qu'on avoit mandé à Baif qu'il étoit tout entier en Sicile. Les courses d'un voyageur seroient bien recompensées par une telle decouverte. On m'a dit qu'à Messine il y avoit dans une Eglise une Biblioteque tres considerable de manuscrits. Si vous y passez Monsieur souvenez vous en, ne vous loüeriez vous pas beaucoup de vôtre fortune, quand vous ne raporteriez que ce seul tresor de vôtre voyage. Monsieur de la Mothe le Vayer témoigne qu'il iroit *au bout du monde*, se sont ses termes, s'il croyoit le trouver; & il envie méme dit-il cette découverte à ceux qui viendront

viendront aprés luy. S'il s'étoit souvenu Monsieur que dans la Bibliotheque de l'Empereur, il y en a un Epitome fait par Gemistius Pletho, il en auroit aparemment temoigné sa joye & fait un vœu plus aisé à executer.

Le Troge Pompée, cet historien si sçavant & si considerable dont nous n'avons que des fragmens dans l'Epitome de Justin, est une perte inestimable; on peut voir par le Justin même quelle histoire c'étoit, combien d'evenemens elle embrassoit, & de combien d'Empires; puisque cet abreviateur se propose de le suivre pas à pas dans sa dedicace à Antonin Pie.

Fabius Pictor, Postumius Albinus, Cassius Hemina, Caton, Valerius Antias, C Fannius, Sempronius & Quadrigarius ont tous écrit avant Troge Pompée aussi bien que Saluste, qui a aussi precedé ce dernier, mais nous n'avons rien de leurs ouvrages que des citations dans Saluste, Quintilien, Aulugele & les autres. La principale histoire de Saluste qui commençoit à la fondation de Rome nous manque; les lambeaux que nous en avons nous marquent que le reste étoit bien precieux.

De vingt livres que Denis d'Halicarnasse avoit composez, il ne nous en reste plus que les 11 premiers qui vont jusqu'à l'année 312 de la fondation de Rome. Les 9 autres comme le dit Photius finissoient ou Polybe commence son histoire.

Je ne vous diray rien Monsieur de Tite-Live puisqu'on nous le promet tout entier. Si vous trouviez cependant la seconde decade, les cinq dernieres livres de la 3e. & les cinq derniers decades, je croy que vous ne les laisseriez pas perdre, non plus que ses dialogues Philosophiques dont parle Seneque, & son traitté de Rethorique adressé dans une lettre à son fils, selon Quintilien.

Nous n'avons point le commencement du premier livre de Velleius Paterculus, ny la relation entiere qu'on luy attribue de quelques legions Romaines que les Grisons deffirent, & de cette autre encore que le fragment que nous en avons apelle *la divine*.

Quinte Curce avoit divisé son Histoire en dix livres, dont les deux premiers nous manquent ; la fin du cinquiéme, le commencement du sixiéme & dans le dernier, il est aisé de remarquer qu'il y a des lacunes.

De 15 livres que selon l'opinion

de Lipſe contenoit l'Hiſtoire de Tacite, il ne nous en reſte que cinq qui ne comprennent encor que celle d'une année ; ils commençoient à l'Empire de Galba & finiſſoient à ſon tems ſous celuy de Trajan, les 12 dernieres années de l'Empire de Neron manquent dans ſes Annales.

Outre l'hiſtoire que nous avons de Suetone, il avoit encor fait pluſieurs ouvrages qui ſe ſont perdus;comme une partie de celuy de la vie des Rheteurs. Celuy de la vie des Poëtes. Aulugelle, Servius, Tzetzes & Suidas citent encor pluſieurs de ſes ouvrages comme celuy des jeux Grecs,des ſpectacles Romains, de la republique de Ciceron, de la ville de Rome,des habits & des parolles injurieuſes de ſon tems, & un traité des Roys en trois livres.

Que n'avons nous pas perdu d'Arrian, ce ſçavant Diſciple d'Epictete ; les dix livres de ce qui ſe paſſa aprés la mort d'Alexandre entre ſes capitaines. les huit livres de l'Hiſtoire de Bythinie, celle de Thimoleon Corinthien, & de Dion de Syracuſe;les dix-ſept livres de celle des Parthes & des Scythes que Stephanus cite ſi ſouvent ne ſe voyent plus. Photius dit qu'il avoit fait une hiſtoire

Alanique, & Lucien cite encor de luy la vie d'un brigand nommé Tiliborus.

Appian d'Alexandrie avoit compris ses Histoires en trois Volumes, de huit livres chacun. Il ne nous en reste que la moindre partie; sur tout nous n'avons qu'un fragment de la Celtique ou de la Gauloise. On l'accuse d'avoir coppié les commentaires qu'Auguste avoit fait de sa vie & de l'histoire de son tems.

Mais ce que nous devons regretter plus sensiblement, c'est le Dion Cassius des quatre-vingt livres distribuez en huit decades qu'il avoit composez de l'Histoire Romaine, nous n'en trouvons d'entiers que vingt-cinq qui commencent par le vingt-cinquieme, & un Epitome des vingt derniers dans Xiphilin. Il la commençoit aux premiers Rois Latins & l'a continuée jusqu'à sa mort, qui arriva vers le milieu du regne d'Alexandre Severe. Cette Histoire étoit d'autant plus considerable, que Dion outre qu'il étoit de qualité, il étoit encor un des plus sçavans hommes de son tems, & il avoit passé par toutes les charges de l'Empire; tellement qu'il décrit les quarante dernieres années de son Histoire, non seulement comme témoin, mais comme ayant eu part luy même au gouvernement. Aussi fut-il fort aimé de plusieurs Empereurs. Il entreprit son ouvrage, à la priere de Septime Severe à qui il avoit adressé même un livre *de l'intelligence des songes divins*, comme il le dit à ce que raporte Xiphilin. Suidas raporte encor quatre ou cinq autres ouvrages dont nous n'avons pas même des fragmens. Une Histoire Persique, une autre des Getes, des Itineraires si l'ἐνόδια du texte se peut entendre ainsi. Les expeditions de Trajan & la vie d'Arrian Philosophe. Περσικά, Γετικά, ἐνόδια, τὰ κατὰ Τραϊανὸν &c.

D'Exippus avoit fait une histoire depuis la mort d'Alexandre qu'il conduisoit jusqu'à celle de Claude, comme on le voit dans Photius.

Eunapius avoit commencé la sienne à cet endroit & la finissoit au regne de de Theodose le jeune. Il en avoit fait deux ouvrages dont le second étoit en quelque façon une copie de l'autre, puisqu'il l'apelle luy même une nouvelle edition, dit Photius, qui est aussi la seule qu'il avoit lûë, parce que la premiere étoit perduë selon Lambecius, Ce seroit un grand bonheur si on recouvroit ses écrits. J'ay lû quelque part que les Venitiens en avoient le manuscrit entier, & c'est pour cela que je vous parle de cet historien.

εἴποι δ' ἄντις, οὐ γράψαι αὐτὸν ἱστορίαν, ἀλλὰ μεταγράψαι τὴν Εὐναπίου.

Zozime au raport du même Photius a moins écrit une Histoire, il a moins fait un ouvrage qui luy apartienne, qu'il n'a copié celuy d'Eunapius Monsieur de la Mothe le Vayer avec Vossius croyent qu'il nous manque la plus grande partie de son sixiéme livre qui est le dernier, mais Photius reprouve ce sentiment & Lambecius l'apuye par beaucoup de raisons.

Ammian Marcellin avoit fait un corps d'histoire tres-considerable divisé en 31 livres, & si nous en avions les 13 premiers qui commencoient au regne de Nerva, & venoient jusqu'à Constantius, ils suppleroient beaucoup à ce qui nous manque des autres autheurs. Il en reste 18 livres, mais pleins de fautes qne Monsieur de Valois a taché de corriger dans l'edition de l'année derniere, à laquelle il a ajouté de nouvelles notes tres-curieuses & tres-sçavantes, & dignes de la reputation de l'autheur.

En voilà ce me semble assez, Monsieur pour reveiller vôtre courage, & pour vous faire tenter une Moisson si utile & si glorieuse tout ensemble. C'est dans ces champs seuls qu'il n'y a point de honte à glanner, & ou les Opulens s'empressent à n'étre pas les derniers. Souvenez-vous pour cela de Photius pour ne pas remonter plus-haut, des Aldes, des Etiennes, des Manuces, des Scaligers, des Casaubons, des Saumaises, des Morels, des PP. Perau & Sirmond, des Petits, des Vallois, des Menages tous ces grans hommes se sont employez avec tant de zele, & quelques-uns méme dont je fais gloire d'étre amy y travaillent encor, ils se sont employez dis-je à ne rien laisser perdre des veilles sçavantes de leurs predecesseurs (car c'est ainsi qu'il les faut apeller) & à leur rendre leur premier honneur & leur premiere pureté. La lecture de leurs ouvrages m'a fait aimer avec passion ce que je vous propose. Et si je n'avois point été jusqu'à cet heure mal-heureusement retenu par des considerations, j'aurois fait avec une ardeur incroyable le voyage que vous allez faire, & je me serois donné tout entier à la recherche de ces tresors cachez.

Le Pere Mabillon Benedictin a fait un gros traitté infolio pour la connoisſance du tems, & de l'âge, des titres anciens, dans lequel il ſe propoſe par occaſion, ou autrement de parler des manuſcrits. La premiere partie, au ſentiment de tout le monde. ne devoit être qu'une ſuite de l'autre; & on a eu lieu de ſétonner qu'il luy ait attribué une prerogative ſi étenduë dans la Republique des lettres. *de crainte*, dit-il, *que cette partie qui doit avoir la principalle & la meilleure autorité dans les lettres, ne ſoit attaquée impunement par des cenſures, ou detruitte par de vaines exceptions. Ne rei litterariæ illa pars, quæ potiorem ſibi authoritatem vindicat, vanis exceptionibus atque cenſuris impunè violetur.* Je ne ſçay ſi les ſujet de cette Republique ſouſcriront à cette deciſion, & s'ils ne croiront pas cette connoiſſance dont le Pere Mabillon traitte ſi amplement l'occupation d'un païs qui leur eſt étranger, que la moindre experience peut aprendre, *ignaris etiam ſervilium litterarum.* Ils laiſſeront volontiers ces ſoins à ceux qu'Apollon neglige, & qui n'étant entétez que de genealogies, *Stultas queſtiones & genealogias*, n'admirent que ce qui y a du raport, ou comme dit un bel eſprit de ce tems.

Seneque

Qui

Qui par des ſoins obſcurs pour des tombeaux vulguaires
Fatiguent le public.

Viliaque obſcuro buſta labore colunt. *P. Pet. in calen. p.* 89.

Quoyque dans cet ouvrage il y ait des diſſertations aſſez recherchées pour nôtre Hiſtoire, & qui meritent bien d'être loüées ailleurs puiſque Mr de Vallois reconnoit qu'on en a pris une partie dans ſa notice des Gaules, on ne trouve pas cependant à ce qu'on m'a mandé d'Angleterre que les Autheurs ayent executé leur deſſein, ny que ce traité réponde à l'attête des curieux. En effet apres avoir donné quelques modeles de caracteres Romains ſeulement, qui ſont constamment ou des inſcriptions du premier tems de la republique, ou des derniers de l'Empire, tout le reſte ſe reduit à quelques donations ou privileges de Rois & de Princes faites ou aux monaſteres de leur ordre ou à d'autres Egliſes: Je vous laiſſe à juger d'ailleurs quelle foy le public ajoûte à ces ſortes de titres & quelle reputation le Moine Caetan leur a donnez. On n'a pas pris garde encor que pour l'écriture couran e principalement comme eſt celle des titres, chaque païs chaque Province à preſque un caractere particulier que forme le climat ou la figure des lettres du langa-

Not. Gal. Deff. p. 132.

ge topique, comme je le puis justifier par deux titres tres curieux que j'ay, l'un est une patente de Blanche Comtesse de Troye de 1221, & l'autre une donation au monastere de S. Martin * *de Gangalanda* de 1254 dont le caractere est absolument different ; c'est aussi ce qui a été remarqué par Allatius contre Inguiramio, & ce qu'on peut voir encor tous les jours pour peu qu'on ait d'experience dans le monde. Le Latin dans la France, dans l'Allemagne, dans l'Italie, dans l'Orient & dans le midy, prend l'air du Climat, & s'habille, pour ainsi dire à la mode du païs : témoin ce Manuscrit de l'Empereur qu'on ne pût déchiffrer à Vienne, quoy qu'il soit Latin, parce qu'il a été écrit dans quelpaïs barbare. L'Empereur & Monsieur Lambecius crurent lon-tems qu'il étoit Ethiopien, tant les caracteres en sont bizares. Mais Monsieur Ludolf à qui on l'avoit communiqué aprés un peu d'application se douta qu'il pouvoit être latin, & ce soupçon luy en fit decouvrir la verité. Voilà ce que m'en a écrit Monsieur Arnold le fils, ce Manuscrit ajoute-t'il ensuite, ne contient que des passages de l'Ecriture, & si ce n'étoit pour le caractere, il seroit de peu de consequence. Mais Monsieur afin que

Je ne sçay ce que c'est que ce lieu, il paroit neanmoins que c'est en France.

Ex modo quodam cuilibet nationi proprio quæ in notandi hanc potius formam quam aliam optimam tamẽ ab ipsis judicatam inclinant, vous ajoutiez plus de foy à ce que je dis, voicy un morceau figuré de ce Manuſcrit que Monſieur Ludolf a eu la bonté de m'évoyer. Les preuves que l'on a de ſon merite & de ſon ſçavoir dans les langues, & principalement dans l'Ethiopienne engagerent l'Empereur à lui envoyer ce MSS. pour l'examiner. On s'imagina que Mr Ludolf qui avoit interpreté dans ce tems là un MSS. Ethiopien, pourroit auſſi aiſement dechiffrer celui-cy dont l'Ecriture étoit inconnuë. Ce ſçavât homme neanmoins n'y fut point trôpé comme les autres : il decouvrit ce que c'étoit & en envoya l'alphabet à Vienne à ce qu'il m'a mandé luy-méme. Il n'a pas cru ajoute t'il, dans ſa lettre qu'il fut neceſſaire de l'expliquer,

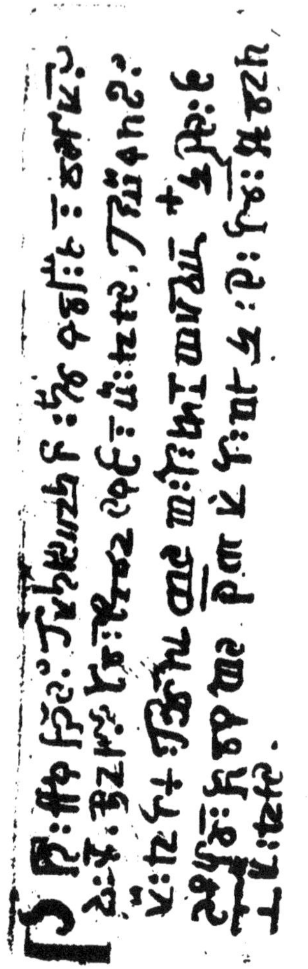

s'imaginant bien que Paris ne manque pas d'habiles gens qui le peuvent faire en le conſiderant avec attention. Et en effet pour confirmer cette opinion avantageuſe de nôtre Patrie, comme je l'eus communiqué à

Mr. Moreau de Mautour.

un Auditeur des comptes de mes intimes amis, homme d'un esprit delicat & né dans le goût des bonnes choses, sans luy dire dans quelle lãgue ce fragment étoit écrit, ny sans luy suggerer mes conjectures, je fus surpris que dés le lendemain il m'en aporta l'interpretation. Ce MSS. qui me semble avoir quelque chose du caractere Copte fait voir par consequent que chaque pays a sa maniere d'écrire, & non pas chaque siecle seulemẽt. C'est aussi ce que je viẽs de remarquer dans le P. Simon au sujet des MSS. Juifs, dont il distingue le caractere de chaque nation : quoyque leurs Rabins la plûpart ayent écrit dans un méme idiome. Il en est de même de la graveure ancienne des medailles, les curieux distinguent fort bien celles d'Italie d'avec celles d'Espagne, d'Egypte & de Grece. Ainsi quoy que le Pere Mabillon ait touché quelque chose du Caractere Gothique & du Lombard, il n'a point parlé de ceux des autres pays & des autres langues, ce qui auroit été cependant necessaire, puis qu'ils ne renferment pas moins ce qu'il y a de plus precieux dans les Religions, l'histoire, la Politique & les autres sciences. De là vient que bien des gens avec moy & quelques-uns méme de ses amis ont trouvé que cét ouvrage ne donne qu'une connoissance fort legere & fort bornée sur cette matiere pour l'intelligence des titres ou des autres Manuscrits. Je n'ay aucune intention neanmoins de le choquer, parceque j'en viens de dire, & ce que je vais ajoûter. Son livre étant public on à par consequent la liberté de l'examiner, *& c'est dans ces sortes de disputes seulement que la verité ne se perd point, mais quelle se produit* dit admirablement Monsieur de Saumaise dans une de ses lettres. Vous m'avez quelquefois demandé outre cela ce que j'en sçavois j'y satisfais icy, & voilà mon seul dessein puisque l'occasion s'en presente. Et sic altercando veritas non amittitur sed emittitur.

Au reste Mr comme vous aimez l'histoire litteraire vous ne serez pas fâché de sçavoir quel motif a fait entreprendre cet ouvrage au Pere Mabillon & à son collegue. Cette connoissance donne souvent beaucoup d'ouverture pour l'intelligence des Livres. Et la plûpart des Autheurs en sont si persuadez qu'ils ne manquent jamais d'en pretexter quelques uns, ou d'en donner des indices dans leurs ouvrages. C'est aussi ce que je vous feray remarquer dans celuy cy. Le Pere Papebroch Jesuite, dans la preface de son second volume des saints du mois d'Avril parlant, des Manuscrits, dit en passant que les titres publiez par nos Religieux sont fort suspects. Il n'oublie pas même le titre de Saint Denis donné par Dagobert comme un des principaux. Il ajoûte ensuite beaucoup de raisons pour fortifier ses conjectures. Le Pere Mabillon ne s'en plaignit point dans l'abord, & il méprisa cette attaque comme ces vieilles calomnies que le tés obscurcit ou rend moins dangereuses Mais en 1677 il parut un livre dans lequel il y a des nottes qui combattent ce titre de Saint Denis, dont je viens de parler, qu'un Benedictin a publié, & par lequel les Religieux pretendent être exemts de la Jurisdiction méme du Roy. On a ajoûté à ces nottes une copie du veritable titre tirée d'un Manuscrit de Monsieur de Thou, qui est presentement dans la Biblioteque de Monsieur Colbert. Et cette copie est entierement contraire à celle qu'avoit imprimé le Pere Doublet dans ses antiquitez. Ces nottes prouvent encor que le titre tel qu'il est chez Monsieur Colbert est non seulement l'original, mais qu'il est conforme à la discipline de son tems, & à l'usage qui la precedé, & que celuy de Doublet par consequent est falsifié, & qu'il est contraire aux loix de l'Eglise,

& à celles de l'état ; ce qui est demontré par une infinité de monumens de l'une & de l'autre police. Ceux qui y avoient interest, & pour qui on avoit publié ce titre ne purent souffrir qu'on l'attaquât ainsi. cependant ils n'oserent y répondre ouvertement. Il courut ou pour mieux dire il parut un petit libelle de quelque Moine impatient, mais qui s'évanoüit aussi-tôt, & que le Pere Mabillon & les plus raisonnables d'entr'eux, desavoüierent parce qu'il n'y avoit que des injures & de l'ignorance. Il n'effleuroit pas même la difficulté, bien loin de la resoudre. On prit donc une autre Voye, & ce fut ce traité DE RE DIPLOMATICA qui fut le *Palladium* qu'on voulut opposer aux remarques curieuses que l'Abbé Petit a jointes à son edition du Penitentiel de Theodore. Le Pere Mabillon n'a pû cacher son dessein, & il paroit evidemment qu'il a voulu deffendre & soûtenir les titres de son ordre que le Pere Papebroch avoit un peu noircis par ses soupçons ; & il est indubitable que l'endroit de son livre, ou il s'efforce de combattre ce qu'a donné Monsieur Petit est le centre de son ouvrage, d'autant plus que dans les dissertations jointes au Penitentiel, il y a des preuves assez fortes de ce que le sçavant Jesuïte Flamant ne faisoit que conjecturer. Voilà les blessures ausquelles il s'est crû obligé de remedier avec promptitude. *Opus esse existimavi diligentia.* Ne m'en croyez pas Monsieur, ce sont ses termes, *hanc necessitatem probat operis occasio* dit-il, *l'occasion de cet ouvrage en prouve la necessité,* & parce que les principaux efforts de ses adversaires, comme il les apelle, sont tombez sur le chartrier de Saint Denis; *& quoniam præcipuus adversariorum conatus in Dionysianum archivum exsertus fuerat.* La necessité de se deffendre luy a fait enfanter ce dessein nouveau pour procurer de l'utilité au public, *nempe utilitas argumenti cum novitate conjuncta, atque deffensionis necessitas.* Cependant Monsieur quiconque lira l'un & l'autre remarquera facilement lequel des deux a plus de force & de solidité dans l'attaque ou dans la deffence: & pour vous le faire voir en deux mots, l'Abbé Petit dãs ses notes sur Theodore, qui vivoit vers la fin du 6e. siecle, pretend que les exemptions de l'ordinaire & des souverains sont contre la discipline de l'Eglise. Il le justifie par une tradition exacte des Peres & des conciles jusqu'à son tems. Il soûtient par consequent que ces sortes de privileges que quelques

Præf.

Ibid.

Ibid.

monasteres s'attribuent ne sont pas legitimes. Celuy de Saint Denis que le Pere Doublet à publié luy sert d'exemple, il donne une copie de ce méme titre tiré d'un ancien manuscrit qui contredit l'autre & qui est conforme aux regles de l'Eglise. A cela le Pere Mabillon répond que c'est une calomnie digne de reprimande d'accuser ses confreres d'errer contre l'Eglise & la police des états lors qu'ils deffendent des privileges, quoy qu'on leur ait montré qu'ils sont contraires aux canons de l'une & aux loix de l'autre. Il avouë le titre que produit Monsieur Petit, mais il pretend que celuy de Doublet en est un autre: surquoy il donne de mauvaises raisons: & pour montrer que celuy qu'il deffend & pour lequel il a fait un si gros livre n'est point cõtraire à l'Eglise il ne raporte ny passages des Peres ny de Conciles, mais une formule de Marculphe. Vous croyez peut-être, quoyque ce ne soit pas une grande preuve, qu'elle parle en termes exprés, cependant c'est le contraire. Il n'est parlé que d'une exemption de juges mediats ou subalternes, avec une clause que ny le Prince ny le Magistrat ne pourront detruire cette grace, *nec regalis sublimitas nec cujus-libet judicum sæva cupiditas re-*

fragare tentet. Et une preuve de cela c'est que dans un endroit precedent de cette formule, on y voit les mémes expressions que dans le titre publié par Monsieur Petit. *Statuentes ergo ut neque juniores, neque successores vestri, nec ulla publica judiciaria potestas* &c. Enfin pour derniere raison il raporte uniquement un semblable privilege donné à VVestmonster par un Edoüard Roy d'Angleterre, contre lequel asseurement les raisons du Pere Papebroch & de Monsieur Petit ne perdent rien de leur force, aussi bien que contre les autres titres. Et en verité elles sont si peu détruites que je ne puis comprendre qu'un homme de merite comme D. Mabillon ait voulu exposer sa reputation & celle de son ordre, par une si miserable deffence. Ainsi Mr aprés avoir si bien répondu, comme je l'ay montré, je ne m'etonne pas s'il veut encor pardonner à ce dernier Autheur & luy épargner la confusion de le convaincre davantage.

Mais pour en revenir aux Manuscrits d'une meilleure note & d'une utilité plus noble, l'experience aprend tous les jours qu'ils nous conservent tant de richesses qu'on ne sçauroit trop loüer ceux qui s'étudient à les connoître à les acquerir, à les publier. On faisoit aparemment un tres grand cas des Manuſcrits anciens du tems de Lucien, puis qu il fait ordonner dans ſes Saturnalles d'en faire preſent aux ſçavans. Je les regarde diſperſez à preſent & plongez pour ainſi dire dans le ſein de l'oubly, comme l'or dans les entrailles de la terre ; s'ils ne ſont pas eux mémes ces mines inepuiſables & immortelles, d'où la Republique des lettres tire toute ſa force, ſa gloire, ſa manificence & ſon éternité.

ὁ μὲν πεπαιδευμένος βιβλίον τῶν παλαιῶν.

Les Manuſcrits ne ſont pas tous d'un méme caractere, ils ont leur age, leur pais, & leurs beautez differentes. Le deſtin des peuples & des Empires à ſouvent fait leur deſtin ; & l'on reconnoit avec plaiſir que leurs defaut ou leur perfection ſont autant de traits qu'ils conſervent encor de la gloire des uns ou de l'abaiſſement des autres. Les eſprits de chaque nation n'ont que trop éprouvé la revolution des tems ; ils ont eu leur enfance, leur vielleſſe, & les arts qu'ils ont cultivez, ont ſuivy pour ainſi dire le méme temperament. Les exemples Monſieur en ſont frequens, & je n'en veux pas chercher plus loin que dans le ſujet dont je vous parle.

L'écriture dit le Prince de l'eloquence dans ſon oraiſon pour P. Sylla *n'a été*

Litteræ poſteritatis cauſa

répertæ. n. 45.

inventée que par un desir de gloire & de reputation. Mais cet art admirable, cet art que je puis apeller de l'immortalité ne s'est pas formé tout d'un coup. Il a eu besoin de plusieurs siecles pour suppléer ce qui manquoit à ces figures d'animaux, dont les premiers peuples se servoient, comme on le voit dans Tacite & dans les Historiens de la Chine, à ces cloux dont les premiers Romains marquoient leurs années, aux nœuds de quelques-uns & aux autres symboles dont on sçait que tant de peuples se sont servis. Et il est vray de dire que cet art doit autant sa perfection à la grandeur des peuples qu'à la politesse & à la maturité de leurs esprits. Les Egyptiens selon Tacite s'en croyent les inventeurs, & veulent ajoûter ce privilege à tant d'autres prerogatives qu'ils s'attribuent. Mais il est plus vray semblable que les Hebreux ou comme les apellent presque tous les anciens, les Chaldéens ou les Pheniciens ont été leurs maîtres, comme on le voit entr'autre dans Lucain. D'où vient que les lettres ont été apellez Pheniciennes par les Grecs. Diodore de Sicile neanmoins raporte que cela n'étoit pas certain, & qu'on croyoit seulement qu'ils n'avoient fait que changer la forme des

Phoenices primi famæ si creditur ausi, Mansuram rudibus vocem signare figuris. l. 5.

lettres ; ce qui n'eſt pas ſans aparence, puiſque Quinte Curſe dit d'eux *& s'il en faut croire la renommée, ce peuple a été le premier qui a inventé les lettres, ou qui en a montré l'uſage.* Auſſi Saint Auguſtin avec beaucoup d'autres tiennent que le peuple choiſi l'avoit apris des premiers Peres; qu'avãt le deluge méme ſelõ Joſeph les premiers caracteres en avoient été gravez ſur les colomnes que Seth fit élever pour conſerver les ſciences qu'il avoit découvertes. Cela revient fort auſſi à ce que dit Pline des lettres Aſſyriennes qui ne ſont autres ſans doute que les Hebraïques ou les Chaldéennes *pour moy*, dit cét autheur, *je crois que les lettres Aſſyriennes ont toûjours été.* Et combien d'autheurs ont prouvé par des ouvrages entiers comme Etienne Guichart a fait, que la langue des enfans des premiers Patriarches, a formé celles qui ont été en uſage dans le monde, & qui en ſont ſorties comme autant de colonies, que les differens caracteres tiré de ce centre ont perpetuées juſques à nous. Ce qu'Herodote confirme vers la fin de ſon livre cinquiéme, & ce que le Pere Kirker fait voir dans ſon Oedipe Egyptien en comparant les caracteres de toutes les langues.

Etſi famæ libet credere hæc gens litteras prima aut docuit aut didicit. *l. 4. c. xv.*

Litteras ſemper arbitror Aſſyrias fuiſſe. *l. 7. c. 56.*

De ce grand nombre neanmoins

LA PUNIQUE

des langues les plus anciennes à peine nous en eſt-il reſté des veſtiges certains comme de la Punique qui ne pouvoit être qu'excellente, puiſque ſelon Guillaume Poſtel, elle n'étoit rien autre choſe que le Phoenicien qu'il compare à l'Hebreu dont il eſt ſorty avec le Caldeen & le Syriaque. Ce que Mr. Bochart a auſſi remarqué en expliquant la ſcene du *Poenulus* de Plaute par le moyen de la langue Hebraïque. Elle devoit être bien celebre & bien cultivée au tems de la priſe de Carthage, puis qu'il y avoit tant de bibliotheques dans cette ville, ou l'on trouvoit des livres de toutes ſciences, écrits en cette langue. C'eſt ce que je remarque d'un endroit de Pline ou cet Autheur dit que le Senat donna les bibliotheques qui ſe trouverent dans Carthage aux Roitelets de l'Affrique, & qu'il ne reſerva ſeulement que celle de Magon composée de 32 volumes d'agriculture, pour les faire traduire en latin. Nous avons quelques medailles qu'on pretend être marquées de lettres puniques.

Ut cum Regulis Affricæ bibliothecas donaret, unius ejus duo de triginta volumina cenſeret in linguam latinam transferenda. *l. 18. c. 9.*

L'HETRUSQUE.

La langue Hetruſque devoit être admirable puiſque les Prêtres de la Province qui y étoient ſçavans avoient tant de ſageſſe tant de reputation, & que les anciens Romains employoient tous leurs ſoins & mettoient toute leur étude à l'aprendre. L'inſcription d'Eugubinus eſt celebre, & fut trouvée cinquante ans devant Sylla. Ses caracteres reſſemblent en quelque façon aux Latins, & l'écriture ſe lit de droit à gauche. A l'égard des monumens de cette langue qu'Inghuiramio a fait imprimer, on les pretend ſuppoſez.

Il eſt à croire encor que la langue des Druides Gaulois, qui leur étoit particuliere & differente de celle des peuples, comme je l'ay lû quelque part, étoit admirable, puiſque ceux qui l'ont poſſedée étoient ſi ſçavans & ſi celebres. Pour ce qui eſt de la langue Greque que quelque es-uns pretendent qu'ils ont employée dans l'étude des ſçiẽces, je n'en ſçaurois demeurer d'accord, veu que Ceſar dans la deſcription qu'il en fait, dit que dans tout ce qui ne regardoit point les ſciences & leurs myſteres, ils ſe ſervoient des caracteres & de la langue Grecque: ce que je ne crois pas neanmoins encor ancien chez eux. Et il eſt fort probable qu'ils n'ont admis ce langage que depuis la venuë des Grecs en Provence par la neceſſité du commerce que la ſituation de Marſeille & la politeſſe de cette Republique obligeoit d'avoir avec

CELLE DES DRUIDES.

eux. L'inſcription au reſte du Tombeau de Chyndonax ne prouve rien contre ce que j'avance. Je ne ſçaurois me perſuader que ce perſõnage fut un Druyde, puiſque l'epitaphe n'en dit pas un ſeul mot. Il y a plus d'aparence que c'étoit un Grec du tems d'Aurelian où le culte du Soleil étoit plus en regne dans l'Empire qu'en aucun ſiecle, à cauſe du Temple que cet Empereur fit batir à Rome, aprés la priſe de Palmyre & de Zenobie.

Celle d'Egypte.

L'ancienne langue d'Egypte n'avoit pas encor de moindres privileges. C'eſt dans leur ſein que les ſciẽces ſont nées, & ce ne peut-étre qu'à leurs caracteres, & aux monumẽs que les premiers hõmes en ont dreſſez, qu'elles doivent leur educatiõ s'il faut ainſi parler. S'il eſt vray comme on ne peut douter que dans ces premieres langues, les noms exprimoient la nature de chaque choſe, expliquoient ſa proprieté, quel progrés d'eſprit & de conoiſſances n'ont pas fait ceux qui les parloient. C'eſt pour cela ſans doute que les premiers hommes paroiſſoient vivre ſi long-tems ils aprenoient les ſciences, ils s'en nourriſſoient pour ainſi dire avec le lait, & joüiſſoiẽt le reste du tẽs de leur ſçavoir.

L'Hebreu.

A peine nous eſt il reſté des caracteres de ces langues qui les aprochoient

choient si fort de la perfection, car pour revenir à l'Hebraïque qui est comme la Metropole de toutes, je doute que les caracteres qui nous sont connus presentement, soient les originaux de l'ancienne. Je dis l'ancienne, puis qu'il n'est pas certain que celle des livres Saints d'aujourd'huy soit la méme que celle de nos premiers Peres. En effet les sçavans dans cette langue ne sont pas d'accord entre eux, si elle subsistoit méme du tems de Jesus-Christ, & quelques-uns veulent qu'elle se perdit dans la captivité de Babylone avec les livres canoniques. Philon Juif au livre second de la vie de Moyse, semble confirmer cela, car il dit que la Loy fut écrite au commencement en Chaldéen, & qu'elle a été long-tems en ce langage, tant que la beauté de cette Loy n'a point été connuë des Etrangers. Ce qui est arrivé sans doute aux caracteres qui se sont tout au moins beaucoup alterez. Si une des colonnes de Seth subsistoit encor en Syrie du tems de Joseph comme il le dit, je m'étonne de ce que ce sçavant homme n'a point eu la curiosité d'aller voir une Antiquité si precieuse & qui luy devoit étre à luy-méme si recommandable. L'inspection de ce monument auroit decidé la difficulté. On auroit apris si comme le veulent Monsieur Vossius & le P. Simon les anciens caracteres Hebreux étoient semblables aux Samaritains ou aux Phoeniciés selon postel. Ainsi la description n'en auroit pas été infructueuse.

Quoy qu'il en soit Monsieur les Manuscrits que nous avons du rejeton de la premiere ne sont pas si connus ny d'un si frequẽt usage. Ainsi je crois qu'il est assez difficile d'en determiner la qualité. Le Pere Simon dans son histoire critique de la Bible, pretend qu'on n'en voit point qui passent 900 ans. Ceux là neanmoins sont à mon sens, les plus anciens dont les caracteres sont plus quarrez. Il falloit sans doute que les sept dont le Cardinal Ximenes se servit pour faire imprimer sa Bible en 1502, fussent de ce genre puisqu'ils luy coûterent 4000 écus. On distingue encor l'Hebreu sans points d'avec celuy dont les voyelles sont marquées, par des points. Le Pere Morin pretend contre les Rabins modernes que Moyse avoit écrit sans poĩts, & sans distinction de mots. Les Manuscrits de la premiere espece, c'est-à-dire avant l'invention des points voyelles, ne sçauroient manquer d'étre anciens s'il est vray qu'il y en ait. Quelques-uns pretendent neanmoins en avoir du tems d'Esdras, mais cela est fabuleux dit l'Autheur de l'Histoire Critique. Monsieur Vossius aussi témoigne fort en douter. Il soûtient d'avantage que hors les livres saints, du tems méme de Saint Jerôme, il n'y avoit aucun livre en Hebreu, mais seulement en Grec, & que ce n'a été que sous Justinien qu'on a commencé d'en voir. La raison qu'il en donne est que cet Empereur ayant deffendu aux Juifs par un Edit de lire dans leurs Synagogues le δευτερώσεις ou leurs traditions, ils s'aviserent de le traduire en leur langue & ce livre, dit-il, s'apelle *Misna*.

A l'égard de la seconde espece de ces manuscrits, il est certain qu'il n'y en peut avoir de plus anciens que de 5 ou 600 ans. On sçait effectivement que les points furent inventez pour designer les voyelles que vers le dixiéme siecle par les Massorets : tellement que ceux qui sont poctuez sont depuis ce tems là, & les plus antiques des uns & des autres se reconnoissent lors qu'ils sont mieux caracterisez, parce que les Sinagogues n'ayant pas été entierement dispersées dans les premiers siecles, l'écriture qui ne s'est alterée que depuis s'y étoit conservée. Il s'en pouroit peut-étre aussi trouver ausquels on auroit ajoûté des points, & ces livres en ce cas là seroient tres anciens.

La troisiéme espece est celle du Thalmud ou du Rabinisme, le caractere ce me semble en est plus menu & plus affiné, parce que c'étoit l'écriture courante, semblable au langage méme que Monsieur Vossius apelle corrompu ou supposé. On peut ajoûter encor en general de tous, que ceux qui sont écrits sur du papier sont modernes, ils sont plus anciens sur du parchemin, sur tout si le tems l'a jauny. Et si l'on en trouvoit sur des écorces d'arbres, *ils* seroient absolument tres anciens PIE 5e. touché d'ũ zele aussi peu éclairé que peu favorable aux lettres lors qu'il n'étoit encor qu'inquisiteur, envoya en 1559, Sixte de Sienne à Cremone pour abolir tous les commentateurs Hebreux sur l'écriture & sur le Thalmud cet Ambassadeur pour une affaire d'état si importante en fit au moins un catologue qu'il nous a laissé dans sa Biblioteque. il en trouva à ce qu'il témoigne un nombre infiny.

En voila assez monsieur, ce me semble, & je me suis trop étendu sur les Manuscrits de cette langue, dans laquelle on trouve peu de monumens qui ſoient conſiderables, parce que les plus anciens ont preſque tous pery preſentement.

Je ne crois pas non plus pour ne point ſortir de l'Orient qu'il ſe trouve beaucoup de manuſcrits Chaldeens, Syriaques ou Samaritains qui traittent des ſciences. Le caractere au reſte de ces deux dernieres langues, dit le Pere Simon, ne differe non plus que parmy nous le Gothique & le Romain. Et le peu qu'on en trouve de Manuſcrits vient ſans doute de ce que les langues ſont perduës depuis tant de ſiecles: Monſieur Voſſius en donne une raiſon tres ſpecieuſe. Ces peuples dont l'eſprit eſt prompt & penetrant, ſe ſont toûjours plû à abreger leurs mots en écrivant,& les ayant prononcez dans la ſuite comme ils les avoient écrits, cela a fait dans ces langues des changemens ſi conſiderables qu'elles ſe ſont enfin metamorphoſées entierement.

DES AUTRES LANGUES D'ORIENT.

Il paroit par là que cette maniere d'écrire & de parler abregée ne leur eſt pas fort avantageuſe, & ne doit pas leur donner ſujet de ſe mocquer des Europeans, comme ils font, parce qu'ils n'admettent pas cet uſage ou ne peuvent s'en accommoder. Les avantages que nous avons tirez du contraire, comme le remarque Monsieur Vossius, nous justifient assez. Ce ne seroit pas pour cela une grande gloire de connoître les choses par de simples signes, comme les bêtes qui n'ayant aucun discernement de la parole ne le peuvent, faire autremẽt. Nos sages l'ont toûjours repudiée, *la maniere resserrée dit Ciceron, & les abreviations n'ont point de grace dans le discours*, & c'est la marque d'un fond mediocre comme Allatius le raporte de Symmaque. Ils ont prevû le tort que cela pouvoit faire aux langues & aux letres, & nos legislateurs se sont efforcez d'y remedier dans les choses qu'ils estimoient de consequence; tant cette breveté leur a paru dangereuse, *puis qu'elle a introduit plusieurs antinomies par le deffaut qui la suit toûjours*, dit Justinien, & dans le discours que cet Empereur adresse au Senat & à l'Empire, il deffend sur peine de faux de s'en servir dans l'edition des loix ou dans leur interpretation, *nous condannons encor à la même peine de faux ceux qui dans la suite auront la hardiesse de transcrire nos loix en caracteres abregez & obscurs.* L'Empereur Basile de Macedoine deffendit la même chose, & ne voulut pas même qu'on s'en servît dans aucuns actes, comme on le voit dans les aditions de Cedrenus à Zonare.

Contractio & brevitas dignitatem non habet. *Or 19.*

Vt inopiã brevitas effectata celaret.

Quæ multas per se & per suum vitium ἀντινομίας induxit.

Eadem autem pœnam falsitatis constituimus & adversus eos qui in posterum leges nostras per signorum obscùritates ausi fuerint conscribere.

A propos Monſieur du mot *per ſignorum obſcuritates* de la loy de Juſtinien, je ne ſçay pourquoy de tres ſçavans hommes luy ont voulu ſubſtituer celuy de *ſiglorum* & quelles authoritez, ils ont eu pour cela. Lambecius qui raporte cette conſtitution dans un des volumes de ſa Bibliotheque y met toûjours *ſigla* ou *ſigilla* au lieu de *ſigna* qu'on y lit & qui doit y étre conſtamment. Je trouve auſſi que Monſieur du Cange dont j'honore la perſonne & le merite, ſur le mot de *ſigla* dans ſon dictionnaire de la baſſe latinité cite pour exemple Juſtinien, mais comme j'ay dit je ne l'y ay point vû quoy qu'il y ait deux differentes conſtitutions au titre *de Vet. jure enucl.* ou le mot de *ſignum* eſt repeté en pluſieurs endroits auſſi bien que dans la troiſiéme qui eſt au commencement du Code. Il eſt vray qu'il eſt parlé de ce terme dans la conſtitution Grecque du titre que j'ay cité, mais il faut prendre garde qu'il eſt different, & qu'au lieu de *ſigla* ou *ſigla* il y a σίγγλαι. Comme on le peut voir par le paſſage méme que voicy, *καὶ κατὰ τοῖς σημείοις τισὶν ἐν τῇ γραφῇ χρωμένων, ἃ παρ σίγγλας καλοῦσιν. natis ſeu ſignis quæ ſinglas vocant. Par des marques ou par des traits qu'on appelle ſinglas.* Je vous avoüe Monſieur que je ne

Du Terme *SIGLA*.

sçay pas bien non plus où l'Auteur de cette loy a pris ce mot & de qui il entend parler lors qu'il dit *ἀπὸ σίγγλας χαλκῶν qu'on apelle singlay*, si ce sont des Grecs ou des Romains. Cependant il n'y a point d'Autheurs anciens que je sçache jusqu'à Justinien tant de l'une que de l'autre langue qui luy ayent peu servir d'exemple. Lors qu'Aulugelle Grāmairien vers le bas Empire veut parler des manieres dont J. Cæsar se servoit dans ses lettres pour cacher ses secrets, il n'apelle point autrement les lettres particulieres dont il étoit convenu avec ses agēs que *litteræ singularia sine coagmētis syllabarū, lettres particulieres sans formation ou liaison de syllabes* & jamais dans aucun Autheur de ce genre là on n'a lû le terme *sigla*. Il y a beaucoup d'aparence qu'on a inseré dans le texte une note de quelque barbare moderne. Car le mot de *σιγγ'λαι* n'a aucune signification ny en Grec ny en Latin & ne se trouve dans aucuns vocabulaires. Il ne vient pas non plus de *σιγλαι* qui veut dire des boucles d'oreilles, ce que Monsieur du Cange n'a pas remarqué puis qu'il va chercher l'origine de *sigla monile*, dans la Saxe. Il ne vient pas de *σίγλον* qui est une monnoye de Perse, comme on le voit dans Xenophon, & qui

qui avoit aussi cours dans la Sardaigne selon Hesychius. Ainsi le *Siglum* dont se servent Reinesius & Kipping n'a aucune origine raisonnable ny connuë. Enfin Monsieur pour finir cette remarque quand le mot de *Sigla* exprimeroit celuy de *singula littera* je ne sçay pas comment Monsieur Cujas a voulu cõparer cette contraction qui n'a été introduite que par des barbares avec celles de *Vincla*, *secla*, & autres semblables que l'authorité du Parnasse latin dans son plus grand regne, & le suffrage des plus éclairés de l'Empire ont admises, retournons aux Manuscrits.

Le Copte qui est la langue qui a precedé le Grec en Egypte ne doit pas tenir un rang mediocre parmy ces langues originalles & instruisantes, puis qu'elle est une langue mere & independante de toutes les autres selon Kircher Mr. de Saumaise dans une de ses lettres à Monsieur Peiresc dit qu'il croyoit autrefois que son nom venoit d'une Ville nommée *Coptos* dont les peuples avoient conservé une partie de l'ancien langage, mais qu'il a estimé depuis que ce nom étoit tiré de celuy d'Αἰγυπτος: ce que le P. Vansleb dit aussi quelque part, quoi qu'en un autre endroit il en attribuë l'origine à *Coptos* petit LE COPTE.

fils de Noë. Il n'est pas impossible d'en trouver encor des Manuscrits, puisque ce dernier Autheur dit qu'il trouva méme dans le celebre Monastere de Saint Antoine, une Grammaire un Vocabulaire, & beaucoup d'autres livres d'office d'Eglise. Quoy qu'il reste encor à ce qu'il ajoute des descendans de ces premiers Egyptiens qui la parloient il y a cependant un tres grand nombre de siecles que cette langue est perduë. Je ne croy pas méme que celle qui s'est conservée dans ces livres dont il parle, soit l'ancienne, & il y a plus d'aparence que ce n'est qu'un patois qui s'est formé avec le Grec & avec l'Arabe depuis la conquête d'Alexandre. En effet les caracteres approchent de l'ancien Grec, & ne sont plus sans doute cette troisiéme espece de lettre que ces peuples avoient dont parlent Porphyre & S. Clement d'Alexandrie, & qu'ils apelloient *Epistolaires*. Ce malheur qui vient toûjours du melãge des peuples & du changement de domination, fait encor que les Coptes d'aujourd'huy n'ont pas d'autre langue que la vulgaire d'Egypte qui est mélee d'Arabe & de Turc. Et à peine les plus habiles & les plus vieux d'entre eux entendent-ils cette lãgue dans laquelle l'Evangile leur a été préchee. Le P. Kircher confirme & decide ce que j'avance ; il dit que le Copte ancien a été alteré par la langue Grecque dont il a beaucoup de mots & de caracteres. Comme cette langue étoit une langue mere & independante de toutes les autres selon ce Pere, elle avoit peut-être un caractere tout different & tout particulier, & il se peut faire que c'étoit ce caractere *Oxyrynchitain* dont parle Pallade dans son histoire Lausiaque au sujet d'Origene qui le sçavoit écrire à ce qu'il raporte. Quoy qu'il en soit, tâchez Monsieur d'aprendre quelque chose de ce caractere quand vous passerez dans ce pays. Il me semble avoir veu chez Mr de la Mare des Manuscrits de cette langue qui viennent de Monsieur Saumaise,

Je ne vous parleray point, Mr, des Manuscrits des autres langues d'Orient. Je na'y rien lû qui m'en ait instruit, les caracteres de l'Armenienne disent quelques-uns sont de nouvelle datte puis qu'on en attribuë l'invention à S. Jean Chrysostome. Je ne sçay pas neanmoins sur quoy on fonde cette vision, & ou le Pere Simon l'a puisée, car c'est ainsi que ce dernier autheur en parle dans son histoire critique de la L'ARMENIEN.

καὶ ἁλῶναί ποτε ἐν τῇ Παμφυλίᾳ παρδάλιν στρεπτῷ ἅμμα, ὃν περὶ τῇ δέρῃ ἔφερε, χρυσοῦς δὲ ἦν καὶ ἐπεγέγραπτο Ἀρμενίοις γράμμασι

l. 2. c. 2.

Bible, & dans celle des Religions du Levant. Il y a un endroit dans Philostrate qui me persuade le contraire, & cét autheur vivoit méme 200 ans avant S. Jean Crhysostome, *I'ay apris* dit-il dans la vie d'Apollonius, *qu'en Pamphylie on prit autrefois une Panthere avec un collier d'or sur lequel étoit écrit en lettres Armeniennes LE ROY ARSACES AU DIEU NISE'E.*

ΒΑΣΙΛΕΥΣ ΑΡΣΑΚΗΣ ΘΕΩ ΝΥΣΑΙΩ

Or il paroit par là que ce caractere étoit tres-ancien.

LE PERSAN

Le Persan a changé ses caracteres en Arabiques, & le Pere Simon pretend qu'on ne peut voir la figure des anciens que sur quelques medailles seulement. Voicy l'ectype d'un cachet ancien que j'ay dé-ja donné dont la tête me paroit Persanne, & les caracteres par consequent le peuvent étre.

p. 309.

J. Erlinger sculp.

C'est aux habiles qui ōt fait des recherches sur ces matieres à en juger. Ces làgues; outre cela n'ōt dās les ſçiēces ny le merite de l'antiquité, ny le privilege d'oecumeniques. Il en faut excepter l'Arabe qui a preſentement cét avantage dans preſque la moitié du monde. Comme vous allés dans le pays ou la Religion & les ſciences l'ont élevé à cét Empire, vous en apprendrez plus des naturels, vous en connoitrez mieux les Manuſcrits que ſi je vous copiois tout ce que je puis en avoir leu.

L'ARABE

Ces Peuples dont la langue s'eſt ſi fort répanduë ne ſe diſent pas moins anciens que les Hebreux. Ils pretendent avoir ſur eux le droit d'aineſſe, & ils ont raiſon s'il eſt vray qu'ils deſcendent d'Iſmaël. Cette origine leur eſt ſi glorieuſe qu'ils reverent méme juſqu'à une tour bâtie par ce Patriarche ſelon leur traditions. On donne beaucoup d'Eloges à leur eſprit & à leur langage, & je ne ſçay ſi leur écriture en merite autant. L'ancienne a preſque toutes les lettres jointes enſemble, & c'eſt peut-étre pour cela qu'un certain Elcabil a été obligé d'inventer & d'introduire des points pour diminuer la difficulté qu'il y avoit à lire l'Arabe. Monſieur Voſſius raporte ce fait de Leon d'Affrique, dont il a le manuſcrit, pour prouver que les points ſont Arabiques d'origine comme ils le sont de nom. Il y en a qui se mettent dessus les mots & d'autres dessous. Kirstenius parlant de cet usage dans son Epitre dedicatoire à Rodolphe II semble croire que les Arabes n'ont admis ces points dans leur Ecriture que depuis qu'ils ont eu commerce avec ceux d'Europe. Quoi qu'il en soit les Manuscrits qui n'ont pas de points doivent étre anciens. Je crois encor que ceux qui sont en gros caracteres le sont indubitablement, puis qu'on n'a commencé dans le monde à écrire menu que depuis 7 ou 8 siecles. L'ancien caractere Arabe s'apelle Cuphique dont il y en a de deux sortes, le plus ancien est fort gros & fort large tel qu'est un Alcoran qu'à Monsieur d'Herbelot qui est une piece des plus antiques qu'on ait dans cette langue. On voit aussi ce caractere sur des medailles qui ont plus de 900 ans, comme celle que j'ay sur laquelle on pourroit lire l'année si elle étoit plus nette.

Celuy qui suit cet ancien caractere est moins gros & moins large. Mais il est plus droit que l'Arabe vulgaire d'apresent, cõme on le voit par la seconde medaille. Monsieur Lambecius parle aussi de Manuscrits en ancien caractere Affriquain, ce que vous aprendrez mieux sur les lieux qu'icy. Le Cardinal Ximenes en fit bruler 5000 volumes dans Grenade aprés la conquête de la ville. Quelque bien intentionné neanmoins qu'il fut pour les lettres, comme les dépenses extraordinaires qu'il a faites pour les retablir le prouvent, il est impossible qu'il ne leur ait fait un tres-grand tort par cette incendie, & je doute que par cette voye il ait pû procurer aucun avantage à la Religion. Au reste Monsieur celuy dont les Tartares se servent, paroit plus lié, plus menu, plus pressé, & plus courbé que les autres. Ce que j'ay apris au sujet de ce cachet que j'ay & qu'on m'a dit étre en caracteres de ce pays

mais voicy ce que je tiens de l'Illustre Monsieur Thevenot touchant le caractere de ces peuples. Le merite & la reputation de ce sçavant homme qui l'ont fait choisir par le Roy pour sa Bibliotheque, feront connoître que je n'avance rien icy sur une authorité mediocre. Lors que Quinguiskam, qui vivoit vers 1215, se rendit maître de la Tartarie, on sçait que les peuples de ce continent n'avoient point encor de caracteres pour leur langue. Mirconde qui a fait l'histoire de cette conquête raporte que le Prince obligea ses nouveaux sujets à envoyer leurs enfans quelque part pour aprendre à écrire & à former des caracteres. Ces circonstances neanmoins n'aprenoient rien encor de la langue & des caracteres Tartares, si par des pieces aportées depuis peu de la Chine écrites en Tartare & en Chinois (comme c'est l'usage de cet Empire depuis l'usurpation des Tartares) Monsieur Thevenot n'avoit remarqué que les caracteres de ces derniers sont de ce genre de lettres Syriaques qu'on apelle Nestoriennes. Et en effet comme il a beaucoup de Manuscrits orientaux il a trouvé que dés ce tems-là les Nestoriens avoient fait des missions dans la Tartarie & dans les autres prrties de l'Asie, qui sont au delà de la Perse. C'etoit les Patriarches de Babylone & de Moussoul qui les envoyoient, & il a découvert méme par le plus grand bonheur du monde une relation de ces premieres missions faites à la Chine dés le septiéme siecle. nous aurons bien tôt de ce sçavant homme une Grammaire Tartare.

Il ne reste plus Monsieur à vous parler que des manuscrits Grecs & des Latins. Ils sont plus en usage parmy nous, parce que les langues nous en sont plus familieres, & plus commodes à la disposition de nos organes. Quoyque les principes de la sagesse ne sortent pas originairement de leurs sources, elles ont tant contribué neantmoins à la repandre, à la retablir, ou à la conserver dans le monde, qu'elles en ont acquis un honneur immortel. C'est chez elles seules que les siéces ont fait des progrez infinis, & leur genie n'est pas moins Puissant pour élever l'esprit aux choses surnaturelles, qu'il est propre à developer les mysteres de la nature.

LE GREC

La Greque n'a rien laissé d'imparfait ny ceux qui l'ont parlée rien d'intenté. C'est ce qui donne tant de poids aux Manuscrits de cette lãgue & qui les a rẽdus si precieux aux sçavans. Quelques uns, comme Monſieur Voſſius, veulent qu'elle ſoit montée au dregré de gloire d'etre à preſent la ſeule depoſitaire fidelle de la loy que Dieu dicta luy méme à nos peres. Quoy qu'il en ſoit il y a bien des ſiecles qu'elle eſt en poſſeſſion de l'être des ſciences. Ses caracteres ont moins changé que ceux des autres langues, cependant la petite difference qu'on y remarque fait l'epoque des Manuſcrits.

On peut les partager en trois claſſes, les premiers & les plus anciens ont les caracteres d'autant plus quarrez, qu'ils aprochent d'avantage de leur ſource, & de leur origine, qui eſt la Phenicienne, ou l'Hebraïque, puiſque ſelon Herodote les premiers caracteres qui s'introduiſirent dans l'Ionie étoient à peu prés ſemblables. C'eſt ce qu'on verroit avec plaiſir s'il étoit reſté quelques-uns de ces livres que Piſiſtrate au raport d'Aulugele amaſſa le premier dans Athenes. Je ne ſçay s'il s'en peut trouver de cet âge ny s'il y en avoit méme du tés de Pline; car cet Autheur parlant des anciens caracteres Grecs aprés avoir dit qu'ils reſſembloient aux lettres Romaines de ſon temps, n'en cite point d'autre exemple qu'une inſcription antique ſur une lame d'airain, que Veſpasien & Tire avoient donnée à la Biblioteque publique, *les anciens caracteres Grecs*, dit-il, *sont presque semblables aux Latins d'apresent. témoin cette lame antique d'airain, tirée du Temple de Delphe, qu'on voit aujourd'huy dans la Biblioteque du Palais, dediée à Minerve par les Princes. Il y a cette inscription* ΝΑΤΣΙΚΡΑΤΗΣ. ΤΙΣΑΜΕΝΟΤ. ΑΘΗΝΑΙΟΣ. ΚΟΡΑ. ΚΑΙ. ΑΘΗΝΑ. ΑΝΕΘΗΚΕΝ.

Veteres græcas fuisse easdem pene quæ nunc sunt latinæ indicio erit Delphica tabula antiqui aeris quæ hodie in Palatio dono Principum Minervæ dicata in bibliotheca cum inscriptione tali. &c. *l. 7. c. 58.*

Cette inscription étoit sans doute ainsi que je l'ay copiée, c'est-à-dire en lettres majuscules ou capitales, comme nous les apellons. Dont les *Sigma* entre autres étoient comme une de nos, M, latines mises sur le côté, Σ, quoy que Mr. Lancelot dans sa Methode semble vouloir dire le contraire. Ce n'a été en effet que dans la suitte & peut-être vers le siecle des Empereurs Romains que, l'S, Grecque a pris la figure du, C. Latin comme je le conjecture de ces tables que les Romains apelloient *Sigma* à cause de la figure du, C, qu'elles avoient, témoin Lampride dans la vie d'Elagabale. Martial parle aussi de cette figure de l'S, dans ce vers ou il l'apelle *Lunata*

Accipe lunata scriptum, testitudine Sigma *l. 14. Ep. 77.*

cette figure ℰ de l'E, n'eſt pas à mon ſens de plus ancienne datte dans l'Alphabet, car je crois qu'on n'en trouve gueres ainſi dans les inſcriptions, avant la conquête d'Egypte par les Romains. Il faut pourtant ajouter que l'inſcription de Pline avoit cette difference dans les Caracteres, qu'ils étoient quarrez comme on le voit ſur les buſtes d'Urſinus de la premiere edition. Cela s'entend de toutes les lettres qui ont un cercle comme, le B, le Θ, l'O, le P, le Φ, le Ψ, & l'Ω J'en ay veu méme ou l'A, le Λ, & le Σ n'avoient de difference avec le Π que par un trait & par la ſituation. Et c'eſt aſſurement de cette figure qu'étoiét les caractes Grecs anciens dont parle Pline & les autres. Ce que Ciceron ſemble reconnoitre & faire alluſion à la figure des Caracteres en parlant du genre d'eloquence, dans ſon *Brutus*, car avant Pericles & Thucidide ſelon luy, les lettres n'avoient aucun orrement, mais du tems de Pline, les caracteres étoient devenus plus polis, & figurez avec cét art que nous les avons en Majuſcules ; & la raiſon eſt qu'on les avoit cultivez, dautant plus qu'ils étoient les ſeuls qui fuſſent en uſage. Il eſt conſtant en effet que les anciens Grecs ne connoiſſoient point d'autres lettres que les majuſcules ; & *Jean Laſcaris* Grec de nation le cōfirme dans le prologue d'un recueil d'Epigrammes Grecques imprimées en 1484 à Florence en lettres capitales.

Ny la punctuation, ny la diſtinction des mots n'étoient point en uſage dans ces premiers tēs. Ce qui a duré preſque juſqu'à la 174 Olympiade ſelon Lipſe & Leo Allatius. On remarque dans les plus anciens monumens que les Grecs ne diviſoient leurs diſcours que par la perfection & l'accompliſſement du ſens. Ils n'en mettoient pas pluſieurs dans une méme ligne, mais ils en recommençoient un autre pour un nouveau ſens, & ainſi du reſte, comme on le peut voir par les inſcriptions du Comte d'Arondel : tellement qu'ils n'écrivoient point de ſuitte comme nous faiſons, mais par articles, & c'eſt de là que vient cette maniere d'écrire diſtinguée par verſets. Suidas neanmoins parle d'une maniere d'écrire qu'on apelloit ΒΟΥΣΤΡΟΦΙΔΟΝ *Bouſtrophidon* comme qui diroit, en lignes ſemblables à celles que les Bœufs font lors qu'ils labourent. Et je trouve cette maniere confirmée par Pauſanias dans la deſcription qu'il fait du coffre de Cypſelus qui étoit dans le

Temple de Junon de la ville d'Elide. *Il y a sur ce coffre*, dit-il, *des inscriptions gravées en lettres anciennes & en lignes droittes. Il y en a aussi quelques autres, d'une maniere que les Grecs apellent Boustrophidon, parce que le second verset suit immediatement le premier, & le joint en tournant dans la même figure que se font les courses redoublées* du Stade ou du Cirque. Je ne comprens pas trop bien cependant comment on pouvoit écrire de cette maniere en fillonnant. Je vous avouë que ces Sillons sont un labyrinthe pour moy. Car il faut que pour l'executer commodement, ou qu'on ne se servit point d'ancre, & qu'on ne gravât que sur des matieres solides, ou que si on se servoit d'ancre, on commençast par le centre à conduire les lignes en dehors, car autrement les caracteres se seroient gatez ou effacez. Plusieurs autheurs croyent que les versets distinguez & separez par lignes ont duré lon-tems même aprés les accés & les points introduits, comme on le voit dans Diogene Laerce. Un Eleve de l'echole d'Alexandrie nommé Aristophane fut l'autheur de ce dernier changement. Ce Grammairien qui étoit de Byzance, vivoit à peu prés vers la 150e. Olympiade sous les Roys d'Egy-

τῶν δὲ ἐπὶ τῇ λάρνακι ἐπιγραμμάτων ἐστὶν ἡ τοῖς ἀρχαίοις γεγραμμένα. καὶ τὰ μὲν ἐς εὐθὺ αὐτῶν ἔχει σχήματα, δὲ ἄλλα τῶν γραμμάτων, ΒΟΥΣΤΡΟΦΗΔΟΝ καλοῦσι Ἕλληνες, τὸ δὲ ἐστὶ τοιόνδε ἀπὸ τοῦ πέρατος τοῦ ἔπους ἐπιστρέφει τῶν ἐπῶν τὸ δεύτερον, ὥσπερ ἐν διαύλου δρόμῳ.
Eliac. 1. p. 320.

pte Philopater & Evergetes 200 ans avant Jesus-Christ. Ce fut luy sans doute qui donna l'exemple à ses successeurs de corriger les livres, c'est à dire les erreurs des copistes, & d'y ajouter des accens & des distinctions; ce qu'on peut reconnoître méme dans quelques anciens Manuscrits, ou les accens & les points sont posterieurs à l'écriture. Vous sçaurez encor Mr que depuis la diminution ou l'alteration des caracteres, l'ancien usage s'est conservé de ne point mettre d'accens ny de points lors qu'on employoit des lettres Majuscules comme on le peut voir dans une infinité d'inscriptions de ces tems là, & dans le Dioscoride dont Busbeq parle dans ses lettres, qui est presentement dans la bibliotheque de l'Empereur. Ainsi les Manuscrits les plus anciens sont ceux dont les caracteres sont Majuscules, sans accens, sans points, sans distinction de mots, & dont les jambages des lettres sont droits & cóme quarrés. Car dans les tems posterieurs ou pour mieux dire dans le bas Empire comme les medaillistes l'apellent, les jambages des lettres commencoient à se courber, temoin le Dioscoride de l'Empereur qui n'a guere plus de 1000 ou 1100 ans, quoy que Lambecius luy en donne davantage.

Les Manuſcrits du ſecond âge ſont en caractere commun tel que nous l'écrivons, mais plus gros que l'ordinaire plus droit & plus rond. Ils ſont moins chargez de manieres abregées, & ſouvent ils n'ont point d'accens. Il s'en trouve neanmoins quelques uns de ce ſecond genre écrits en lettres Majuſcules dont les jambages, comme j'ay dit ne ſont plus ſi quarrez que les anciens, mais plus ronds & plus courbez. Dans cette eſpece de Manuſcrits les noms propres d'hommes ou de lieux ou de nombre s'écrivoient ſeulement en Majuſcules. D'où vient que depuis l'uſage ayant ceſſé pour la commodité de l'écriture aparemment, on marqua ſeulement ces mots d'une ligne par deſſus pour les diſtinguer. Sur quoy les Copiſtes & les Interpretes, n'ayant pas fait reflexion, ils ont gliſſé une infinité d'erreurs & de fautes dans les ouvrages qui paſſoient par leurs mains. C'eſt ce que Caſaubon remarque dans ſon commentaire ſur Theophraſte au ſujet d'une correction tres ingenieuſe.

Ceux de la derniere claſſe ont un caractere plus menu, plus long, & plus courbé, on y trouve auſſi plus d'abreviations que dans les autres. Il s'en voit de ceux cy un grand nombre que les

Grecs

Grecs qui ſe retirerent dans le pais Latin apres la priſe de Conſtantinople, & la ruine entiere de leur Empire y ont multipliez. Celuy que Monſieur Lambecius décrit à la fin du ſecond volume de ſa Biblioteque eſt aſſeurement de ce dernier genre, quoy qu'il luy donne plus de 1200, & qu'il le compare au Dioſcoride dont j'ay parlé. C'eſt un ouvrage de Ruffin ſur la Geneſe qui a pluſieurs titres Grecs. Je ne veux point d'autres preuves qu'il eſt moderne de 7 ou 800 ans ſeulement que la figure de ſes caracteres tant Grecs que Latin, les uns & les autres ont les jambages eſtropiez & ont contracté cette corruption que les nations barbares ont introduite dans l'écriture aprés leur inondation. Les caracteres Grecs comme celuy cy Δ pour un A. cette figure λ pour un Δ. Є : λ. & ainſi des autres Pour un E. & un Λ. marquent aſſez qu'ils ſont des derniers temps, mais les caracteres Latins n'en laiſſent aucun doute, & il faudroit avoir bien peu d'experience dans le monde, ſçavant pour ne pas reconnoître un air Goth ou Lombard à ces figures de ΛЄS ꟽ ꝩ. pour A. E. D. M. V. Je ne sçay non plus à quoy pensoit ce sçavant Bibliothequaire lors qu'il a donné plus de 1300 ans au Manuscrit qu'il décrit à la page 1008 du méme volume. Les caracteres & les miniatures qu'il en a fait graver prouvent que tout est de la derniere barbarie, & qu'il ne peut avoir tout au plus que 5 ou 600 ans. A-propos neanmoins de l'E de cette figure Ɛ je ne sçay, s'il ne pourroit point venir du Copte. Les medailles d'Egypte me font imaginer cette conjecture, parce qu'on y voit toûjours les E figurez de cette maniere. Cantherus promettoit un ouvrage plus ample que celuy qu'il a donné touchant la correction des Manuscrits Grecs. S'il avoit executé ce dessein, cela nous donneroit beaucoup de lumieres pour la connoissance des Manuscrits & pour le discernement de leur antiquité.

LE LATIN.

Le Latin n'a pas moins fait de conquêtes dans les sciences que les Romains en ont fait dans le monde, & les Heros de l'une ont souvent été les conquerans de l'autre. Quelle gloire & quel avantage pour cette langue que les premiers hommes de la terre luy ayent consacrez (comme chacun le sçait) une partie des soins qu'ils devoient à l'Empire. La veritable religion ne l'a pas moins honorée aprés ce tems-là, & la langue Greque n'a gueres de privileges plus que la Latine dans l'Eglise, puisque celle d'Occident l'a adoptée depuis tant de siecles pour être l'interprete des oracles sacrez.

Cette langue à eu comme les autres son accroissement & ses revolutions. La méme chose est arrivée dans ses caracteres, comme on le peut remarquer par les inscriptions les plus anciennes & par celles qui les ont suivies, méme avant la destruction ou l'anneantissemét de l'Empire. Les Caracteres de celle de Duilius publiée par le Pere Sirmond, comme ils aprochent d'avantage de leur origine, ils tiennent un peu de l'Hetrusque & du Grec; ils marquent une main tremblante, une main de gens qui ne font encor que commencer, aussi ne se servoient ils dans les commencement que de la memoire de leurs Prêtres pour cõserver ce qui se passoit chez eux, comme j'en ay raporté un passage & ne laissoient de monumens que du nombre de leurs années, qu'ils marquoient par des cloux dans les Temples, avec une certaine ceremonie que la superstition conserva méme bien avant dans les tems de Politesse, *le clou annal*, dit Festus *est celuy qui se mettoit tous les ans dans*

Clavus annalis appellatur, qui figebatur in

la muraille des Temples, afin que par ces marques on put conserver & recueillir le nombre des années. Tite live confirme ce que je raporte de Festus dans la description qu'il fait de cette plaisante ceremonie, & de la fonction qu'en avoit un Dictateur creé exprés pour une si burlesque Chronologie ; & la raison que l'Historien en donne est que l'usage d'écrire étoit presque inconnu *dans ces tems-là, & qu'il y avoit encore fort peu de caracteres.* Ce sont aparemment ces caracteres qu'il apelle *prisca litteræ.* Ils ne peuvent pas nous servir neanmoins pour reconnoître les Manuscrits, car on n'en a point de cette antiquité. Ces sept volumes latins qui se trouverent dans le Tombeau de Numa, n'étoient pas même écrits sans doute d'un si bon caractere, puisque la langue étoit encore toute brute de ce tems-là, & qu'elle avoit peu de caracteres : *car je passe*, dit Quintilien, *ces tems éloignez où il y avoit tres peu de lettres, & dont même la figure & la valeur étoient differentes.* Cette langue avoit encor des besoins du tems de Claude, il y avoit des mots où l'écriture manquoit dans l'expression, *& l'Empereur* comme Quintilien le reconnoit, *ne luy procura pas une utilité mediocre en intro-*

parietibus sacrarum ædium per annos singulos, ut per eos colligeretur annorum numerus.

Quia raræ per ea tempora litteræ erant. *l. 7.*

Nam illa transeo tempora quibus & pauciores litteræ nec similes his nostris earum formæ fuerunt & vis quoque diversa.

Nec inutiliter Claudius Eolicam illam Ɥ ad hos [illegible] terâ adjecerat.

duisant la lettre Eolique Ⅎ surquoy, Monsieur je ne sçay pas ce qu'a voulu dire celuy qui a fait ce traitté de Bibliotheque que je vous ay déja cité. En parlant de l'édroit de la bibliotheque Vaticane où l'Empereur Claude est representé comme inventeur de quelques lettres, il dit qu'au dessus il y a une F avec ces mots, *reliqua duæ obliterata sunt, les deux autres se sont perduës.* Et il fait cette reflexion qu'il étoit parlé de la lettre F dans Ciceron qui vivoit avant Claude; c'est pourquoy ajoute-t'il, il ne sçait si on doit croire ce Prince inventeur de cette lettre. Il n'est pas necessaire de repondre à cette beveuë, & qui ne sçait que Claude n'a point inventé la lettre F. Ce n'est pas ce qu'on a voulu dire dans la bibliotheque Vaticane. La lettre dont il est question à une figure & une valeur differente dont Ciceron n'a jamais entendu parler, comme le remarque Manuce. Le Digamme Eolique qui est le caractere que l'Empereur introduisit, forme un autre son que celuy de l'F, dans beaucoup de mots où il étoit necessaire selon Quintilien, *ut in his servus & vulgus Eolicum digamma* Ⅎ *desideratur.* Et en effet nous avons beaucoup de mots dans nôtre langue qui confirment cette prononciation de l'V comme s'il y avoit un digamme temoins ceux-cy entre autres, *veuf*, *negatif*, *primitif*, *oeuf*, *neuf*, *clef*. Parce qu'ils viennent du latin, *viduus*, *negativus*, *primitivus*, *ovum*, *novum*, *Clavus*.

EXPLICATION DE DEUX ANTIQUES CURIEUSES.

Je puis Monsieur vous faire voir le Type du Digamme sur un morceau de cuivre antique qui pourroit bien exercer la critique des sçavans Antiquaires. Il est un peu creux comme le sont les cachets anciens du Commun, & les lettres sont en relief. Ce Symbole, ou cette remarque comme on voudra l'apeller, renferme à mon sens quelque chose de tres curieux, & il pourroit bien être qu'il contiendroit ces trois lettres nouvelles dont Suetone & Tacite attribuënt l'invention à Claude. *Il ajouta trois lettres à l'alphabet qui furent en usage sous son regne, mais elles n'eurent plus de cours aprés luy. Tres litteras adjecit, quæ usui imperitante eo post, obliteratæ* ce qui me fait tirer cette conjecture, eſt que je remarque dans cette antique que voici trois caracteres qui n'étoient point en uſage avant le regne de cet Empereur.

Le premier reſſemble fort à une de ces deux demies aſpirations, Ⱶ ⱶ, dont parle Quintilien au Chap 6. du premier livre & les grammaires. Le ſecond eſt le Digamma, Ⅎ, qu'on ne ſçauroit diſputer à ce Prince. Et le dernier eſt ce, C, renverſé qui ſignifie *Centurio* ou *Centuria*, & qu'il falloit prononcer ſans doute comme s'il y avoit *Schenturio* ou *Schenturia*. C'eſt cét ***antiſigma*** que Priſcien attribuë à Claude, qui n'eſt pas compoſé de deux, C, adoſez, comme ce Grammairien le veut pour repreſenter le P. & l'S, ou le Ψ du Grec, mais figuré ſimplement par le *Sigma* tourné de l'autre ſens en cette maniere, Ɔ. Il auroit été ridicule, en effet, de changer dans de certains endroits des caracteres receus, en d'autres caracteres d'un volume presque semblable & en nombre égal. Ce que j'avance est prouvé par Isidore qui donne la méme figure à cette lettre, & qui dit l'avoir prise des anciens. *L'antisigma* Ɔ, dit-il, *se met à ces vers dont il faut changer l'ordre, comme on le voit dans les anciens autheurs.* Ɔ, *antisigma ponitur, ad eos versus quorum ordo permutandus est sicut & in antiquis authoribus positum invenitur*, & à cause de cette figure Ɔ, ainsi tournée il a été apellé sans doute *antisigma* duquel on s'est servy pour former la prononciation de l'S, & du C, joints ensemble, & non pas du P, & de l'S. En effet lorsque ces deux lettres se rencontroient, il n'étoit point necessaire de caractere particulier pour en aprendre la prononciation, & il est certain que les Etrangers aussi bien que les Romains n'y pouvoient pas rencontrer de la difficulté. C'étoit donc plûtôt pour de certains mots qui commençans par l'S, ou par le C, se prononçoient d'une certaine maniere, & avoient besoin par consequent d'un caractere pour en distinguer la prononciation. Matianus Capella dit quelque

quelque chose de semblable, quoy que je croye qu'il s'est trompé, ou que le passage tel que nous le lisons est corrompu. Je ne laisseray pas neanmoins d'en tirer quelques lumieres pour ma conjecture. Il dit parlant de la lettre S, *Huic litteræ divus Claudius, P, adjecit aut C, propter Ψ aut Ξ Grecas. A cette lettre*, dit-il parlant de l'S, *l'Empereur Claude a joint le P. ou le C. pour remplir la prononciation du Ψ ou du Ξ grec.* Le passage ainsi pris à la lettre, n'est ny intelligible, ny vray semblable, puisqu'il est constant qu'avant Claude on avoit joint le P à l'S, ce qui n'a pas besoin de preuve. A l'égard du C, si c'est pour exprimer la prononciation de l'X, il est encor certain que cela étoit inutile, & ne sçait-on pas que cette lettre étoit en usage avant luy. Aussi Monsieur ce n'est pas aparemment ce qu'à voulu dire Martianus Capella; car à quoy bon joindre le P, ou le C, à l'S. Il n'est donc question dans ce passage que de l'invention d'un caractere simple, semblable au Ψ & au Ξ Grec pour designer quelque prononciation particuliere. Or il y a bien de l'apparence qu'on doit l'entendre du C renversé, Ɔ, qui representant l'S, & le C, faisoit la fonction de deux lettres comme le Ψ ou le Ξ; &

cela d'autant plus que ce Caractere, ou determinoit la prononciation douteuse de certains mots, ou l'exprimoit. Je ne remarque pas en effet dans aucune inscription, ou monument ancien, qu'avant Claude on se servit de cette maniere abregée de ce Ɔ renversé, pour dire *Centurio* ou *Centuria*. Au contraire avant ce regne, lorsque ce mot se presente, il est toûjours exprimé ou tout entier, ou à moitié, selon l'espace & la disposition du lieu, & il paroit qu'on s'en est depuis servi fort frequemment. *On les voit encor aujourd'huy*, dit Tacite, parlant de ces caracteres Claudiens, *dans les loix & les ordonnances publiques, gravez sur ces lames d'airain attachées aux colonnes ou aux murailles des Temples, & des lieux ou l'on rend la justice. Aspiciuntur etiam nunc in ære publicandis plebis citis per fora & templa fixo*, peut-étre aussi les admettoit-on dans les diptyques pour les jeux, ou dans les Symboles pour quelques solanités publiques que ce soit. J'explipuero s donc ainsi cette petite inscription Ϸ, O Ⅎ 7. HOⅎANS CENTVRIA, ou HOⅎATIO CENTVRIAE, ou CENTVRIONVM. *Le triomphe ou la feste de la Centurie, ou des Centurions*. A l'egard de cette H, ou cette aspiration qui precede, il ne faut pas croire que cela soit extraordinaire. Vous avez leu, Monsieur, ce qu'en dit Aulugelle. Les anciens ajoutoient la lettre H, pour rendre le son des mots plus grave & plus fort, comme il le prouve par un Manuscrit de Virgile, qu'un Grammairien de ses amis luy montra, ou ces aspirations étoient frequentes. Cét usage, sans doute, doit son origine à l'Empereur Claude, car auparavant on ne le pouvoit souffrir, témoin Catulle qui se moque dans une de ses epigrammes d'un certain Arrius qui aspiroit ainsi plusieurs mots en parlant. Si l'on ne veut pas prendre neanmoins cette premiere lettre pour une demie aspiration, il pourroit se faire que ce seroit un, j, consone dont Quintilien temoigne que la langue avoit autant besoin pour de certains mots comme *conjicit* & autres que du digamme pour ceux de *servus* & de *vulgus*, parce que les Romains les prononçant d'une certaine maniere, ils n'avoient point de caracteres pour l'exprimer. *Mais cette lettre aussi bien que l'V*, dit le méme Autheur *a un son moyen lors qu'elle se rencontre avec une voyelle. Et medius est quidam V & I litteræ sonus.* D'ou vient, ajoute-t'il dans la suitte, que Ciceron avoit accoutumé

Et tunc mirifice sperabat esse locutum, Cum quantum poterat dixerat, hinsidias. *Il croyoit avoir merveilleusemēt parlé lors qu'il avoit aspiré de toute sa force* hinsidias *& les autres mot qu'il prononçoit.*

de doubler l'I, lors qu'il se rencontroit devant une autre voyelle pour faire connoître quel son pour lors cette lettre devoit former *sciat etiam Ciceroni placuisse ajio Majiamque geminata, I, scribere.* En ce cas il pourroit y avoir dans cette inscription JO ꟺICTRIX CENTVRIA ou JO ꟺICTORIA CENTVRIONVM comme les anciens disoient *jo Paëan, jo himen* en de certaines fêtes

> — *Quam circum rustica pubes,*
> *Clamet jo messes.*

dans Tibulle, ce qui marqueroit que ce morceau de cuivre seroit un Symbole, un Diptyque pour quelques jeux, pour quelques Sacrifices, ou pour quelque autre assemblée, à cause d'une victoire remportée, ou d'un avantage obtenu du Ciel ou du Prince. Ainsi on pourroit encor y entendre JOVI, OB, ꟺICTORIAM, CENTVRIONVM. ou JOVI OVABIT ꟺICTRIX CENTVRIA. ou JOVI OVANS, ꟺINCET CENTVRIA. Ce qui n'est pas si fort éloigné de la vray semblance, puisque les anciens croyoient qu'en honorant Jupiter par de certains chants ou de certains jeux on étoit asseuré d'obtenir ce qu'on vouloit comme on le voit dans

Eſchyle

Ζῆνα δὲ τις προσφρόνως
ἐπινίκια κλάζων
τεύξεται φρενῶν τὸ πᾶν

celuy qui chante des vers, & qui conſacre des jeux en l'honeur de Iupiter obtiẽdra ce qu'il demande, à propos de quoy je ne puis m'empêcher icy de croire que l'explication donnée par Monſieur Seguin, à cette Medaille qu'il apelle Britannique n'eſt pas juſte d'autant plus qu'il laiſſe une lettre ſans exprimer ce qu'elle ſignifie

le Digamme Ⅎ ſurmonté d'une branche de Palmier, doit tenir ce me ſemble une place parmy les autres lettres de l'inſcription, & ſignifier quelque choſe, ce qu'il ne dit pas neanmoins; car à quel deſſein l'auroit-on miſe. Cela eſt echapé ſans doute à ce ſçavant homme & l'*io ſaturnalia jo* des ſoldats de Claude raporté par Dion Caſſius l'a ébloui.

J'avouë que sa conjecture & sa découverte est tres-ingenieuse, mais elle n'est pas entiere. Supposé donc qu'on prenne cette medaille pour une monnoye de Bretagne, il y faudroit lire JOVI ƎICTORI SATVRNALIA JO, ou JOVI ƎICTORIA SAT. IO. ou quelque chose d'aprochant, en exprimant ainsi toutes les lettres. Cependant Monsieur, ce que j'ay dit auparavant me fait volontiers soupçonner que c'est quelque Symbole de Festes ou de jeux des Saturnalles. Il est constant selon Macrobe, qu'il y avoit un jour pendant ces divertissemens qui étoit dedié à Jupiter, *le* x^{e}. *des Calendes*, dit-il, *sont les Feries de Iupiter qu'on apelle Larentinales*, x^{o} *Kalendas feriæ sunt Iovis quæ appellantur Larentinalia.* Il en décrit ensuitte la raison qui fortifie beaucoup ma conjecture. Un garde de Temple perdit contre Hercule un souper, & la depense d'une Courtisane. Cela fut payé regulierement, car les Dieux dans ce tems-là ne faisoient point de quartier. La Courtisane, dit la fable, passa la nuit avec Hercule, & pour recompense il l'avertit de ne point refuser la premiere occasion qui se presenteroit. Au sortir de cette expedition un riche Citoyen la trouvant à son gré, la prit, l'epousa dans la suitte, & l'enrichit merveilleusement par sa mort. Cette femme enfin par gratitude pour le peuple Romain l'institua son heritier : & à cause de cela il fut ordonné qu'on luy feroit des sacrifices, & que ces jours-là seroient des fêtes consacrées à Jupiter. Vous voyez, Monsieur que la victoire d'Hercule sur son portier, & ces fêtes consacrées à Jupiter qui font partie des Saturnalles, donnent assez de lieu d'expliquer cette medaille, comme j'ay fait, d'autant plus encor que selon Philochorus cité par Macrobe, Saturne qui avoit eu des Autels dans l'Attique y étoit pris & adoré pour Jupiter *Philochorus Saturno & Opi primum in Attica statuisse aram Cecropem dicit, eosque Deos pro Iove Terrâque coluisse* : & afin qu'on ne croye pas que j'aye avancé sans preuve que ces fêtes de Jupiter étoient un des jours des Saturnalles qui commencerent au XVIe. avant les Kalendes de Janvier depuis Auguste, c'est que j'ay Macrobe pour Garant. A la fin du même Chapitre que j'ay cité il dit que la solanité des presens reciproques venant aprés le XIVe. Cela a été cause que l'on a continué les divertissemens & les fêtes que la Religion inspiroit, sept jours aprés, *Sed si-*

gillariorum adjecta celebritas in septem dies discursum publicum & lætitiam Religionis extendit comme Auguste l'avoit ordonné par un Edit. Au moins si ce que je viens de raporter sur cette medaille n'en est pas la veritable interpretation, je croy que ce que j'en ay dit donnera lieu de la decouvrir.

Il me vient en pensée, Monsieur, une nouvelle explication sur mon antique que vous reformerez comme il vous plaira aussi bien que le reste. L'endroit de Tacite que j'ay déja cité me la fournit, *aspiciuntur*, dit-il, *etiam nunc in ære publicandis plebiscitis per fora & templa fixo. On les voit encor aujourd'huy dans les loix & les ordonnances publiques, gravez sur ces lames d'airain attachées aux colonnes ou aux murailles des Temples, & des lieux ou l'on rend la justice.* Je conjecture donc que ce pourroit étre quelque Symbole des suffrages que le Peuple Romain donnoit dans les assemblées. Il y en avoit qui s'apelloient particulierement *centuriata comitia* dans lesquels le peuple divisé par centaines y decidoit encor du tems de Claude de certaines matieres, ou y élisoit de certains Magistrats, quoy que les Empereurs eussent attiré à eux toute l'authorité. Les caracteres de cette inscription seroient par consequent de ceux que Ciceron dans son quatriéme livre des questions Academiques apelle *litteras forenses*, lettres du Barreau.

Il se peut faire encore que l'inscription de ce Symbole regarderoit les Centonvirs, dont tout le monde connoit l'institution : & comme ils jugeoient de plusieurs matieres, il y avoit des tems & des jours choisis pour chaque contestation, ce qui fut retabli méme par Vespasien comme on le voit dans Suetone.* Ainsi il y auroit dans l'inscription ou JOƎII CENTVMVIRALES ou un autre mot. Ou bien prenant ce Symbole pour celuy du jour ou l'on decidoit toutes sortes de causes, il faudroit expliquer ces quatre lettres Ƭ, O. Ǝ. 7 separement IN, OMNE, VOCANT, CENTVMVIRI *les Centumvirs donnét audience pour toutes sortes de causes*, supposé *judicium*, comme on dit ce me semble *in omnè certamen vocare*, donner un cartel pour toutes sorres, de cõbats, ce qui suffit.

Ne pourroit-on point, Monsieur, le prendre encor pour un de ces Symboles dont on se servoit à l'armée, & qui contenoient le mot du guet, comme nous l'apellons, pour lequel souvent on prenoit des Sẽtences, des vœux, ou des prieres, qui ne s'exprimoient seulemẽt sur le cuivre

*Litium series majorẽ in modũ excreverat manẽtibus antiquis intercapedine jurisdictionis, accedẽtibus novis ex conditione tumultuque temporum: forte elegit per quos rapta bello restituerẽtur quique judicia CENTVMVIRALIA quibus per agẽdis vix suffectura litigatorum ætas videbatur, extra ordinem dijudicarent.

ou sur une autre matiere, que par les lettres initiales, telle qu'étoit celle d'ou l'ō dit que Judas fut apellé Machabée.

Voila bien des imaginations, Monsieur, sur peu de choses que je ne prouve peut-être guere, mais j'écris ce qui me vient dans l'esprit sur ce sujet. En voicy neanmoins encore une que je ne veux pas perdre, d'autant plus qu'elle me servira à expliquer une autre inscription que j'ay, & qu'elle vous donnera peut-être occasion de trouver de meilleures conjectures sur ces antiquitez. Je crois donc encor qu'on peut prendre celle-ci, pour un des titres que les Centurions avoient sur leurs casques pour les distinguer, & qui servoient aux soldats à se rallier & à reprendre leur poste plus aisement. Vegece m'en sert de preuve au livre 2 de son art Militaire. *Centuriones insuper*, dit-il au Chap. 13. *qui nunc Centenarii vocantur transversis cassidum cristis litteras habebant, ut facilius noscerentur quos singulas jusserant gubernare Centurias quatenus nullus error existeret cum Centeni milites sequerentur, non solum vexillum suum, sed etiam Centurionem qui signum habebat in Galea. Au reste les Centurions qui s'apellent aujourd'huy Centèniers avoient des lettres sur la creste de leurs casques qui étoit tournée d'un autre sens; afin que ceux qui avoient les ordres qui gouvernoient chaque Centurie pussent être reconnus plus facilement. Et en effet comme ils avoient cent soldats qui les suivoient, il étoit à craindre qu'il n'y eut du desordre & de la meprise. Ainsi chaque compagnie n'avoit pas seulement son drapeau, mais encor son Centurion distingué par une marque particuliere, par des caracteres qu'il avoit sur son casque.* Ainsi, Monsieur, il peut être que cette marque dont je parle est une de celles-là du tems de Claude, dont les lettres exprimeroient JOꟻII CENTVRIO ou quelque autre nom. Et lors que ces Centurions avoient d'autres titres, ils ne manquoient pas de l'exprimer encor, comme je le puis justifier par l'autre inscription antique dont je vous ay parlé. Elle est un peu plus grande & d'une forme differente, les lettres n'y étant que gravées simplement, mais aussi elles s'expliquent d'avantage, & donnent ce me semble quelque lumiere à la premiere, la voicy donc telle qu'elle est effectivement, car elle est gravée fort juste.

ce qui veut dire COHORTIS TERTIAE PRAETORIANORVM CENTVRIO PRISCI. Je n'ay pû encor bien deviner le reste, si ce n'est qu'il y ait PRÆSES, ou PRÆFECTVS, PONTI, RVANI que je n'entens point à la verité, cependant il n'y a rien à changer car comme j'ay l'inscription, je sçay qu'elle est dessinée correctement, & vous pouvez vous en souvenir.

Pour en revenir donc aux Manuscrits, je tiens, Monsieur, qu'on peut reduire les Romains sous trois genres, comme j'ay fait les Grecs, en quoy il est certain que les Latins ont éprouvé le méme sort aussi bien que les inscriptions, avec cette difference neanmoins, que les plus anciennes inſcriptions Grecques n'ont pas un caractere ſi bien formé que celles d'un moyen age, non plus que les Latines comme je l'ai dit. Que depuis le ſiecle des Scipions parmi ces dernieres juſqu'à la decadence de l'Empire, elles ſont admirables, & qu'aprés le debordement des peuples du Nort, & l'invaſion de ceux du Midy, les inſcriptions & les caracteres ſont rentrez dans une plus grande barbarie que celle de leur origine; ce qui n'eſt pas de méme dans les Manuſcrits qui ſont moins beaux dans leur moyen age que dans le premier.

Le premier genre donc de Manuſcrit eſt des plus anciens dont les lettres ſont ſemblables à celles que nous voyons ſur les medailles du haut Empire, ou dans les inſcriptions. Et en effet plus les Manuſcrits ſont anciens & plus les jambages de chaque lettre ſont droits, plus le trait en eſt hardy. En quoy on s'eſt fort trompé dans le dernier traité de Bibliotheque, ou parlant d'un Manuſcrit de Tite-Live, on dit qu'il étoit extraordinairement vieux parce qu'il étoit ſi mal écrit qu'on n'y pouvoit rien comprendre. Ce qui marque que ce Manuſcrit étoit fort moderne. Je ne parle pas neanmoins de cette ancienneté qui remonte au tems de la Republique, car on n'a point encor vû de Manuscrits Romains qui passent 1200 ans, quoy que Monsieur Lambecius en fasse de plus vieux dans sa Bibliotheque. Il y a un Penitentiel dans la Bibliotheque du Chapitre de Roüen, auquel le Pere Morin donne plus de mille ans, je l'ay veu & n'ay rien trouvé de si beau. Les caracteres de ces Manuscrits sont tous Majuscules. On les apelloit figure-*Vnciales*, *Capitales*, *Quadratos*. Et il est certain que les Romains, n'en connoissoient point d'autres, & n'ont pas eu d'usage different dans l'écriture tant que l'Empire a duré.

Tacite ce me semble en est un assez bon garant dans le livre dixiéme de ses Annales, où parlant de la figure des lettres Romaines, il dit *qu'elle étoit semblable aux plus anciens caracteres Grecs forma litteris Latinis quæ veterrimis Græcorum* Ce qui convient fort bien avec ce que Pline en avoit dit avant luy, & dont je vous en ay cité le passage en touchant les Manuscrits Grecs. L'un & l'autre prouvent assez qu'il n'y avoit qu'une espece de caractere pour l'écriture; mais personne que je sçache n'a soutenu que les anciens Grecs eussent d'autres caracteres que les Majuscules. Cela fait, Monsieur, que je ne pui comprendre sur quel fondement le P. Mabillon en invente deux, & pourquoy contre l'authorité de Priscien de Lipse, de Muret, d'Allatius, de Mr. Rigault, de Mr. Peirese, & de tant d'autres, il pretend dans sa Diplomatique que le caractere rond, ou le petit dont nous nous servons presentement, étoit en usage chez les Romains. Je m'étonne comment il a oublié ce que Suetone raporte de Caligule qui proposa un jour au Peuple Romain une Loy en tres-petits caracteres & dans un espace étroit. Cela pouvoit autant luy servir que les authoritez de S. Jerome & de Loup de Ferieres sur lesquelles il se fonde. Cependant il faudroit être bien novice dans les manieres & les expressions des anciens pour en tirer quelque avantage. Il est fort aisé au reste de faire voir encor que ce que disent S. Jerome & l'Abbé de Ferieres ne cōcluēt rien pour le sentiment du P. Mabillon. *Habeant*, dit le premier, *qui volunt veteres libros vel in mēbranis purpureis auro argento ve descriptos, vel uncialibus (ut vulgò ajunt) litteris onera magis exarata quàm codices dūmodo mihi meis que permittant pauperes habere schedulas, & non tàm pulchros codices quam emendatos. Qu'on ait si l'on veut*

Quibus ab illis acceptis latini. *Priscien parlāt des lettres* antiquitatem servaverunt perpetuam. *l.* 1.

Tandem flagrante P. Romano proposuit quidem legem sed minutissimis litteris & angusto loco. *In Calig.*

des anciens livres écrits en or ou en argent sur des feuilles de pourpre, ou en lettres Onciales, comme on dit communement, qui sont des masses plûtôt que des livres, pourveu qu'on me permette à moy & aux miens d'avoir de simples cahiers & des volumes plus correcls que manifiques. Je ne vois pas qu'il soit parlé dans tout ce passage de caractere rond ou petit & *è uncialibus*, qui y est, ne fait pas une difference d'avec le caractere pretendu par le P. Mabillon, mais d'avec un moins grand, de méme figure. Aussi Buuée ne l'a-t'il pas entendu ainsi, quoy qu'il s'abuse encor dans son opinion, comme je le diray dans la suitte. Vous voyez donc, Monsieur que cela est trop clair pour s'y arrester davantage. Celuy de l'Abbé de Ferrieres fait encor moins. *Præterea scriptor Regius Bertaudus dicitur antiquarum litterarum dumtaxat quæ maximæ sunt & unciales à quibusdam vocari existimantur habere mensuram descriptam. On dit au reste que Bertaud Scribe du Roy a chez luy la mesure des lettres anciennes, je veux dire de celles qui sont les plus grandes, & que quelques-uns apellent Onciales.* Parce qu'il apelle les lettres *onciales* anciennes, quelle consequence en peut-on tirer. Ce n'est pas une merveille que sur la fin du neu-

iéme

viéme ſiecle, les caracteres Romains paruſſent antiques dans l'Occident à des gens qui etoient nez dans la barbarie qui y regnoit depuis pluſieurs âges. Qui ne ſçait que les diviſions de l'Empire & le debordement des peuples du Nort & des autres extremitez avoient aboli la perfection dans tous les arts & principalement dans les lettres, que ces maitres brutaux avoient pour ainſi dire eſtropiées. La politeſſe & l'erudition dans ces tems-là n'étoit pas le partage de nos ancêtres. Ainſi je ne crois pas que leur authorité ſoit beaucoup recevable en matiere de critique. La ſeconde conſequence que le P. Mabillon tire de ce dernier autheur, n'eſt pas mieux fondée : qui a jamais dit comme luy, que les caracteres Majuſcules euſſent une méme grandeur. Le ſçavant Allatius avoit déja detruit cette viſion par avance, le P. Papetroch l'avoit preveuë & négligée en méme tems, parce qu'elle ne ſe peut ſoutenir par aucune authorité. Et de fait ce que l'on doit inferer raiſonnablement de la lettre cittée par le P. Mabillon eſt qu'un peintre nommé Bertaud avoit des modeles ou des patrons de lettres Romaines peut-être de toutes grandeurs, comme un fort honnête Religieux de Compienne que j'ay veu à Argenteüil, & qui a renouvellé depuis peu cette maniere d'écrire avec des modeles de cuivre, & non pas que la figure de ces caracteres fut determinée à une grandeur certaine & fixée par l'usage de l'antiquité. Ce qui seroit d'autant plus ridicule qu'il n'y a personne aujourd'huy dans Rome qui ne le dementit à l'inspection seule des inscriptions qui y sont frequentes. Il y a même dans le passage de quoy refuter cette conjecture. Il parle des lettres onciales, *earum quæ maxima sunt*, *de celles qui sont les plus grandes*. Or il est certain que les plus grandes sont celles qui se mettent au commencement ou à la tête de l'ouvrage, des inscriptions, & qu'on apelle pour cela CAPITALES, ainsi ou il faut que selon l'Abbé de Ferrieres, le P. Mabillon demeure d'accord qu'il y a des Onciales de plusieurs grandeurs puis que le passage dit *earum quæ maxima sunt* de celles qui sont les plus grandes, ou qu'il souscrive au sentiment d'Allatius, & à l'opinion publique que ces termes *d'Vnciales*, *Capitales*, *Cubitales*, & les autres sont Sinonymes & ne designent pas une mesure particuliere : ce qui est indubitable par tous les anciens. Ciceron parlant des inscriptions qui étoient au dessous des statuës que

Verres s'étoit fait eriger, dit qu'elles marquoient en tres-grandes lettres que la Commune de Sicile les avoit élevées. Et en effet, l'endroit de S. Jerôme cy-dessus raporté le prouve fort bien *vel uncialibus* (*ut vulgò ajunt*) qui marque que ce n'étoit qu'une façon de parler, & non pas une expression qui determinast la figure à une certaine quantité ou étendüe, en quoy Budée s'est fort trompé, lorsque parlant de ce passage & voulant repondre à quelque autheur qui l'entendoit mal, il dit que les lettres Onciales étoiẽt de la grosseur d'un pouce, *unciales enim litteras* dit-il de S. Jerôme, *Ieronimus intelligi voluit Pollicis crassitudine exaratas*, *car S. Ierôme veut faire entendre que les lettres Onciales sont de la grosseur d'un pouce*. Ce qui est nouveau & sans authorité comme le silence des livres, & l'experience le justifient. Ce que je puis confirmer par un passage de Treb. Pollio, ou cet autheur parlant de l'inscription qui étoit sur le Tombeau du Tyran Censorinus se sert du terme de *grandibus litteris* en gros caracteres, *extat*, dit-il, *ejus sepulchrum in quo grandibus litteris, circa Bononiam, incisi sunt omnes ejus honores, ultimo tamen versu ad scripto. Fœlix ad omnia infelicissimus Imperator. Son sepulchre est devers*

Huic etiã Romæ videmus in basi statuarum maximis litteris incisum, â communi Siciliæ datas. *Or. 4. in Ver. n.* 134.

l. 10. *de asse*

Boulogne, les honneurs qu'il a possedez y sont marquez, son eloge y est gravé en grandes lettres, & finit par ces paroles, IL A ETE' HEVREVX EN TOVT, ET LE PLVS MALHEVREVX EMPEREVR DV MONDE. Ce qui marque assurement qu'on ne peut point se figurer par ces termes une certaine grandeur ny une certaine figure particuliere. Ainsi le P. Mabillon pour donner des modeles & des originaux de l'écriture, il n'avoit qu'à copier des inscriptions, puis qu'il est certain selon les plus habiles qu'on n'écrivoit pas autrement, & que toute la difference n'étoit que dans la grandeur des caracteres, dans la droiture, dans la hardiesse du trait, & non pas dans la figure. L'opinion de Cesar Dominicus, ny le réve de Gonzales sur un passage de Petrone n'est d'aucune consequence & il ne faut entendre ny l'Autheur ny le Latin pour en tirer une conjecture de cette maniere. Un de ceux qui raconte ce qui se passa dans le Palais de Trimalcion, dit qu'en y entrant il eut peur d'un chien peint à la muraille proche la chambre du portier. Au dessous de cette figure il y avoit écrit en grosse lettre *prenés garde au chien, superque quadrata littera scriptum* CAVE CAVE

CANEM. Voila ſurquoy ces modernes fondent leur ſentiment, & pretendent que s'il n'y avoit point eu d'autres lettres que les Majuſcules, Petrone n'auroit pas mis *quadratâ litterâ*. Mais il eſt aiſé de voir que ce terme ne fait aucune difference d'avec un autre caractere ; qu'il n'eſt mis en cet endroit que pour marquer la grandeur & la groſſeur des lettres, & qu'elles y avoient été gravées par un ſculpteur ou un autre ſemblable ouvrier en pierre, qu'on apelle méme *Quadratarius*, comme on le voit dans la Loy premiere *de excuſationibus artificum* & ailleurs. Ce qui fait que ces mots de *Capitalis*, *Vncialis*, *&* *Quadratus* marquent plûtôt la groſſeur, la droiture & la proportion des lettres qu'une certaine hauteur dont les ouvriers anciens & les Ecrivains fuſſent convenus enſemble, ou reglée par les Ediles, & decretée par le Senat. De méme que Plutarque dans ſes queſtions Romaines, lors qu'il dit que le maſle ou l'homme doit étre quarré, il n'entend pas parler d'une certaine figure, mais d'une conſtitution parfaite & proportionnée comme le paſſage méme l'explique δεῖ δὲ τὸν μὲν τετράγωνον εἶναι καὶ κρεῖττον καὶ τέλειον. *Or il faut que le mâle ſoit quarré, mieux proportionné & parfait*. C'eſt auſſi dans ce sens que Columelle prend le terme de *quadratus*, il apelle *quadratos boves* des bœufs gros bien membrus. *Parandi sunt*, dit-il, *boves novelli quadrati grandibus membris*. Et Henry Etienne explique ce passage de cette maniere, *Quadrati id est bene formati aut bene membrati ut vulgo ajunt. Quarrez, cela veut dire, bien formez ou bien membrus, comme l'on dit communement.* D'où l'on doit remarquer que ce terme signifie quelque chose de bien fait & bien proportionné, & non pas une figure particuliere qui soit attachée à un certain corps ou à un certain genre. Je ne doute point non plus qu'Ennius en apellant Rome *quadratam* dans ce vers,

l. 6. c. 1.

Et quis extiterat Roma regnare quadrata

ne veuille marquer par cette Epithete que la ville étoit belle, grande, bien proportionnée, & batie sur de bons fondemens & sur des presages heureux; quoy que je sçache bien que quelques autheurs ont pretendu qu'elle avoit été d'abord batie de figure quarrée, & d'autres, de pierres qui l'étoient.

CORRECTION D'UN PASSAGE d'EGINHART.

Icy, M. & à propos de lettres Majuscules, je ne puis m'empécher de remarquer une chose à quoy Lambecius n'a point pris garde. C'est dans le second volume de sa Bibliotheque, ou parlant d'un Manuscrit d'Eginhart de la vie de CHARLEMAGNE, il en raporte un passage qu'il commente & corrige à sa mode, je ne sçay à quelle occasion. Voicy l'endroit comme il est dans nos livres & dans le Manuscrit de l'Empereur. L'historien raconte les occupations de son Heros, & raporte entre autres choses. *Tentabat & scribere tabulasque & codicillos ad hoc in lectulo sub cervicalibus circumferre solebat ut cum tempus vacuum esset manum effigiandis litteris assuesceret. Il s'étudioit aussi à écrire, & il portoit ordinairement pour cela des tablettes & des petits livres qu'il mettoit sous le chevet de son lit, afin qu'il se formast la main à figurer les lettres lors qu'il avoit du loisir.* Nôtre Bibliothecaire là dessus, dit qu'Eginhart n'entend pas parler de l'écriture commune supposant sans doute que le Prince dont il decrit la vie y étoit exercé comme Eginhart le témoigne, mais qu'il s'étudioit à écrire en lettres Majuscules & Elegantes qui servent plus à l'ornement qu'au besoin. Lambecius ajoûte ensuite qu'Eginhart avoit eu raison d'employer le mot *d'effingere* representter ou copier figurement, pour exprimer l'action d'une personne qui imite parfaitement le modele qu'il s'est proposé, & c'est un mot qu'il substituë à celuy d'effigiandis de nos imprimés, & qui convient mieux au veritable sens. Cepandant Mr. lors qu'on vient à faire reflexion là dessus, & qu'on examine le passage, on s'étonne qu'un aussi sçavant homme que Lambecius n'ait ny reconnu ny corrigé une faute de copiste si visible. Qui s'avisera jamais de croire qu'un grand Empereur cõme CHARLEMAGNE s'amusât à copier des lettres Majuscules dans ses heures de loisir. C'étoit là une belle occupation pour un Prince qui outre les soins qu'il donnoit au gouvernement de l'Europe, avoit tant d'inclination pour les sciences selon son Historien, & tant de facilité pour y reussir. *Rhetorica & dialectica pracipue tamen astronomia ediscenda plurimum & temporis & laboris impertit, il mettoit beaucoup de peine & employoit beaucoup de tems à aprendre la Rhetorique, la Dialectique & principalement l'Astronomie.* Il examinoit soigneusement, dit-il ensuite, le cours des Astres. Jugera-t'on aprés cela que CHARLEMAGNE passât le reste du tems à grifonner des lettres. Il y a bien plus d'aparence qu'il faisoit autre chose, & l'on n'a qu'à corriger 2 mots pour trouver

ver la pensée de l'Autheur, & reconnoître la veritable occupation d'un Prince qui aimoit tant à cultiver les beaux arts. Il y avoit donc ainsi dans l'original, *tentabat & pingere tabulas que & codicellos ad hoc in lectulo sub cervicalibus circumferre solebat, ut cum vacuum tempus esset manum effigiandis lineamentis assuefaceret.* *Il s'étudioit aussi à peindre, & portoit ordinairement pour cela des tablettes & des cahiers qu'il mettoit sous le chevet de son lit, afin de se former la main & de s'habituer dans les momens de loisir, à copier facilement des desseins.* Ce qui fait un sens naturel, & donne une idée plus raisonnable. Mais il est aisé de juger que le Manuscrit étant Gothique, on n'a pas pris garde qu'au lieu de *scribere* qu'on croyoit y lire, il y avoit *pingere*, les premieres lettres de ce mot étant confondues ou abregées selon l'ordinaire de cette écriture, & que le, G, ainsi figuré, ℊ, ressemble assés à nôtre b. ce que je puis justifier entre autres, par cette medaille Gothique que j'ay,

Artes liberales studiosissime coluit.

on a ſubſtitué de méme *litteris* au lieu de *lineamẽtis* qui y étoit ſans doute d'une maniere abregée. Ce terme au reſte n'eſt point étranger à cette matiere, puiſque Pline s'en ſert, *nec qui ſuccederet*, dit-il, en parlant de la Venus d'Appelle, *operi ad præſcripta lineamenta inventus eſt. Et il ne ſe trouva perſonne qui fut capable de travailler ſur cette ébauche*, auſſi apelle-t'il cette eſpece de peinture *pictura linearis*. Comme qui diroit je penſe les eſquiſſes & les deſſeins que font les peintres: & Tacite dans le livre qu'il a fait des mœurs des Allemans, lors qu'il parle de certains ſecrets de couleurs qu'ils avoient, ſe ſert du terme *lineamenta*, dans un ſens qui confirme beaucoup ma conjecture. *quadam loca*, dit-il, *diligentius illinunt terra, ita pura & ſplendente ut picturam ac lineamenta imitentur. Ils frottent de certains lieux fort adroitement avec une terre ſi pure & ſi luiſante qu'elle imite la peinture & les lineamens.*

u les deſ-ſeins.

l. 35. c. 9.

Je ne crois pas qu'on puiſſe repondre à cette conjecture, car pourquoy l'Autheur ſe ſeroit-il ſervi du mot de *tabulas* qui convient plûtôt & principalement de ſon tems au *deſſein* qu'à l'*écriture*, & ce qu'il ajoute enſuite témoigne aſſez que s'en eſt le ſens. *L'Empereur*, dit-il, *n'y pût reussir, car il s'y étoit appliqué trop tard. Sed parum successit labor praeposterus, ac sero inchoatus*; & il seroit ridicule de dire que ce Prince qui avoit tant profité dans la science de la parole, comme nous le represente son historien, n'eut pû faire aucun progrés dans celle de l'écriture dont les regles ne sont ny si difficiles ny si nombreuses aprés y avoir employé aparemment plusieurs années. En verité, Mr cela ne vaut pas la peine d'en dire davantage, & j'aprehende de m'y étre trop étendu: je reviens aux Manuscrits & à ce qui peut nous faire connoître les anciens d'avec ceux qui le sont moins. Les premiers outre les lettres Majuscules qui les distinguent, ont encor deux autres marques. La premiere qu'ils sont écrits d'un méme contexte, sans aucune distinction de mots, ou par versets selon S. Jerome dans sa preface sur la traduction d'Isaie. C'est assurement la plus ancienne maniere d'écrire, & je conjecture qu'elle a duré jusqu'à l'Empire de Neron. J'en tire la preuve de Suetone dans la vie qu'il a faite de *Valerius Probus* de Beryte. *Ce Grammairien*, dit-il, *s'attacha à corriger les livres, à y mettre des points & des accens.* Ce qui me fait juger que de son tems

Multaque exemplaria contracta emendare ac distinguere & adnotare curavit. Sueton.

nec ulli præterea grammatices parti deditus.

les écrits n'avoient ny points, ny accens, ny distinction de mots, car Suetone aprés avoir dit que Probus ne s'appliqua jamais à autre chose, il ajouta que *ce Grammairien se fit moins des Disciples que des sectateurs, hic non tam discipulos quàm sectatores aliquot habuit.* En quoy l'Historien semble marquer que celuy dont il décrit la vie, a été l'autheur de cet usage ou du moins qu'il a été le chef de ceux qui l'ont suivi. Il s'introduisit dés ce tems-là aparemmét un genre d'hommes parmi les Latins, comme parmy les Grecs qui n'avoient d'autre employ ny d'autre étude que de corriger les livres, d'en separer les mots, & d'y mettre des accens. Seneque qui vivoit du méme tems que ce Grammairien confirme assés mon opinion de la nouveauté de cet usage, *nos autem*, dit-il, *cum scribimus interpungere consuevimus. Car pour nous autres, quand nous écrivons, nous avons accoûtumé de distinguer & de ponctuer nos discours*, par ou il paroit que c'étoit une chose qui commencoit à s'introduire, & que Seneque s'en servoit pour rendre ses ouvrages plus commodes à lire, enfin la 2e. maniere est de ceux qui sont ponctuez à chaques mots, & ou l'on trouve quelques accens, tel est le celebre Manuſcrit des Pandectes florentines que quelques ſçavans croyent être du tems même de Juſtinien, ce qui montre auſſi que les lettres Majuſcules étoient encore en uſage dans le 7e. ſiecle.

Ce ſeroit icy le lieu de parler d'une autre maniere d'écrire qui s'eſt introduite vers le ſiecle d'Auguſte par un affranchi de Ciceron, ou de celle que Mecenas fit publier par un des ſiens nommé Aquila, & qui s'eſt beaucoup multipliée vers le declin de la Republique, comme on peut le remarquer par ce qu'en dit Val. Probus, *nam apud veteres num uſus notarum nullus eſſet*, *car chez les anciens l'uſage des marques & des lettres ſingulieres étoit inconnu.* Mais je ne crois pas qu'on en ait d'autre monumens que ce que Gruter a publié, & qui n'a pas été à mon ſens d'un grand uſage. A l'égard de la derniere ou elle étoit, d'abreger les mots en ne prenant que quelques lettres du commencement, du milieu, ou de la fin de chaque diction, que les gens qui ſe trouverent au Senat imaginerent, & dont le peuple convint en ſuitte; ou elle conſiſtoit à ſe faire une methode particuliere en tranſpoſant l'ordre des lettres, comme Suetone & Aulugelle le raportent de Ceſar, & comme Auguſte le

Ce n'étoit aparemment que pour faire des Memoriaux. &c.

propoſe à ſon fils dans une de ſes lettres. Mais Monſieur, il ne ſe trouve point de Manuſcrits anciens en lettres Majuſcules de cette eſpece, quoy que l'uſage en ait été frequent, & pluſieurs Autheurs en ont écrit, comme Val. Probus qu'on ne croit pas être celuy de Berite, Pierre Diacre, & Sertorius Urſatus dont les ouvrages ſont dans les mains de tout le monde, & ce dernier entr'autres qui n'a rien ajouté de neceſſaire ny d'utile, & dont le livre n'eſt devenu Infolio que par les Caracteres & les repetitions. Je ne doute point que nos Manuſcrits Gothiques depuis l'introduction du caractere rond ou menu n'ayent été copiés ſur de ſemblables Manuſcrits, & que l'uſage des abreviations qui y ſont ſi frequentes, n'ait été pris de là. C'eſt auſſi ce qui a fait faire tant de fautes aux Copiſtes & aux Libraires.

La 2e. eſpece des Manuſcrits que j'apelle des moyens & dõt on trouve un plus grand nombre, eſt de ceux dont les lettres commencent à ſe courber. Pour peu qu'on en ait veu ou feuilleté on fera aiſement cette remarque. Ceux ou les A, ſont en quelque façon eſtropiez ainſi,  & ou les M, õt les deux plus grans jambages tournés en cercle comme cette figure,  ,ſont de cette categorie, s'il eſt vray que les lettres Gothiques ayent été inventées, ou pour mieux dire introduites vers la fin du 4e. ſiecle en CCCLXX comme quelques autheurs le veulent, il eſt ſans doute que ces Manuſcrits dont je parle ſont auſſi Gothiques. Cette opinion, Mr. n'eſt pas ſans fondement ny ſans aparence, puiſque Leo Allatius tient même que les Lombards ou les Goths n'ont pas employé d'abord dans leur écriture le caractere menu & eſtropié que nous connoiſſons, mais qu'ils ſe ſont ſervis comme les autres peuples du Majuſcule, & dont les mots étoient de ſuite ſans aucune diſtinction. Il en aporte pour preuve le petit Commentaire que Vulcanius nous a donné à la fin des Hiſtoriens Goths, qui en effet eſt en lettres Capitales quoy que Gothiques. L'opinion que bien des ſçavans ont touchant les Manuſcrits, confirme beaucoup cette conjecture. Scioppius entr'autres, & Saumaiſe croyent que preſque tout ce qui nous en reſte dans nos Bibliotheques n'eſt écrit qu'en Caracteres Lombard ou Gothique : tellement que les plus anciens de cette eſpece ſont ceux dont les lettres ſont plus groſſes, plus courbés, ou les mots ne ſont point diſtinguez, ce qui eſt neanmoins tres rare ; ou s'ils le ſont, les articles, le commencement des ſens & des matieres ne le ſont pas. A l'égard des autres qui n'ont pas cette netteté de caracteres, ou l'on commence à rencontrer des abreviations, on peut juger de leur âge à meſure qu'ils degenerent des premiers. Surquoy j'imagine qu'il eſt à propos de faire cette reflexion que quelques modeles de Manuſcrits choiſis comme ceux du P. Mabillon peuvent ſervir tres-mediocremẽt à connoître les Manuſcrits, parce que chaque païs ayant ſa maniere d'écrire méme du tems des anciens, il ſe faut faire à ſoy-méme une Methode particuliere de les diſtinguer par l'experience & par le nombre des Manuſcrits qu'on aura veus. Il eſt aiſé de ſe faire une regle pour les connoître pour peu qu'on s'y applique. Vous en jugerez encor, Monſieur par le parchemin ou par le papier, par la matiere dont il eſt écrit, par la figure dont il eſt plié & par ſa couleur. Les Anciens devant l'invention du parchemin, n'écrivoient que d'un côté. Parce que les feüilles de l'arbre qu'on nomme papier ſur leſquelles on écrivoit étoient ſi minces, que le revers n'auroit pû ſouffrir l'impression de la plume imbuë d'ancre. *Plide l. 13. c. 12.* On en fit de même, par habitude sans doute, lors qu'on commença à se servir de parchemin : de sorte que les feuilles en étant extrememẽt longues & larges, cela obligeoit à les rouler pour conserver l'écriture, d'ou vient le terme de Volume. Il étoit si fort contre l'usage d'écrire autrement, que quand cela arrivoit on le remarquoit aussi-tôt comme une chose extraordinaire, témoin Pline le jeune. En parlant des ouvrages que son Oncle luy avoit laissez il les *l. 2. epist. ad Macrum.* apelle *Opistographes* pour cet effet. D'ou vient aussi que lors qu'on se vouloit moquer de quelqu'un dont la longueur ennuioit, on disoit qu'il écrivoit des deux côtez, & qu'il ne finissoit point. *Iuvenal. Satyr. 1.* La maniere de plier des livres a encor produit un autre expression de parler fort frequente & fort familiere, comme les feuilles de parchemin étoient larges & lõgues, on y attachoit des rouleaux de bois ou d'autre matiere precieuse pour les tenir en état, & pour les rouler plus commodement, de même qu'à nos grandes cartes de Geographie, celuy qui se trouvoit au milieu étoit d'ordinaire figuré en cercle pour quadrer à ceux du livre, & je ne doute point qu'on ne l'ait apellé *Vmbilicus* à cause de la res-

ſemblance. D'où vient que cette expreſſion latine *ad umbilicum pervenire* veut dire *finir* quelque choſe achever ſon ouvrage. On peut juger de là que ce n'a été que fort tard qu'on a commencé à écrire & à former les livres, de la maniere que nous les avons. C'eſt une choſe étonnante qu'il ne ſe trouve preſque point de ces volumes. Si l'on en trouvoit cependant, ils ne pourroient manquer d'être anciens & pretieux, pourveu que le Caractere fut Majuſcule & qu'il eut les conditions que j'ay marqué cy-deſſus. Il faut excepter neanmoins les Manuſcrits Juifs, parce que parmy cette generation l'uſage d'écrire ainſi s'eſt conſervé tres-long-tems, & ils en ont encor aujourd'huy des Bibles. Cette invention de parchemin eſt ſans doute plus ancienne que quelques
in fine. autheurs ne le diſent, puiſque Herodote raporte que les Ioniens qui reçûrent les lettres & les ſçiences des Pheniciens apelloient les peaux des bêtes, des livres, parce qu'ils s'en ſervoient quelquefois pour écrire, & qu'un traité fait entre les premiers Romains & les Gabiens peuples du Latium fut écrit en lettres antiques, c'eſt à dire en lettres du tems ſur du cuir de Bœuf, dont on avoit couvert un Bouclier de bois, com-

me on le voit dãs Denis d'Halycarnaſſe. La couleur du parchemin ſert encor beaucoup pour decider de l'antiquité du Manuſcrit. Plus il eſt jaune ou ſombre & plus il a d'âge ; & comme on pourroit contrefaire cette couleur, en dechirant un petit morceau de parchemin, la fourbe s'il y en avoit ſe reconnoîtra facilement, parce que le dedans de là membrane paroîtra frais & blanc, s'il eſt moderne, ce qui ne ſe trouve pas dans les antiques, l'interieur du parchemin etant d'ordinaire de la méme couleur que la ſurface ou à peu prés. Il en eſt de méme de nôtre papier, quoi qu'il n'ait pas une auſſi longue antiquité que le parchemin. On ſe ſervoit preſque autrefois de toutes ſortes de matieres pour écrire. Les exemples en ſont communs & connus de tout le monde. L'airain fût employé, témoin ces lettres que le peuple de Sparte écrivit à Simon, grand Prêtre & Chef des Juifs, *& ſcripſerunt ad eum*, dit l'Ecriture, *in tabulis æreis*. Xiphilin rapporte que Trajan marchant contre les Daces, on luy apporta comme un champignon fort grand ſur lequel étoit écrit en lettres latines que *les Burres & leurs alliez demandoient à Trajan qu'il leur accordât la paix, & qu'il s'en retournât*

Mach. l. 1. cap. 14.

le Grec dit μύκης μέγας πεποιημένος que Xilander traduit *un grand Champignon*, mais il n'y a guere d'aparence à cela, & il faut plûtôt entendre par μύκης μέγας ce qui servoit d'attache ou d'ornement au fourreau de l'épée qui étoit d'ordinaire en forme de Champignon, comme on le voit dans Herodote. Surquoy il est plus probable que des peuples guerriers avoient écrit la priere qu'ils faisoient à un Prince qu'ils regardoient comme un Heros ; aussi en firent-ils faire un plus grand qu'à l'ordinaire, pour contenir ce qu'ils avoient à demander à l'Empereur. Et il peut être que ces peuples qui n'avoient que des occupations martiales, & chez qui les lettres n'étoient point en usage ne se servoient que de ces ornemens d'épée pour faire entendre à leurs voisins & à leurs ennemis ce qu'ils vouloient. Je le pourrois prouver par beaucoup d'exemples ; ce traitté des Romains & etre autre par écrit sur un cuir de Bœuf dont on avoit fait un Bouclier, & par cette matiere qu'ils employerent pour dõner le choix à Carthage de la paix ou de la guerre. Dans ces tems, en effet ils ne se servoient presque que de cloux, pour marquer leurs années, parce que les lettres y étoient rares, disent les Autheurs, & qu'ils n'étoiét occupez qu'aux fonctions communes de la guerre. On écrivit sur l'Ivoire comme Ulpien dans nôtre droit nous l'aprend, *libris elephantinis*; sur des peaux de Chevres & de Moutons, selon Herodote. *De mon tems*, dit-il, *beaucoup de peuples barbares écrivoient sur de pareilles peaux*; sur des intestins d'animaux selon Cedrenus & Zonaras, qui rapportent que dans la Bibliotheque de Constantinople, il y avoit une Illiade d'Homere écrite en lettre d'or sur un intestin de Dragon long de cent vingt pieds. Cette Bibliotheque qui étoit composée de 120000 Volumes, fut brûlée sous Basiliscus. Les Lombards aprés leur irruption dans l'Italie, écrivirent sur des tables de bois d'un mince & d'une finesse extraordinaire; telles qu'étoient aparemment ces certaines écorces d'arbres dont parle Quinte-Curse *libri arborum teneri haud secus quàm Cera litterarum notas capiebant*. Sur lesquelles les lettres s'imprimoient aussi aisement que sur de la cire. Pancirolles témoigne avoir veu & leu plusieurs de ces livres écrits en Caracteres Lombards, j'en ay vû aussi chés le P. du Moulinet, que j'ay conjecturé sur ce passage de Quinte-Curse être des Indes. Tite-Live &

J'ay oüy dire à Mr Obrect qui n'ignorre rien en matiere de lettres & de curiosité qu'on trouve beaucoup de MSS. en Suede écrits sur des tables de bois & que le caractere en est fort gros & Gothique.

Apulée parlent en beaucoup d'endroits de livres de lin *libri lintei*. Ils ont été long-tems si precieux, qu'on ne s'en servoit que pour y conserver les actes de la vie des Empereurs Romains, & ces livres étoient gardez dans le Temple de Junō Moneta. Je suis en peine de sçavoir neāmoins si dans ces sortes de livres les caracteres auroiēt été tissus avec le lin ou s'ils y avoient été peints seulemēt. Le premier pourroit bien étre, puisque dās l'Oriēt d'où viēt l'art d'imprimer de quelque maniere que ce soit, l'usage de faire de toiles avec toutes sortes de figures y étoit fort ancien. Aussi un Commentateur d'Apulée sur ces paroles, *elle avoit au devant une voile de lin qui contenoit & qui faisoit voir les vœux* : *Carbasus lintea votum ingestans progerebat* dit que les lettres étoient tissuës sur le voile *littera in carbaso intecta.* Ce qui étoit en usage aparemment parmy les Grecs, comme on le peut confirmer par un endroit de Pline, ou parlant de Zeuxis, il dit que ce Peintre aprés avoir acquis de grandes richesses portoit un manteau par ostentation, avec son nom tissu en caracteres d'or dans les compartimens. *Opes quoque tantas acquisivit ut in ostentatione earum Olympia aureis litteris in palliorum tesse-*

ris intextum nomen ſuum oſtentarit. A l'égard neanmoins des livres de lin, je croy que les Grecs n'en avoient point l'uſage, ce que je remarque dans Vopiſcus ſur la vie d'Aurelien ou il diſtingue cette eſpece de livres d'avec ceux des Grecs, ce qui aparemment étoit precieux dans ce tems-là. Je trouve encor dans une inſcription de Gruter qu'il y eſt parlé en quelque façon de 3 manieres de livres

NAM. NEQVE. HIC. ATPAMENTVM.
AVT PAPYRVS.
AVT MEMBRANA. VLLA.

dont je ne connois point la diſtinction qu'il y eſt faite de la premiere avec le papier & le parchemin.

On ſe ſervit auſſi pour écrire d'ancre de pluſieurs couleurs. Il faut que l'uſage de ſe ſervir de l'or ſoit bien ancien, puiſqu'un ancien autheur raporte qu'une des Odes de Pindare qui eſt ce me ſemble la ſeptiéme fut écrite en lettres d'or & conſervée dans le Temple de Minerve. L'argent & le Pourpre étoient prodiguez par les grands. Les Empereurs Grecs s'étoient reſervez à eux ſeuls le droit d'uſer de la derniere couleur. Les Tuteurs de ces Prin-

Solon Pline neanmoins il y en avoit une eſpece particuliere pour les livres que l'on detrempoit avec de l'Abſynthe pour les garētir des rats.
Attramentũ librariũ ex diluto ejus tēperatũ litera a muſculis tuetur.

ces s'attribuerent depuis celuy de ratifier ce qu'avoient fait leurs Pupilles en écrivant avec de l'encre verte, comme on le voit dans Nicetas au sujet d'Alexis Commene fils de Manuel. Je ne sçay si dans la suite des tems cet usage passa dans nos quartiers & si cela distinguoit encor la qualité des gens, Mais j'ay un Testament écrit en cette couleur sur une longue feüille de parchemin vers 1400. Je ne sçay non plus si les sceaux de cire verte que nous voyons à plusieurs pancartes ne tireroient point leur origine de ce que raporte l'Historien de Constantinople. l'Illustre Monsieur du Cange dit qu'on les employoit aux chartres, aux remissions & aux privileges, & que la couleur verte marquoit que ces graces subsisteroient lontems, que ces titres demeuroient toûjours dans leur force. Ne peut-on pas dire aussi que l'usage de l'Empire Grec a passé dans nos Provinces, & qu'on se servoit de cette couleur pour des confirmations, des ratifications, ou des renouvellemens de graces & de privileges par les premiers Officiers de l'état, à qui le Prince en avoit commis la charge. L'on pourra voir aisement aux Chambres des Comptes en examinant les patentes

où

où il y a de pareils ſceaux telle que j'en ay une de 1221 donnée par Blanche Conteſſe de Troye & de Champagne, & qui eſt une confirmation d'une aumône qu'on avoit faite à une Egliſe. J'ay apris de Monſieur Arnold le fils lors qu'il étoit à Paris, qu'en Allemagne il n'eſt permis qu'aux Etats de conſequence de ſceller leurs expeditions en cire rouge; ce qui a quelque raport à ce que je viens de dire, qu'il n'étoit permis qu'aux ſouverains d'écrire de cette maniere.

La derniere eſpece de Manuſcrits eſt de ceux dont le caractere eſt menu & rond, comme celuy de nos impreſſions où dont les jambages de lettres commencent à étre ou Tetragonesou Pentagones, tels que ſont les Gothiques. Ce n'eſt que dans l'Occident où les Goths & les autres nations ſemblables ſe ſont le plus arrétées, que ce caractere s'eſt introduit, & il eſt reſté méme dans les lieux où ces peuples furent obligez de ſe retirer, & où la barbarie de leur langue eſt en quelque façon demeurée, comme la Suiſſe & l'Allemagne. Les Provinces du Nort ne ſont pas oubliées dans ce genre, nonobſtant l'impertinente & folle viſion de Goropius Becanus qui veut que le

Flamand soit sans exception, la plus agreable, la plus noble & la plus ancienne de toutes les langues. A l'égard de l'Angleterre, il y a bien de l'apparence que les Normans y ont porté avec leurs loix ces mémes caracteres qu'ils avoient conservez des Goths dont ils sont sortis. Spelman confirme cela en quelque endroit, quoy qu'il attribuë aux Saxons particulierement l'origine de sa langue, mais les Saxons eux mêmes tiroient la leur des Goths, comme il en demeure d'accord, & ce qui établit mon sentiment, fondé encor sur ce qu'en ont dit Josias Simler, & Olaus Magnus Archevêque d'Upsal au sujet des Goths, des Cimbres & des Saxons, qui sont des peuples d'une méme origine. On juge écor de ces Manuscrits par l'ancre, par le papier, ou le parchemin dont on trouve beaucoup ou l'un & l'autre sont mêlez ensemble. Ce qui a été fait par ménage ou par avarice envirõ au XI. siecle selon la remarque de Lambecius, & ce qui a duré 2 ou 300 ans. L'épaisseur de l'ancre marque l'antiquité, le mélange du parchemin va aprez, & la quantité des abreviations me feroient croire pour la raison que j'ay dite tantôt, qu'ils seroient les plus anciens de cette troisiéme espece, si l'experience ne m'en faisoit juger le contraire.

Ce n'est pas que dans les derniers tems il ne se trouve des Manuscrits en assez beaux caracteres. Car les Princes avoient toûjours conservé des gens qui copioient le mieux qu'ils pouvoient selon les tems, ce qui étoit de mieux écrit. Et je croy méme que c'étoit des peintres vû les mignatures qui se rencontrent dans ces sortes de Manuscrits du bas âge. D'où viẽt méme que l'on dit une écriture peinte lors qu'elle est bien écrite. Le passage de Loup de Ferieres dont j'ay déja parlé, confirme merveilleusement l'une & l'autre conjecture. Aussi ce Peintre dans le dernier siecle à qui l'on demanda un essay de sa main pour le presenter à Leon X. ne fit autre chose qu'un O avec un Pinceau; ce qui fait voir, selon mon sens, que dans ce tems-la encor l'art de la plume & celuy du pinceau n'étoient pas separez, & qu'il suffisoit d'étre habile en l'un pour faire connoître qu'on excelloit en l'autre. Il est facile de distinguer ces Manuscrits pour peu qu'on en ait vû d'anciens & de modernes. Vous jugerez de cela Monsieur aussi aisement que vous feriez de deux maisons de méme ordre & de méme grandeur

Lup. Ferr. Ep. V. ad Eginhart. Praeterea scriptor regius Bertaudus dicitur antiquarum litterarũ duntaxat earũ quæ maximæ sunt & Vnciales à quibusdã vocari existimantur habere mensuram descriptam itaquo si penes vos eã mitte mihi est per hũc quæ se pictorem cum redierit. &c.

dont l'une auroit ſeulement un demy ſiecle devant l'autre.

De toutes les langues qui nous ſont reſtées, voilà les plus illuſtres depoſitaires des ſciences, & les plus celebres interpretes des Religions qui ſont le plus en vogue. Je ne croy pas qu'on trouve quelque choſe de conſiderable dans les autres. S'il ſe trouvoit neanmoins des Manuſcrits dont les titres que vous vous feriez expliquer vous en donnaſſent bonne opinion, vous ne ſçauriez manquer de les acquerir ſi cela ſe peut. Si vous trouviez Monſieur Galland en chemin faites amitié avec luy, perſonne ne ſçauroit vous donner de meilleures leçons ſur cette matiere, il ſçait les langues, il cultive les ſciences, il a du zele pour les lettres, & ſa vertu luy a acquis autant de lumieres que la nature luy a donné d'inclination pour les communiquer ſi on luy en donnoit les moyens. Aprés cela, Monſieur, ſi vous eſtez aſſez heureux pour faire quelque decouverte vous aurés de quoy faire vôtre Cour icy. Et vous vous ferez outre cela un threſor de reputation, non ſeulement dans vôtre patrie, mais méme parmy les Etrangers & les Voyageurs.

Ce que vous devez faire pour cette

recherche, aussi bien que pour le reste dont je vous ay parlé, c'est de visiter les Palais, les Bibliotheques publiques & particulieres, les Cabinets, les thresors d'Eglise, de Monasteres, de Temples, de maisons de Ville, de Republiques. Les ruines de Villes, de Temples, de Palais, & des autres monumens publics; car dans tout cela, on ne laisse pas de decouvrir & de ramasser une infinité de choses que vous devez decrire & recueillir exactement. Ne vous embarrassez point d'abord de l'ordre que vous y mettrés. Ecrivés tout de suite, & ne laissez rien échapper. Quand vous serez de retour, vous y remettrez la main, & vous retaillerez ce Jardin pour luy donner une symetrie plus reguliere. Enquêtez-vous en chaque lieu qui sont les savans ou les gens curieux qui y demeurent, on ne leur sçauroit faire un plus grand plaisir que de leur temoigner que c'est leur reputation qui vous y attire, & je suis seur que vous éprouverez des effets de leur ouverture de cœur, de leur bienveillance ou de leur liberalités; car ils vous permeteront ou de copier leurs Manuscrits, ou de designer ce qu'ils auront de plus rare. Retenez leur nom, leur age, leur demeure, & la situation du lieu, & ce qu'ils vous diront d · plus ſingulier. Faites-en de méme auprés des Miniſtres de la Religion de chaque pays ou vous paſſerez. Au reſte Monſieur la connoiſſance de la Religion du pays ou l'on ſe trouve eſt un grand point pour découvrir beaucoup de choſes. Il faut tacher de s'en inſtruire pour pouvoir accoſter plus commodement ceux qui en ſont les Miniſtres, parce qu'ils ſont plus habiles que le commun des hommes de qui les Etrangers pourroient aprendre quelque choſe. Et comme c'eſt particulierement parmy les Sectes Chrétiennes que vous pourrez aprendre davantage, à cauſe qu'elles ont conſervé plus de livres qui leur donnen quelque ouverture & quelques notions du tems & des choſes paſſées, il faut vous appliquer quelques momens pour connoître leurs uſages, & pour ſavoir ce qui les diviſe d'avec nous. Mais rien au monde n'eſt plus propre pour aquerir cette connoiſſance en peu de tems que le petit traité du P. Simon de *l'hiſtoire critique des Religions du Levant*, vous le lirez conſtamment auec plaiſir, car il eſt merveilleuſement écrit, & l'on y trouve autant de nouveautez que d'erudition. Ne négligés pas non plus d'interroger les gens d'eau, de mer, & ceux de la campagne pour apprendre l'hiſtoire naturelle & la topographie des Provinces ou le voyage vous doit conduire. Si vous vous accoûtumez à cela, il n'y aura point d'hommes ſi miſerables ny d'endroit ſi diſgracié qui ne devienne un Miniſtre utile & un inſtrument neceſſaire à vôtre curioſité. Je ne doute point que dans la Moſcovie vous ne trouviez beaucoup de Manuſcrits Grecs, puis qu'ils en ſuivent le ſecte. Ce n'eſt pas pour cela que le Grec y ſoit la langue Hieratique, car c'eſt ou l'eſclavon ou le langage du Païs, mais c'eſt qu'il y a bien de l'aparence qu'il s'eſt beaucoup refugié de ſujets de l'Empire & de la Religion Grecque dans un païs de méme Communion que la leur, avec ce qu'ils avoient de plus curieux, aprés le dernier ravage qu'en fit Mahomet ſecond. Et il eſt conſtant qu'en ce païs, les livres n'y ſont pas ſi precieux que dans le reſte de l'Europe. Parcourez encor tous ceux qui travaillent ſur les metaux, & ſauvez tout ce qui meritera d'être tiré de l'eſclavage ou de la barbarie de ces ignorans, quand vous ne feriez qu'en prendre le nom, le titre, le deſſein.

Quand vous ſerez en Perſe, & que

vous passerez par la Province de Chusistan, souvenez-vous qu'autrefois en ces quartiers il y eut des Grecs d'Eretrie qui y furent releguez par Darius. Herodote au livre 6e. en raporte l'histoire. Philostrate dit qu'Apollonius y passa, & qu'il rendit service à ces pauvres peuples. On y peut trouver aussi bien des inscriptions & des monnoyes qui nous apprennent des particularités de ce païs que dans les Indes où Arrian dit que de son tems on deterroit des dragmes dont la legende Grecque marquoit ceux qui y avoient regné aprés Alexandre. Le celebre Voyageur avec qui vous serez vous donnera trop de voyes, ou pour faire venir icy ce que vous aquererez, pour le mettre en seureté, ou pour le conserver dans la durée de vôtre voyage.

Voilà ce que la lecture & la conversation m'ont apris & non pas les courses que j'aye faites. Ce n'est ainsi qu'une idée fort legere que je vous propose qui ne peut pas beaucoup instruire, mais qui peut au moins donner de l'émulation à ceux qui sont capables de mieux faire, ou servir de memoire à ceux qui ont assez de genie & d'application pour profiter de leurs voyages. Pour vous Monsieur qui en allez faire un si long, vous

vous acquererez une experience merveilleuse, vous perfectionnerez vos lumieres, vous amasserez des tresors. J'espere enfin qu'à vôtre retour vous me donnerez des leçons & vous me ferez part de vos remarques, comme je vous communique celles de mes recherches, & de mes heures de loisir.

LES MEDAILLES.

Il ne reste plus Monsieur qu'à vous parler des medailles qui est le genre d'antiquité le plus aisé à ramasser, & le plus fertile en découvertes. Le plaisir qu'on y prenoit autrefois, a presque passé en étude depuis plus d'un siecle ; & l'utilité que les lettres en ont reçûës, les excellens ouvrages qu'on en a composés, ont fait voir qu'elles ne meritoient pas moins de contribuer à l'application serieuse de ceux qui cultivent les sciences, qu'au delassement de leur esprit. Ce fait est reconnu presentement, & n'a pas besoin de plus grandes preuves ny de beaucoup d'exemples. Celuy de Monsieur Cujas suffira, ce celebre Juris-

Consulte avoit un tres-grand nombre de Medailles. Ses écrits prouvent qu'il les consultoit quelques-fois, & qu'il en a tiré quelques lumieres.

L'usage des monnoyes est tres-ancien, il paroit dans l'écriture qu'il est presque contemporain à l'échange que les premiers peuples faisoient, lors que ne s'occupant encore qu'à l'agriculture, ils commercoient entr'eux de fruits que Cassiodore apelle sans doute à cause de cela *victualem monetam*. Enfin la multiplication des hommes a aussi multiplié leurs besoins, & ces differens besoins ont produit de méme un commerce nouveau. Ce n'est pas qu'il n'y ait eu beaucoup de païs où cette premiere permutation soit toûjours restée. Une Province d'Espagne encor du tems de Strabon, ne trafiquoit pas autrement. Le méme autheur rapporte que ceux de Dalmatie avoient cela de commun avec d'autres nations barbares qu'ils ne se servoient point de monnoye entre eux: Ce que Tacite dit encor de quelques peuples d'Allemagne. Peut-étre aussi a t'il voulu parler des mémes. Pausanias parlant de la maison de Polydore Roy de Lacedemone, dit que sa femme l'ayant venduë aprés sa mort, des Bœufs en furent le prix. Il ajoûte méme

Bastetania.

Strab. p. 107.

que de son tems les relations des Indes marquoient qu'on n'y savoit ce que c'étoit que de monnoye, quoi qu'il y eut tant d'or & d'airain. Ces relations neanmoins étoient fausses, car Philostrate rapporte dans la vie d'Apollonius que ces peuples du tems de ce Philosophe avoient des monnoyes d'Oricalque ou d'Archal, comme nous l'apellons, & de Bronze. Les histoires de l'Amerique nous disent qu'on ne commerce encor que par échange parmy les peuples qui ont occupé depuis tant de siecles ce vaste continent. Et le savant Monsieur Scheffer dans sa description de la Laponnie asseure qu'il n'y a pas un siecle que cette nation a la connoissance & l'usage de l'argent monnoyé.

νόμισμα δὲ οὐκ ἐπίσταθαι

Les premieres monnoyes avec beaucoup d'aparence n'étoient pas de matiere exquise. C'est de là que vient ce proverbe *joüer du cuir d'autruy* ou pour mieux dire, *faire quelque chose aux depens d'autruy*. Parce que la monnoye a été de cuir originairement ou d'autre matiere aussi vile, témoin cette distribution que Numa fit au Peuple *de sous de cuir*. L'Etimologie que les Grammairiens ont donné au mot de *pecunia* le justifie encor; & peut-être n'a t'on mis des figures de Bœufs ou d'autres animaux

Ludere de alieno corio.

Ex assibus scorteis.

ſur les premieres monnoyes d'airain que pour marquer qu'elles étoient de méme valeur que celles de cuir. Car les anciennes monnoyes d'Athene, dit Pollux, étoient méme apellées du nom de Bœuf, d'où vient ce proverbe, *le Bœuf a monté ſur ſa langue*, lors que quelqu'un ſe taiſoit gagné par argent. Les plus anciennes donc ſe diſtinguoient plûtôt par leur nom & par leur groſſeur que par leur figure & par leur metal. Mais les nations venant à ſe diviſer leurs intereſts ſe ſont auſſi partagés, & les metaux les plus precieux ſont devenus neceſſaires pour ainſi dire, pour les reconcilier en quelque façon, ou pour entretenir du moins la communication qu'elles doivent avoir naturellement enſemble. C'eſt la deffiance que les hommes ont eu les uns des autres qui a imprimé tant de caracteres differens ſur les metaux; car il eſt certain qu'ils ne ſe figuroient point dans les commencemens: & les monnoyes qu'ils s'en ſont forgés ont été le ſymbole de la bonne foy, dont chaque peuple ſe vantoit en particulier. Enfin l'ambition étant crüe les états augmentez elles ſont tellement devenuës le principe de leur mouvement & de leur entretien que Solon leur donne un privilege & une fonction aussi excellente que celle des Loix en les comparant ensemble. *Les monnoyes* dit ce Legislateur au raport de Demosthenes contre Timochrate *sont introduites pour l'avantage & la conservation particuliere des Citoyens : or les Loix sont dans ce sens la monnoye des Republiques.* A mesure que les hommes ont apris à épurer les metaux, à mesure qu'ils ont apris à les separer & à leur donner des noms, on a veu augmenter dans leur cœur l'envie de les posseder ; soit que la corruption ou la necessité leur ait inspiré ce penchant. L'experience qu'ils ont eu des secours qu'on en a tiré leur a fourni sans doute beaucoup de motifs pour le justifier ou pour ne le pas combatttre. Il y a longtems qu'on a dit que ce penchant est le ressort du monde, le but & la fin de toutes nos actions. Aussi dit un Poëte Grec,

ἀργύρειον μὲν, νόμισμα εἶναι τῶν ἰδίων συναλλαγμάτων ἕνεκα, τοῖς ἰδιώταις εὑρημένον. τοὺς δὲ νόμους ἡγεῖται τῆς πόλεως νόμισμα εἶναι. *Demost. in Timocr.* p. 489.

—Dans le siecle ou nous sommes
L'argent est en tous lieux l'ame & le
sang des hommes.

τ' ἀργύριόν ἐστιν αἷμα ϗ ψυχὴ βροτοῖς.

nôtre proverbe, *qui perd son argent perd son sang* en vient aparemment. L'eloquence & la beauté selon Horace suivent ceux que les thresors accompagnẽt

Et bene nummatum decorat suada & Venusque.

Celuy que l'on croit riche est aimable & sçavant,

on devient par là le maître de sa fortune, dit Petrone,

Fortunamque suo temperat arbitrio.

Il conduit à son gré le char de sa fortune

& c'est ce qui fait tout obeïr, c'est ce qui fait tout regner. Celuy des deux freres Amulius & Numitor qui choisit pour son partage les thresors de son Pere, en obtint bien-tôt la couronne par le moyen des troupes qu'il leva. C'est pourquoy Socrate, dans une de ses lettres que Leo Allatius nous a donnée, en répondant à un Prince qui luy offroit des thresors, & le gouvernement de son Royaume, pour l'attirer auprés de luy, dit qu'il n'a jamais philosophé pour devenir riche, qu'il meprise ceux qui le font, qu'il ne connoit pas méme l'usage de l'argent, & que celuy qu'il a pour ses besoins, il le met entre les mains d'un amy pour le dispenser, & qu'à l'égard du *gouvernement dont il luy parle, il n'a garde de l'entreprendre ne le sçachant non plus que joüer aux dez ou*

ἐγὼ δὲ μεμαθηκέναι τι ἀρχὴν οὔ φημι, μὴ εἰδώς τε οὐκ

aux osselets par ou je crois pouvoir entendre que Socrate a voulu dire qu'il ne sçait point gouverner un état parce qu'il n'a jamais apris à dispenser l'argent qui en est le ressort & le soutient, & en effet Platon son disciple apelle l'art de la monnoye *un art purement politique, & la maniere de s'en servir* ajoute Pollux qui raporte cette pensée du Philosophe *apartient à ceux qui ont le gouvernement de la Republique.* Vous ne vous étonnerez pas Monsieur, de cette interpretation, quand vous vous souviendrez que c'étoit l'usage des premiers Philosophes de parler & d'écrire ainsi figurement. Il y en avoit méme qui le faisoient avec tant d'enigmes qu'il étoit impossible de les comprendre comme celuy de qui l'antiquité a dit qu'il s'étoit rendu celebre à cause de l'obscurité de ces discours,

ἂν δεξαίμην μᾶλλον βασιλεύειν ἢ κυβεύειν μὴ ἐπιστάμενος.

Πλάτων μὲν γὰρ καὶ τέχνη τις ἔστι πολιτικὴ νομισμάτων, καὶ νόμισμα τε πολιτικοῦ πρᾶγμα. *l.* 10. *c.* 6.

—— Et dont l'obscur langage
Fait briller sa memoire & son nom d'âge en âge.

Clarus ob obscuram linguã. *Lucrece*

J'ay d'ailleurs une authorité qui me donne sujet d'expliquer ainsi la pensée de Socrate. Dion Chrysostome dans un de ses discours intitulé, ΧΑΡΙΔΗΜΟΣ, ou il decrit se qui se passe dans le monde, dit *que les uns & les autres y jouent aux dez & aux osselets. Les marques neanmoins de ce jeu ne sont point telles*, ajoute-t'il, *que je les viens de nommer, mais ce sont des pieces d'or & d'argent que nous apellons de la monnoye, pour laquelle la plûpart des gens se tourmentent les uns les autres; & font tant d'efforts pour en posseder le plus qu'ils peuvent.* Il paroit ainsi que les anciens comparoient le commerce du Monde qui se fait avec l'argent, au jeu des osselets, & que c'est sans doute ce que Socrate entendoit dans l'endroit que j'ay rapporté. Il ne sçavoit point commander parce qu'il n'avoit ny l'amour des richesses ny l'envie de s'en servir. Ce mépris qu'il en fait paroître étoit à quoy tous les veritables Philopsophes travailloient à parvenir, comme au degré de sagesse le plus difficile à cause de la prevention generalle qu'on avoit pour elles.

Et en effet, un jeune homme d'Ionie arrivant à Athene, dit Chrysippe, repondit seulement qu'il étoit riche, lors qu'on luy demanda d'où il étoit, s'imaginant qu'il ne pouvoit se faire connoître par un endroit plus aimable. Aussi suffit-il de l'estre pour obtenir toutes choses

ἑτέρους δὲ πεττεύειν· τοὺς δὲ ἀστραγάλοις παίζειν. εἶναι δὲ τοὺς πεττούς τε καὶ ἀστραγάλους οὐχ οἵους ἡμεῖς ὀνομάζομεν, ἀλλὰ τοὺς μὲν χρυσοῦς: τοὺς δὲ ἀργυροῦς, ὃ δὴ νόμισμα καλοῦμεν ἡμεῖς, ὑπὲρ οὗ διαφέρεσθαι καὶ ζητεῖν. ἕκαστον πλεονεκτεῖν.

Amy c'en est trop dire, ayez de l'a mon-
noye
Contez la, commandez, tout devient
vôtre proye.
Un coffre plein d'argent renferme Iu-
piter.

Multa loquor, quid vis nummis præsentibus opta.
Evenier, clausum continet arca Iovem.

cela fit avaler des pieces d'or à cet homme mourant dont parle Athenée. Un autre, dit le méme Autheur en cousit dans son habit, & ordonna qu'on l'enterrast tout vétu ; tant ils avoient de foy & d'esperance au pouvoir de l'or & de l'argent, les Romains en enlevoient autantqu'ils pouvoient des nations vaincuës, & leur en deffendoient l'usage. Ce que firent entre autres Paul Emile & Tibere, l'un dans la Macedoine aprés en avoir fait la conqueste au rapport de Tite-Live, & l'autre selon Suetone dans beauceup de villes de l'Empire à qui il ôta le droit & l'usage des metaux, & de tirer des tributs de leurs sujets.

Les anciens ne conviennent pas qui a été le premier inventeur de la monnoye, ou qui sont les premiers peuples qui les ont figurées. Dion Chrysostome semble insinuer dans sa Troyenne que les Grecs au teins du siege de cette fameuse ville, ne se servoient point de monnoye, & que leur pauvreté domestique & l'ignorance des arts, les obligeoit d'aller à la guerre. Palephatus tire fort agreablement de cette invention la verité de la fable, que les anciens ont faite sur Linceus. *On raconte que Linceus* dit cet Autheur, *voyoit ce qui étoit sous la terre. Cependant cela est absolument faux, en voicy la verité. Linceus fut le premier qui commença à déterrer les metaux, l'airain l'argent, & les autres. Il se servit pour cette recherche de lampes qu'il porta sous terre, qu'il y laissa & qui luy ayderent beaucoup à en tirer tout l'airain & tout le fer qu'il put. D'où vient que les peuples ont dit que Linceus voit ce qui est sous terre & s'y faisant ouverture en enleve par ce moyen tout l'argent.* Herodote dit que *les Lydiẽs ont été les premiers que nous sçachions qui ayent fait battre de la monnoye d'or & d'argent pour l'usage commun & pour le commerce de la Province.* Il y a bien de l'aparẽce neanmoins que ces peuples n'ont commencé que tard à imiter cet invention. Car je ne sçache pas qu'il y ait de plus anciennes monnoyes chez eux que celles de Gyges qui portoient méme son nom, & si l'on remarque dans le méme Autheur que parmy les presens de Cresus au temple de Delphes, il envoya entr'autres choses des pieces rondes d'argent, c'étoit sans doute de la monnoye nouvellemẽt fabriquée que ce Prince offroit au temple, comme pour rendre grace à la Divinité qu'on y adoroit de cet invention, & des avantages que luy & ses peuples en doivent tirer. Il étoit peut-être le premier qui avoit figuré de la monnoye d'argent, comme Gyges avoit fait celles d'or. Et en effet il semble que les monnoyes frapées d'or fussent plus communes en ce païs, car les stateres de Cresus sont celebres. Strabon dit sur le témoignage d'Ephore que dans l'Isle d'Egine on frappa la premiere monnoye d'argent par l'ordre de Pheidon. Ælian au livre 12 de ses Rapsodies Historiques raporte presque la méme chose, sans specifier neanmoins ny le métail ny l'inventeur. *Les Aeginetes*, dit-il, *sont les premiers qui ont frapé de la monnoye, qui a été apellée de leur nom à cause de cela.* Ces deux derniers Autheurs comme vous voyez, sont bien oposez à Herodote. * Je ne sçay neanmoins si l'on ne pourroit pas douter aussi de leur sentiment ou l'interpreter; car il se peut faire qu'on n'a inventé chez ces peuples qu'une certaine espece de monnoye. Ce qu'He-

ἔφορος δ' ἐν αἰγίνη ἀργυρεον πρῶτον κοπῆναι φησὶν ὑπὸ φείδωνος.

καὶ πρῶτοι νόμισμα ἐκόψαντο, καὶ ἐξ αὐτῶν ἐκλήθη νόμισμα αἰγινεῖον.

ſychius me ſemble inſinuer ſur le mot ἀιγείναιον, *c'eſt* dit-il *une grande monnoye d'argent*, & Strabon parlant de Pheidon un peu avant l'endroit que j'ay cité dit qu'outre les poids que cet homme inventa, il fit fraper auſſi bien d'autre monnoye que de celle d'argent. Cela veut dire qu'il fit graver des figures auſſi bien ſur d'autres monnoyes que ſur cette grande piece d'argent connuë ſous le nom *d'Eginete*, comme on le voit par le Grec. Ce qui me fait juger de cela, c'eſt que la monnoye a été lontems ſans caracteres & ſans figures. Ce que Volaterran dit s'obſerver encor de ſon tems dans la Ruſſie ou chez les Baſtarnes des anciens. Et ce que je trouve prouvé dans Caſſiodore au livre ſeptiéme de ſes varietez. *La monnoye qui n'étoit que de cuir auparavant & qui en tiroit ſon nom, a été changée en métal par les Gaulois ſans y imprimer d'abord aucun caractere.* Voicy encor un Autheur qui contredit ceux que j'ay raportez, & qui attribuë à d'autres peuples le premier uſage des metaux. On n'a peut-étre pas encor remarqué que le monde eſt redevable à nôtre climat de cette invention. Je remarque auſſi qu'Athenée fait dire à un de ſes *Deipnoſophiſtes* que le Poëte Dionyſius avoit été

νόμισμα ἀργυροῦν μέγα.

p. 247.

καὶ νόμισμα κεχαραγμένον, τό τε ἄλλο καὶ τὸ ἀργυροῦν.

Pecunia à pecudis tergo nominata, Gallis authoribus ſine aliquo adhuc ſigno ad metalla tranſlata eſt.
Chap. 32.

apellé l'Orateur d'airain parce qu'il avoit persuadé aux Atheniens de faire fraper de la monnoye de ce métal, mais si ce Retheur n'est pas ancien, comme il y en a bien de l'aparence, il semble que l'or & l'argent ayent été les premiers metaux employez dans la monnoye, comme l'endroit d'Herodote, joint à ce que l'écriture ne parle que de l'argent le peut faire soupçonner avec assez de vray-semblance. Julius Pollux ne sçait cependant si Phedon fut le premier Grec à qui on doive attribuer cette invention. Si les Atheniens & ceux de Lycie l'ont aprise d'Ericthonius. Si Xenophanes en a été l'Autheur chez les Lydiens, ou si ceux de Lisle de Naxos l'ont enseigné aux autres peuples, & leur ont procuré cet avantage, selon l'opinion d'Aglosthene.

Il n'est pas aisé non plus de determiner quand les monnoyes ont été figurées. J'ay dit ailleurs que la deffiance des hommes a imprimé des caracteres differens, sur les mettaux, que leurs premieres monnoyes ont été des gages de la bonne foy dont chacun se vouloit faire bonneur. Selon Cassiodore les Gaulois sont les premiers qui ont employé les metaux pour les besoins de

leur commerce. Mais je ne ſçay pas preciſement quels peuples ont commencé
l. 9. c. x. à les caracteriſer & pourquoy J. Pollux a crû que cela n'étoit pas digne de la curioſité. Lucain ce me ſemble fait plus judicieuſement remonter plus haut l'origine de l'une & de l'autre invention, en l'attribuant à Ithon Roy de Theſſalie, & fils de d'Eucalion, qui étoit un Heros des Fables.

Primus Theſſalicæ rector telluris Ithonus
In formam calidæ percuſſit pondera maſſæ
Fudit & argentum flammis aurumque monetæ
Fregit & immenſis coxit fornacibus æra.

ou comme les a paraphraſez Monſieur de Brebeuf.

C'eſt la foible Ithonus que tes vœux imprudens,
Livrerent les metaux à des braziers ardens;
Qu'on imprima ſur eux de cruels caracteres,
Qui firent des threſors la ſource des miſeres.

Il y a bien de l'aparence que le Poëte a voulu dire par ces vers, qu'Ithon a été l'autheur & de la division des metaux & des figures qu'on y a imprimées. Ce qui a été etabli dans son Royaume par une Loy, & ce qui a servy de regle aux autres Etats. Les caracteres, les figures etoient la Loy & l'asseurance du commerce. D'ou le terme des νεμμος vient sans doute. Je trouve pour appuyer ma conjecture que ce terme a été donné à la monnoye par les Grecs Doriens qui s'établirent en Italie & en Sicile. Or la Doride est une Province de Thessalie dont Ithon étoit Roy. Aristote, dit Pollux, raporte dans son traité des Republiques que les Tarentins apelloient leur monnoye νεμμος, & qu'ils y gravoient Taras fils de Neptune porté sur un Dauphin. Et ne puis-je pas ajouter que ce Taras & ce Neptune sont peut-être Deucalicon & Ithon. Que ce dernier comme autheur des caracteres de la monnoye, y a été gravé luy-méme par les Peuples qui se tenoient originaires de la Province ou il avoit regné. Ceux d'Athene aparemment ont imité ensuite cette invention, Car Homere parle de leurs bœufs, ce que I. Pollux reconnoît aussi. Quelques-uns neanmoins, ajoute cet Autheur, croyent que c'étoit une monnoye de Delos, ce qu'ils conjecturent sur une coûtume qui s'observoit dans cette Isle. Et en effet Pline semble reconnoître que l'usage de mettre l'airain en œuvre y est tres-ancien. *antiquissima aeris gloria Deliaco fuit.*

Terra quam postulas quadringentis siclis argenti valet. *Gen.* 23.

Quadringentos siclos argenti probatæ monetæ. *Ibid.*

Binjamin dedit quoque triginta argenteos. *Gen.* 44.

Au reste, Monsieur malgré toutes ces opinions differentes, il est plus vray semblable que les Hebreux ont montré aux autres nations du monde à se servir des metaux dans leur commerce, & dans les besoins ordinaires. On en voit des preuves dans la Genese dont l'ouvrage pour ainsi dire est plus ancien méme que les Peuples & les Princes qui s'en sont attribué la gloire, ou à qui les Autheurs veulent donner l'avantage de cette invention. Il n'est pas bien certain neanmoins si la monnoye de ces païs avoit des figures, ou qu'elles étoient ces figures. Le *probata moneta* dont l'écriture se sert, ne veut rien dire autre chose que du metal pur & fin comme dans Pollux, ἐυδόκιμος δὲ καὶ γυγάδας χρυσός *probatum etiam est aurum Gygadum*, cela veut dire, *l'or de cette monnoye est fin & epuré*, & quoy qu'il soit parlé de Sicles en cet endroit, il est bien aisé de voir que cela vient ou des Septantes ou de ceux qui en ont fait

la

la compilation, & qui se sont servis du terme qui avoit cours de leur tems, non seulement chez eux, mais méme dans les Provinces voisines.

DES METAUX EMPLOYEZ EN MONNOYE.

On trouve donc de ces monnoyes qui sont nos Medailles d'aujourd'hui, de tous metaux, ou purs ou mélangez, de tous poids & de toutes figures, car on n'a pas toûjours travaillé sur le fin, comme disent les Monetaires, ny attribué souvẽt à la méme masse une sẽblable valeur, comme on le peut voir entre autre par ces 2 medailles de Brindes, mais on a mixtionné l'or, l'argent & le cuivre selon l'occasion & les necessitez de l'état. On les a estimez dans chaque païs à proportion des metaux qui leur étoient plus rares, ou dont ils abondoient d'avantage. L'or des Gygades & des Dariques étoit pur selon Pollux, & l'on apelloit de l'argent fin celuy des monnoyes d'Ariandes. Timothée au raport de Polyenus, faisant la guerre avec Perdicas contre ceux de

Chalcis, mêla l'airain de Chypre avec l'argent de Macedoine, & fit frapper une monnoye pour payer ses troupes qui pesoit 5 dragmes, dont il n'y en avoit que 4 d'argent. Perdicas encor, dit le méme autheur, manquant de monnoye d'argent dans cette guerre, en composa aussi une qui étoit mélée d'étain & d'airain, pour sati faire aux besoins de son armée. Zonare rapporte que les Romains du tems de Hieron Roy de Sicile commençoient à alterer leur monnoye d'argent en y mélant de lairain; & du tems de Caracalle tout étoit encor bien plus alteré, puis qu'au lieu d'especes d'or& d'argent, cet Empereur, dit Xiphilin, ne faisoit fabriquer que du plomb argenté & de l'airain doré. Ce qui ne s'est pas toûjours fait, neanmoins puis qu'on a aussi des monnoyes de cet Empereur de bon aloy. C'est de cette maniere que dans la suitte, les Saxons tromperent les Lombards en cōmerçant avec eux. Ils leur donnoient, dit Paul Diacre, de certaines verges d'or falsifiées ou d'airain doré, ce qu'ils reconnurent dans la suitte & s'en vengerent. A propos de cette figure, Plutarque raporte dans la vie de Lysander, que toute la monnoye ancienne étoit faite ainsi, c'est-à-dire, en petites broches de fer, & en quelques lieux de cuivre. d'où vient le terme d'obole pour la petite monnoye, & celuy de dragme, qui étant composé de 6 oboles, étoit ce que la main en pouvoit enfermer, du terme grec, πειδεάττιται qui veut dire tenir, embrasser. Ce qui est aussi confirmé par J. Pollux qui les apelle *aiguës* βυπορουϛ', *les anciens*, dit-il, *se servoient d'oboles aiguës*, que ce Grammairien fait venir sur le raport d'Aristote d'un terme qui signifie augmenter; car c'étoit d'abord d'abord la plus petite division de la monnoye, & depuis on a veu a Athene des demies oboles. Il semble que la Ville de Carthage n'ait eu que des monnoyes de cuir au raport d'Aristide je ne sçay à vous dire le vray, si cet Orateur entend parler de celle qui fut detruitte par Scipion, ou de celle qui étoit retablie de son tems. Tant que la Republique de Lacedemone a subsisté, elle n'a point eu d'autre monnoye que de fer éteint avec du vinaigre. Les Clazomeniens n'en avoient point d'autre metal; & ceux de Byzance, méme du tems d'Aristide Orateur du bas Empire n'en admettoient non plus que de cette matiere, comme on le voit dans sa seconde Platonicienne, ou il dit, *que les soldats Bizantins en ne recevant ny or ny argent mais du fer, ne croyoient pas pour cela ne point recevoir la solde qui leur étoit deuë*. C'étoit encore la monnoye des anciens Bretons Denis Roy de Sicile en fit battre d'étain au rapport de Pollux qu'il repandit dans Syracuse au lieu d'argent. Une piece de cette monnoye pesoit 4 dragmes Attiques, quoy qu'elle n'en valut qu'une, & c'est comme il faut entendre le passage de Pollux. * Raderus, dit ce me semble quelque part que dans la Taprobane & chez les Negres, on ne connoissoit point autrefois d'autres monnoyes que de plomb. Erasme dit qu'en l'Angleterre de sont tems, on s'en servoit encor de ce metal. Il faut que les Romains en ayent eu du moins en quelque endroit de leur Empire, puisque Plaute & Martial en parlent. Je trouve que Pignorius dans son traité *de Servis*, & Lipse son de mon sentiment, que Monsieur Seguin en raporte plusieurs dans son recüeil, que Monsieur Patin dans son histoire des Medailles, dit en posseder de Consulaires, d'Imperiales & de Grecques, & que j'en ay moy-méme que je crois absolument antiques, & qui ont été jugées telles par les habiles.

οὐδὲ γὰρ εἰ Βυζάντιοι σιδήρῳ νομίζουσι, τούτου χάριν ἐστὶ δίκαιον τῶν Ἑλλήνων καταγελᾶν· οὐδ' ἧττον τὸ δικαιῶν ἂν φέρειν μισθὸν, ὅτι οὐ χρυσίον οὐδὲ ἀργύριον φέρουσιν.

* καὶ τὸ νόμισμα αὐτῶν τέσσαρας δραχμὰς ἀττικὰς ἰσχύεται, ἀντὶ μιᾶς.

Comme il s'en trouve effectivement d'antiques, cela a fait croire à beaucoup d'antiquaires qu'elles étoient fausses, & que les loix en avoient deffendu le cours dans le centre de l'Empire, ce qu'ils appuyét par les termes, de la Loy 9e. au ff. ad Leg. Cor. de Falſ. cependant Mr, il n'eſt pas bien certain encor ſi cette eſpece de monnoye étoit commune ou ordinaire dans Rome en tout tems; & ſi l'uſage effectivement en a été deffendu par la Loy que je viens de rapporter. Ces 2 points ſont à mon ſens deux difficultez, ou qu'on n'a point compriſes juſques à preſent, ou qu'on n'a pas preveuës. A l'egard de la Loy, je la croy corrompuë & mal entenduë tout enſemble. En l'examinant comme il faut, je n'y trouve point cette deffenſe preciſe de mettre en commerce des monnoyes de plomb. Ce qui a pû tromper ceux qui l'ont priſe ainſi, c'eſt qu'il eſt dit au commencement de cette Loy, que ceux qui falſifiront l'or ou l'argent, ſeront tenus de crime de faux *Lege Cornelia cavetur ut qui in aurum vitii quid addiderit, qui argenteos nummos adulterinos flaverit falſi crimine teneri.* Ils ont crû de méme que la Loy impoſoit une ſemblable peine à ceux qui employeroient dans

Eâdem Lege exprimitur ne quis nummos ſtagneos plumbeos eme e, vendere dolo malo velit.

l'usage, des monnoyes de plomb. Mais ce qui me fait juger du contraire, c'est que selon les anciens, cette Loy n'a été faite que pour deffendre aux particuliers de fabriquer de la monnoye. Ce qu'Asconius Pœdianus confirme entre autre sur un endroit de Ciceron. *La Loy Cornelia*, dit-il, *qui regarde la monnoye, est etablie pour deffendre aux particuliers d'en fabriquer* de leur propre authorité. *Lex Cornelia nummaria, quæ de Moneta, ne quis privatus pecuniam faceret.* Ainsi lors qu'il est dit dans cette Loy, *eadem lege exprimitur ne quis nummos stagneos plumbeos emere vendere dolo malo vellet. La méme Loy deffẽd encor d'acheter & de vendre* sans permission ou frauduleusement *des monnoyes de ...... & de plõb.* Il ne paroit pas qu'elle oste la liberté de se servir de mõnoyes de plõb, comme d'une monnoye decriée ou deffenduë; elle veut seulement qu'il ne soit pas permis à toutes sortes de particuliers indifferemment d'en fabriquer, & d'en debiter non plus que des autres mõnoyes; ce droit seul étant reservé à la Republique, & aux Magistrats qu'elle a commis pour cela. C'est pourquoy non seulement il est deffendu par cette Loy d'alterer les metaux, mais de fabriquer de la monnoye en general, sous peine de devenir coupables du crime de faux, quand meme elle seroit sincere & de bon alloy. Et en effet, aujourd'huy un homme seroit toûjours reputé faux monoyeur qui prendroit la hardiesse de fabriquer de la monnoye chez luy, quelque bonne qu'elle fût. Sur ce fondement, je soutiens que ces termes de la Loy, *eadem lege exprimitur ne quis nummos stagneos plumbeos emere vendere dolo malo vellet* sont corrompus, & qu'il les faut lire ainsi ou à peu prez *eadem lege exprimitur nequis nummos scilicet aureos & argenteos plumbeos ve temere vendere dono malo vellet, il est encor deffendu expressément par la méme Loy à tous les particuliers de s'ingerer sans authorité de vendre des monnoyes d'or d'argent, ou de blomb.* Outre les raisons que j'ay apportées qui peuvent prevenir cette correction, le mot de *stagneos* qu'on lit dans nos Editions, & qui n'a point de sens, confirme ma conjecture & me fait croire aisement que les mauvais copistes l'ont abregé sur ceux de *scilicet aureos & argenteos*, soit que le *scilicet* fut abregé de cette maniere *st* & le reste de méme. Car pour *stanneos* que les antiquaires y mettent à la place, je ne crois pas qu'il y soit juste, puis qu'avant Probus, Aurelian, & Diocletian comme Savot le reconnoit, je ne sçache pas qu'il y ait des exemples de medailles d'étain ou étamées dans l'Empire, ny qu'aucun autheur en parle. A l'égard du mot de *temerè* que je substituë au lieu d'*emere*, il est aisé de voir que cette correction ne s'éloigne pas beaucoup de la lecture ordinaire, & que *temerè* veut dire en cét endroit *sans aucune authorité*, comme je pourrois en donner des exemples. Si ce n'est qu'au lieu de cet adverbe on y voulut substituer le verbe *cudere*, mais il ne viendroit pas si bien en cet endroit, parce que cette deffense de fabriquer la monnoye étoit déja faite dans ce qui precede cét article, au reste ce qui me fait encor insister sur cette correction d'*emere* c'est que ce n'étoit point un usage dans l'Empire du tems de Sylla qui a publié cette Loy, d'acheter des monnoyes frappées ailleurs, puisque longtems devant, c'est-à-dire vers 525 ou environ de la fondation de Rome, il fut ordonné par la Loy CLODIA, qu'on frapperoit dans les terres de la Republique, les *victoriats* qui se fabriquoient auparavant dans l'Illyrie & qui étoient les seules monnoyes qui s'y achettoient, dit Pline, comme les autres marchandises. Or c'est à peu prés dans

Antèa enim hic nummus ex illyrico advectus mercis loco habebatur. *l. 33. c. 3.*

dans ce tems là que les Romains firent la guerre aux Peuples d'Illyrie & qu'ils rompirent par conſequent le commerce qu'ils avoient avec eux. Ainſi Monſieur cette Loy que je viens d'expliquer bien entenduë, témoigne qu'il y a eu effectivement des monnoyes de plomb, & renverſe l'opiniõ de ceux qui ont crû qu'elles avoient toujours été deffenduës comme fauſſes & comme n'étant point en uſage. Cela fait voir qu'ils n'ont pas entendu les endroits de Martial & des autres, où il en eſt parlé puis qu'ils n'ont point employé un nom de fauſſe monnoye pour parler de la plus petite, & qu'au contraire ils ſe ſervoient des termes & des noms de la plus petite monnoye pour exprimer la fauſſe. Il en étoit de méme parmy les Grecs, leur κόλλα étoit une tres vile & tres petite monnoye chez eux. Il ſe ſervoient de ce terme neanmoins lors qu'ils vouloient témoigner du mépris pour quelque choſe, comme fauſſe quoy que le κόμμα fût une veritable monnoye. Sur quoy l'interprete Grec d'Ariſtophane dit que les anciens avoient acoûtumé de ſe ſervir du nom des plus petites monnoyes, lors qu'ils vouloient parler de la mauvaiſe. C'eſt pourquoy lors que Plaute à fait dire à un de ſes acteurs

Tace sis faber qui cudere soles plumbeos
Nummos.

il faut expliquer ainsi cette maniere de parler

Tais toy miserable, homme de peu de chose, comme ton métier, & tes ouvrages.

le κίβδηλον faisoit encor chez eux la méme fonction, c'étoit une méchante petite monnoye d'airain, dit Scaliger dans ses conversations, dont le nom est pur Syriaque & signifie *de plomb* sans changer aucune lettre d'où vient qu'ils apeloient, κίβδηλον, ce qu'ils croyoient mauvais & falsifié. Je ne pretens pas neanmoins soûtenir que dans l'Empire Romain le menu peuple se servit ordinairement de ces monnoyes, quoy que Farnabe l'avance dans ses petites notes sur Martial *namque & quadrantes plumbei* dit-il *Romanis quondam in usu. Car il est certain que les quarts de plomb ont autres fois été en usage chez les Romains.* par où l'on voit qu'il en determine méme le poids Je ne sçay, je vous avouë, où il a pris cette circonstance; cependant je crois pouvoir hazarder cette conjecture que ces monnoyes de plomb n'avoient cours que pendant les Saturnales, ce que j'expliqueray dans la suite, pour ne me pas trop écarter icy de mon discours.

Il se trouve encor des medailles fourrées, c'est-à-dire qui n'ont qu'une lame d'argent ou d'or fort mince sur un fond de cuivre ou d'argent, ce que Pollux apelle ὑπόργυρον une fausse monnoye d'or fourrée d'argent, & ὑπόχαλκον une fausse monnoye d'argent fourrée de cuivre. Elles ne sont pas generallement si belles que les autres, parce que le coin n'a pû faire son effet avec la méme perfection, mais aussi elles sont incontestablement antiques, parce qu'on ne peut pas imiter aujourd'huy les secrets qu'avoient les faux monnoyeurs de ce tems-là. J'en ay d'Egypte & d'Athenes qui n'ont presque qu'une teinture d'argent sur du cuivre, ou qui ne sont que saucées comme disent les Monetaires.

DES NOMS DE LA MONNOYE.

Les monnoyes ont souvent eu des noms ou du Prince qui les avoit fait battre, ou des villes qui en avoient le droit, ou des Monetaires, ou du Magistrat qui y presidoit, ou des Divinitez qu'on adoroit dans le Païs ; l'usage à quoy elles étoient employées, l'occasion qui les faisoit faire, la matiere dont elles étoient fabriquées, leurs poids ou leurs figures ont encor été la plûpart du tems l'origine de leur denomination. Les Æginetes, les Gigades, les Stateres de Cresus & d'Alexandrie, les Dariques les Philippes vous sont connus. On sousentendoit toûjours des pieces d'or sous le nom des 5 dernieres, & principalement du penultiéme selon Pollux. Le *decabœum* dont il est parlé dans les loix de Dracon est encor un de ceux là : il valloit aparemment dix fois celles qui étoient marquées d'un Bœuf. Le *stater* & la *mine* étoient la méme chose, ils valoient quatres dragmes. Les *Dariques*, les *Philippes* & ceux que j'ay raportez sont des *staters*. Le *tetradragme* Grec s'apelloit *Attique* au moins par les Romains, comme on le voit dans Tite-Live, à l'endroit entr'autres, ou il decrit les depoüilles que Quintius enleva sur Philippe penultiéme Roy de Macedoine, & cette monnoye étoit du poids de 3 deniers Romains. Le méme autheur avec Ciceron & Feste, parlent souvent d'une autre monnoye apellée *Cistophore*, mais dont on ne connoit point certainement ny le poids ny la maniere. Quelques-uns disent qu'il y avoit une figure qui portoit un coffre

l. 7. c. 24.

Signati argenti octoginta quatuor millia fuere Atticorũ tetradrachmã vocant trium fere denariorũ in singulis argenti est pondus.
Dec. 4. *l.* 4.

ou un pannier, ce que veut dire le terme de *Cistophore*. D'autres, comme Adrianus Junius, qu'elle êtoit apellée ainsi, des Canephores prêtresses de Pallas d'Attique, ce qui n'a guere d'aparence, puis qu'on peut conjecturer par Ciceron que c'étoit une monnoye Asiatique. *J'ay en Asie*, dit-il dans une lettre à son amy, 400000 *Sexterces en Cistophores*. Et dans le plaidoyer qu'il fit au retour de son exil pour sa maison *ut in Asia Cistophorum flagitaret*. Et que Festus cõpose le Talēt de l'Isle de Rhodes de quatre mille cinq cent *Cistophores*. Teron Roy d'Agrigente fit frapper une monnoye qui fut apellée *Demarete* du nom de sa fille, parce que ce Prince aprés une longue guerre contre Gelon de Syracuse en faisant la paix, luy donna cette fille en mariage au raport de Didymus qui cite Timée pour temoin, & c'est de là, dit-il, qu'est venuë cette monnoye apellée Demarete. C'est de Mr le Febvre que j'ay pris cela dans son Commentaire sur Pindare. Pollux dit neanmoins que Demarette étoit femme de Gelon, que son Mary manquant d'argent dans la guerre de Lybie cette Princesse amassa les ornemens de toutes les Dames de son Royaume, & que les ayant fondus ensemble, elle fit

Ego in cistophoro in Asia habeo ad Sestertia bis & vicies. *Ad att. l. XI.*

faire une monnoye de son nom. Dans ce même pays, ce qu'on apelloit une once ὀγκία étoit une petite monnoye de cuivre, d'où les Romains ont pris leur *uncia*. Aussi bien que les autres partitions de l'As ou de la livre qui est aussi Sicilienne selon Scaliger, & qui vient de Λίτρα. Il faut remarquer en passant que la livre étoit la plus grande maniere de conter dans l'Empire comme le talent l'estoit parmy les Grecs. On apelloit la monnoye du Peloponese des Tortuës, à cause de cet animal qui y étoit gravé, d'où vient cette pensée, *les tortuës surmontent la vertu & la sagesse*. Les oboles aparemment y étoient en usage, parce que Pollux remarque qu'elles avoient aussi cette même figure à Corinthe. On disoit aussi les *poulains* de Corinthe à cause du Pegaze qui en étoit le Symbole. On apelloit encor *geniati Philippi* les monnoyes de Galatie à cause du Genie avec des aîles qui étoit gravé dessus. La monnoye qu'on mettoit dans la bouche des morts pour payer le passage d'Acheron, valloit, dit Hesychius, un peu plus qu'une obole. Lucien neanmoins dit que s'en étoit une, elle s'apelloit *Danace*, δανάκη selon Suidas, quoy qu'il dise ailleurs que quelques-uns la croyent une monnoye de Perse, je n'ay point trouvé quelle figure elle avoit. Il ajoute en ce méme endroit que cette expression ὕλλοι *Hylli* dont Xenopont se sert, est le nom d'une monnoye barbare, mais il ne l'explique point. Ce κόμμα dont je parlois tout à cét heure, a sans doute succedé à l'obole, lors qu'on a commencé à figurer les metaux. Il étoit aparemment si petit qu'il n'étoit que figure, ce que marque son origine κόπτω. Il y avoit les *Serrati nummi*, ainsi nommez, parce qu'ils étoient crenelez par les bords, ou à cause qu'ils étoient marquez d'une scie comme quelques-uns le veulent. Ciceron dans son plaidoyé pour *Fonteius*, nomme *Vmbinos* ces medailles de cuivre ou d'argent que nous apellons *incuses*, à cause qu'elles sont une espece de boublier, ou qu'elles ressemblent à cette eminence que les anciens avoient au milieu des leurs. L'As, les Bigues, les Victoriats, les Sesterces sont encor connus sans les expliquer d'avantage, car je n'aurois jamais fait, si je voulois tout raporter icy.

L'inscription ou la legende comme on l'apelle, les a de méme souvent distinguées ; témoin ces monnoyes que ceux de Lipare conservoient dans leurs

Temples. *Agatocles* dit Diodore de Sicile *demanda une fois à ces Insulaires avec beaucoup d'injustice 50 talents d'argent, & ne voulant point leur donner de tems pour payer cette somme, il les contraignit d'enlever des thresors sacrez, les offrandes qu'on avoit faites aux Dieux. Une partie de cette monnoye* ajoûte cet Autheur *avoit l'inscription d'Eole, & l'autre celle de Vulcain.* Ainsi l'on peut croire qu'elles étoient apellées du nom de ces divinitez. Ceux de Smyrne dit Strabon avoiét chez eux une petite monnoye de cuivre qu'ils apelloient *Homere* (comme nous disons des *Carolus*, des *Iacobus*) acause de la figure & du nom de ce Poëte qui y étoit imprimé καὶ δὴ καὶ νόμισμά τι χαλκοῦν παρ' αὐτοῖς ὁμήρειον λέγεται. Les premieres legendes étoient sans doute tres simples, elle ne marquerent d'abord que le poids du metal. Ensuite la Divinité tutelaire du pais. Aprés le nom des Princes qui gouvernoient; des Peuples où la monnoye avoit cours, des magistrats, des Provinces ou de communautez qui avoient droit d'en faire battre. Elles n'exprimoient souvent que le nombre des années de l'établissement des Empires, de la fondation des Villes, du regne des Princes, & cela pour les monnoyes Grecques, où celles des autres païs barbares. à l'égard des Romaines leurs inscriptions n'ont signifié de même dans le commencement que le poids ou le nom du métal, de la Ville, où des monetaires. La richesse & la puissance de l'Empire les a renduës dans la suite plus magnifiques. Enfin le gouvernement étant retombé entre les mains d'un seul homme, la crainte & la soumission des peuples, la bassesse & la flaterie des courtisans en ont fait des Panegyriques, ou des Histoires; mais d'une maniere si claire, si naturelle, & si elegante que les plus stupides même n'avoient pas besoin de se gêner l'esprit, pour en faire l'application necessaire & veritable. Tout en étoit commun, & pris des choses qui étoient les plus domestiques, pour ainsi dire, afin de les rendre plus familieres & plus aisées à comprendre. En effet rien d'obscur n'y étoit admis, aussi n'est-ce pas dans ce sens que Prudence apelle les monnoyes des *Enigmes* d'or & d'argent, comme l'a crû un Autheur moderne le terme d'*Ænigma* que le Poëte employe dans ces vers. *p. 773.*

Is ipse tantum non habet
Argenteorum Ænigmatum

Oüy nôtre Eglise en a,

je veux bien qu'ō le croye:
L'Auguste qui regne à present
Pour qui se frappe la monnoye
N'a pas tant de pieces d'argent.

Augustus, arcem possidens
Cui nummus omnis scribitur.

ne signifie que de la monnoye D'où vient que dans Hesychius αἴνιγμα est la méme chose avec ὁμοίωμα qui veut dire une similitude, un simulacre, une figure tirée sur la ressemblance de quelque chose & τεκμήριον qui signifie particulierement une figure certaine & necessaire, ou qui represente toûjours la méme chose; d'où les Latins l'ont pris aparemment, comme on le voit dans un ancien Glossaire sous le nom d'Isidore *Ænigma figura*, *sive typus*, *vel species*, ce qui a fait dire sans doute à Jules Cæsar Boulenger, que Prudence apelloit la tête d'une Medaille *Ænigma* en quoy il se trompe encor aussi bien qu'un sçavant de Lubec qui l'explique des figures du revers puisque ce terme *d'Ænigma* se doit prendre de la medaille entiere, comme Monsieur Chiflet l'a fait dans sa description de Besançon. Enfin Monsieur ce que je viens de dire est d'autant plus certain que le sçavant Monsieur du Cange a fait cette remarque aussi bien que moy. Je me suis avisé heureusement de chercher dans son glossaire, comme j'étois chez nôtre amy ou j'y

Meibomius

avois proposé ma conjecture, & j'ay trouvé qu'il interpretoit de la monnoye l'*Ænigma* des vers de Prudence que j'ay raportez.

De la grandeur et de la figure des Medailles.

Je vous ay dit Monsieur qu'on trouvoit des Medailles de toutes grandeurs, de tous poids, & de tous metaux. Cependant les Medaillistes ne les reduisent que sous quatres grandeurs & trois metaux. Les plus grandes sont de bronze & les moyennes d'or & d'argent. Ce n'est pas qu'il n'y en eut d'or & d'argent plus grandes que l'ordinaire, comme celles qu'on trouve de Philippe, d'Alexandre, de Lysimachus, d'Arsinoe, de Berenice, des Ptolomées & autres. Celles qu'Elagabale fit fraper, & que son successeur supprima autant qu'il put; & ces pieces d'or d'une livre pesant que Tibere Constantin envoya à un de nos Rois, comme Paul Diacre le décrit. On en voit aussi de Romaines dans le Cabinet du Roy, comme le Postume du Cabinet de Verneüil qui pese bien six pistolles. Et dans le Cabinet de l'Empereur un Gratien de 50 ducats à Geneve chez Monsieur Tourtin un Valentinien pesant quatre Loüis.

Il y en a de méme d'or, d'argent & de bronze principalement des Greques qui sont si petites qu'elles ne passent pas la grosseur d'une lentille. C'étoit aparemment cete espece de monnoye que la Canaille, & les petits Mercadans d'Athenes serroient dans leur bouche, lors qu'ils étoient sur la place ou dans le marché. J'en ay entr'autres de ce genre avec des Choüettes, & c'étoit le Diobole Attique, comme on le voit dans Pollux. Il y avoit aussi des Trioboles qui avoient des deux côtez la tête de Jupiter, & le Tetrabole composé de quatres oboles avoit Jupiter d'un côté, & de l'autre une Choüette. Pline dit neanmoins que la demie Dragme qui étoit le Triobole avoit aussi cette derniere figure, comme on le peut voir par cette Medaille de mon Cabinet.

J'y en ay joint une autre d'argent pour vous faire voir de ces petites monnoyes il s'en trouve neanmoins de tres-petites dans tous les âges de l'Empire, aussi bien que chez les peuples qui n'en relevoient point, ou qui n'y étoient plus ſoumis, comme on peut s'en ſouvenir pour peu qu'on ait vû des Cabinets.

Celles qu'on apelle Contorniates parmy les antiquaires, ne ſont pas toûjours les plus grandes. Elles ſont bien ſouvent de mauvais maîtres. Quoy qu'on les croyent fabriquées ſous Alexandre Severe ; il eſt conſtant neanmoins qu'elles n'ont été faites que vers l'Empire de Theodoſe & de ſes enfans. On les apelle Contorniates, parce qu'elles ont autour un cercle qui fait une eſpece de quadre. Elles ſont toutes de bronze. Monſieur Patin a fait deſſigner toutes celles qu'il a pû decouvrir il les a rangez ſur le catalogue des Empereurs, & il a fait pluſieurs planches de celles qui n'y ont point de relation. J'ay veu ces planches, mais il n'y avoit point encor d'explication, je vous en montray quelques-unes que je pourrois bien y ajouter avec des remarques, car je ne ſuis pas du ſentiment de celuy qui nous a donne les medaillons de Carpepegna, que cette eſpece de medaille puiſſe apporter à l'hiſtoire plus de domage que de lumieres. En effet ce qui les peut rendre en quelque façon neceſſaires & recommendables, c'eſt qu'elles ont été faites dans le tems que la connoissance de l'histoire ancienne, & la plûpart des monumens de l'antiquité subsistoient encor. On trouve beaucoup de Heros & de grans personnages encor de tout genre dans ces monumens.

Les medaillōs qui sont une espece de medailles plus grosses & plus grandes que celles que nous apellons de grand bronze ont été frappés ou pour des liberalités faites au peuple, ou pour quelque autre solanité, comme ces pieces que Caligule jettoit au Peuple du haut de la Basilique Julia. Je ne sçay si l'on ne pourroit point changer l'endroit de Suetone où il en est parlé & lire *nummos non mediocris formæ*, au lieu de *nummos non mediocris summæ* de nos imprimez, car la 1re. expression me paroit plus juste. On faisoit sans doute de ces pieces plus ou moins grosses selon le caprice du Prince, il falloit pourtant qu'on en fit beaucoup, & qu'elles fussent communes, comme je le conjecture sur ce que Capitolin raporte de Verus, *il jettoit*, dit il, *de tres grosses monnoyes dans les Hotelleries, & prenoit plaisir d'en casser les pots.* Cette espece qui est d'ordinaire de bronze est rare, cela s'entend des Romaines, car on en trouve de Grecques, principalement d'Egypte qui sont communes,

Nummos non mediocris summæ e fastigio Basilicæ Iuliæ sparsit in populum. *Suet. Cal. c. 37*

Iaciebat in popinas nummos maximos quibus calices frangeret. *Capit. v. ver.*

ce que je vous expliqueray en vous parlant des Grecques en particulier. Ce genre d'antiques est aussi plus recherché, parce que la grandeur du dessein faisant mieux remarquer ce qu'elles contiennent, l'histoire & les lettres en tirent de plus grans secours, quoy qu'en veuille dire *Gioseppe Monterchi*. Cet Autheur pretēd qu'on doit plutôt regarder les Medaillōs, par leur bauté, & par leur perfectiō que par l'histoire, cōme s'ls n'y avoiēt du raport que par hazard; ou si en general, ils ne pouvoient pas y aporter un grand éclaircissement, En quoy il se trompe fort, d'autant plus que les medaillons Grecs de l'Empire, ne sont la plûpart du tems considerables que par leurs types historiques, & ne le sont nullement par la delicatesse de leur dessein. Aussi semble-t'il vouloir les distinguer d'avec les autres monnoyes, quoy qu'il soit certain que les uns & les autres n'ont qu'un méme principe. Il se trouve aussi des Medaillons en argent, mais dans le haut Empire qui commence depuis Pompée jusqu'à Postume. Ils sont un peu plus grans qu'une piece de 15 sous & gros comme un écu ou plus. Dans le bas Empire, ils passent souvent cette grandeur, & sont aussi minces qu'une piece de 15 sous. On en trouve aussi d'or de cette derniere grandeur qui pesent 4 ou 5 pistolles. A l'égard de la rareté, cela depend de l'Empereur. Le Pois raporte dans son livre quelques medailles d'argent, comme d'Agrippine, de Vitellius, de Tite, de Domitien, de Trajan, de Plotine, d'Hadrien, de Sabine, d'Antonin, des 2 Faustines, de Lucius Verus, de Commode, de Philippe, sa femme & son fils dont il specifie méme le poids.

La grandeur qui suit est des medailles qu'on apelle de grand bronze à peu prés comme une de nos pieces de 30 sous, mais plus épaisses. S'il s'en trouvoit d'argent de cette grandeur, elles seroient rares. Dans le bas Empire qui commence aprés Postume, le grand bronze est Medaillon, parce que la maniere des monnoyes étoit changée.

Le moyen bronze est comme une piece de 15 sous ou environ, & plus épais tres-souvent.

Enfin le petit bronze est comme une piece de 5 sous ou environ. Cette derniere grandeur est aussi celle des medailles d'argent, c'est-à-dire du denier Romain, si ce n'est vers le bas Empire, ou elles sont quelquefois ou un peu plus grandes ou plus petites.

Les medailles d'or approchent aussi

de

de ce dernier modele, mais dans le haut Empire, elles ſont épaiſſes comme une piece de 15 ſous, & dans le bas comme une de 5 ſous ou environ.

On en trouve neanmoins & d'or & d'argent qui ne ſont groſſes & grandes que de la moitié de ces premieres ; on les apelle des *Quinaires*, quoy qu'improprement, à cauſe ſeulement qu'elles ſont grandes comme les quinaires d'argent. Ces derniers ne ſont pas ſi rares que ceux d'or : & je croy que Domitien fut le premier qui fit battre des *Quinaires* d'or, que Martial a peut-être deſignez par ces vers.

Aut libram petit illa Coſmiani
Aut binos quater à nova moneta. l. 12. Ep. 55.

C'étoit peut-être ce qu'on donnoit aux publiques de ſon tems, ce que Monſieur Beuverland n'oublira pas ſans doute d'expliquer dans ſon traité.

DES GENRES DE MEDAILLES.

Aprés avoir d'écrit les metaux & les grandeurs des Medailles, l'ordre & l'uſage veulent qu'on les diviſent par le nom des principaux peuples qui les ont fabriquées. Je les diſtingue donc en Hebraïques, en Puniques, en Greques & en Romaines, ſous leſquelles on peut comprendre toutes celles que les autres nations du monde ont euës en usage chez elles, si ce n'est qu'on en veüille faire un cinquiéme genre de Barbares.

LES HEBRAIQUES.

Les Hebraïques ou monnoyes des Juifs s'apellent ou sicles, ou dragmes, ou oboles, ce que ces peuples doubloient ou diminuoient selon l'usage des nations voisines avec lesquelles le nom de leurs monnoyes étoit commun. C'est pourquoy il y a des sicles d'argent & de bronze de toutes grandeurs, ce qu'on apelle demy sicle, quart de sicle, ainsi des autres comme il est marqué sur la Medaille. A l'égard de l'or je n'ay jamais lû nulle part que les Juifs en ayent fait fraper de la monnoye.

La legende ou les lettres qui sont autour de la Medaille sont Samaritaines. Le Pere Kirker en raporte quelques-unes dans son Oedipe Egyptien qu'il dit étre en caracteres Assyriens, & il faut remarquer que toutes celles qui sont en lettres Hebraïques sont toutes de coin moderne ou moulées. Il y a quelque fois d'un côté un Palmier qui est le symbole de la Palestine (comme on le voit dans celles de Vespasien & de Tite où il y a JUDEA CAPTA, & de l'autre côté des Gerbes; d'autres ont une feüille de vigne

& un vaſe au revers ſemblable à une Urne ; d'autres une Gerbe & une coupe. Quelques-unes ont une fleur comme le *Lothos* d'Egypte & un portique de Temple ou de Sepulchre ; d'autres une grappe de raiſin & une lyre au revers, ou une feüille de vigne ou un Palmier, les plus anciennes un vaſe & la manne deſſus, comme quelques-uns l'ont dit, mais c'eſt plûtôt une Caſſolette fumante, & au revers un rameau, une autre à la racine de beaume, ou la verge d'Aaron ſelon d'autres. Vaſerus en a écrit avec aſſez de ſucceds. Hottinger & Corringius ont auſſi traitté des monnoyes Hebraïques un Certain Beyer de Fribourg en Miſnie a encor écrit *du ſiecle ſacré & Royal*, mais outre que ſon ſtile eſt miſerable, on ne ſçait ſouvent ce qu'il veut dire, ny quelles conſequences il veut tirer des citations qu'il fait de paſſages entrecoupez de mots Hebreux, Chaldeens, Syriaques & autres. Ainſi quoy que l'ouvrage ſoit petit on doit être ſeur de n'y rien aprendre & de ſe fatiguer beaucoup. Depuis quelques années un Allemand ſans doute en a fait un petit ouvrage intitulé *de varijs ſiclis & talentis Hebræorum* qu'un nommé Henry Gontier Thulem a fait imprimer à Er-

Des differens ſicles des Hebreux & de leurs Talens.

foid. C'est un excellent abregé de ce qu'on peut dire sur cette matiere, il y est traité même des poids & des mesures.

LES GRECQUES.

Les Greques sont ou frappées par les Republiques en general, & les Villes en particulier avec leurs noms & leurs symboles ordinaires, ou par les Roys avec leurs têtes à l'ordinaire, ou deguisez en Deitez.

Elles sont de tous metaux dont le Stater & la Dragme étoient les noms Generiques. Car je trouve qu'Apollonius dans Philostrate parle de Dragmes d'or & d'argent, & le Stater de l'un & l'autre metal est commun dans les Autheurs. Elles sont presque aussi de toutes grandeurs. Les plus grandes neanmoins ne passent guere la figure d'un écu, mais plus épaisses, & ce n'est qu'en bronze. Quelques-uns même croyent que celles là ne sont que des poids ou ce que nous apellons des pieds forts. Pollux cependant parle de certaines monnoyes de Cyrene qui pesoient ou qui valoient 50 Dragmes, 5 Dragmes, 4 Staters, ce qui est difficile à entendre & à en expliquer la grandeur ou la grosseur. Les autres sont comme une piece de 15 sous à peu prés plus ou moins, mais plus épaisses en bronze & en argent, & c'est la grandeur la plus commune. On en trouve aussi d'or une fois encor plus épaisses, comme je l'ay dit. On en voit encor des trois metaux de la grandeur qui est au dessous jusques à celle d'une lentille plus ou moins épaisses indeterminement.

Les Grecs ayant fait des Conquêtes ou étably des colonies presque par toute l'Europe dans une grande partie de l'Asie & de l'Affrique, c'est pour cela qu'on en trouve de tous ces lieux. De Marseille & des environs qui sont communes, d'Italie qu'on apelloit la grande Grece, de Sicile, de la Grece d'Europe, & de l'Asiatique, qui étoient les Provinces qui sont sur les bords du Pont Euxin, de la Mer Egée & de la Mediterranée, Des Isles comme Chypre, Crete, Rhodes, Malthe, & autres. Et apres les Conquêtes d'Alexandre le langage ayant été dans l'Egypte, dans une bonne partye de l'Affrique & jusques aux Indes méme, on trouve aussi de ces monnoyes de toutes les Villes en particulier de ces Provinces, & souvent des Princes qui les ont gouvernées; comme celles dont parle Arrian dans sa description de la Mer Rouge, qui marquoient qu'*Apolloda-*

tes & *Menandre* avoient regné vers les Indes aprés la mort d'Alexandre.

Des Couronnes Radiales.

Où vous trouverez le mot ΒΑΣΙΛΕΩΣ vous connoîtrez aiſément que cette Medaille eſt de quelque Roy. La tête eſt toûjours accompagnée d'un Diadême dont les cordons pendent ſouvẽt par derriere & quelquefois ils ne paroiſſent point. Le Diadême étoit un tiſſu large à peu prés de deux ou trois doigts dont les Roys ſe ceignoient la tête. Il ſe peut faire quelquefois qu'il n'y ait point de tête naturelle, ce qu'on diſcerne aſſez à l'air pour peu qu'on en ait vû, mais ſimplement celle de quelque autre ſymbole, ce qui eſt aiſé à reconnoître parce qu'il n'y a point de Diademe. Au reſte on ne s'y ſçauroit tromper, car il eſt toûjours bien caracteriſé dans les Medailles. On en trouve encor de Roys avec une couronne Radiale, ſur quoy perſonne n'a encor remarqué que cette Couronne ne ſe voit ſur la tête des Princes qu'apres que la baſſeſſe interreſſée des peuples leur avoit attribué les honneurs divins, ou pour en meriter des graces, ou pour les remercier des bienfaits qu'ils en avoient reçûs, ou enfin pour détourner en flattant leur ambition, les effets de leur colere & de leur cruauté, en quoy

Charles Pascal s'est fort trompé lors qu'il a pretendu indefiniment que la Couronne Radiale étoit celle de tous les anciens Roys. Les rayons en effet sont les marques de la Divinité, ce qui est méme trivial chez nous & qui a été pris des payens. Trebellius Pollio décrivant les dereglemens de Gallien, raporte que ce Prince ne paroissoit souvent en public que la tête environnée de rayons *radiatus sæpe processit.* Avec une Couronne Radiale, dit Monsieur Casaubon sur cet endroit, qui est particuliere aux Dieux *cum corona radiata quæ Numinum propria*, parce que sans doute il se faisoit rendre en cet état les honneurs divins. Rhodes representoit ainsi son Apollon, Trebizonde & Tenedos & plusieurs autres Villes les Dieux qu'elles adoroient, comme on peut le justifier par leurs monnoyes. Aussi voit-on dans beaucoup de Medailles de Syrie & d'Egypte, que les rayons qui forment une espece de Couronne sont comme naissans de la tête des Princes, & que dans les Syriennes principalement, ce n'est que depuis Antiochus surnommé Dieu, & à qui par consequent on avoit bâty des Temples & dressé des Autels que quelques Roys ont porté cette marque d'honneur qu'ils joignoient avec le Diadême. L'exemple de ce Prince servit de pretexte à quelques-uns de ses successeurs pour s'attribuer les mémes titres & recevoir les mémes honneurs de leurs sujets. Et de ces rayons on en a fait dans la suitte une Couronne que les Princes ont portée au lieu de Diadême, & qui n'a point eu d'autre Principe d'abord que l'interest des peuples timides & flateurs & entr'autres, comme le dit Polybe des Grecs, des Syriens & des autres Asiatiques qui élevoient des statuës, des Autels & faisoient des sacrifices en l'honneur de ceux de qui ils avoient reçû des graces. Et en effet Demeas dans Lucien voulant faire croire à Timon que le Peuple d'Athene vouloit luy rendre les honneurs supremes acause des bienfaits qu'il suposoit en avoir reçûs, ce flateur dit qu'on avoit ordonné de consacrer sa statuë avec un foudre dans la main droite, & des rayons sur la tête. Je pretens encor Monsieur pour ne rien laisser échaper à ma reflexion qu'il en a été de méme des Empereurs Romains. On ne les a representez la plusspart du tems dans les monnoyes Couronnées de rayons qu'en leur donnant le titre de Dieu. Dans le commencement aprés leur mort & leur Apotheose

liv. 5.

κεραυνὸν ἐν τῇ δεξιᾷ ἔχοντα, καὶ ἀκτῖνας ἐπὶ τῇ κεφαλῇ. *Luc. in Tim.*

potheose, & depuis de leur vivant méme, aprés qu'on leur avoit dedié des Temples & erigé des Autels, étably un culte particulier & ordonné des Sacrificateurs. Cela s'entend dans Rome, car dans les Provinces, il est certain qu'on a bâty des Temples à Jules Cesar d'ou vient constamment que parmy les honneurs extraordinaires qu'on luy rédit à Rome, on plaça ses statuës dans les Temples & dans les Theatres avec des couronnes de rayons, comme on le voit dans Florus. On en fit autant à Antoine, & aux autres avant leur mort, & méme à des Proconsuls, ce qu'on remarque dans Suetone; aussi voit-on Antoine couronné de Rayons dans beaucoup de ses medailles. Celles de Tibere au commencement de son Empire, le representent sans couronne, & Auguste au revers rayonné : celles méme de Caligule le representent aussi sans couronne, & Auguste au revers avec des étoilles & des rayons. Mais lors que dans la suitte ils se sont attribuez les honneurs divins, ou qu'on les leur avoit rendus, il est certain qu'on leur a frappé des monnoyes avec cette marque de distinction pour la dedicace des statuës ou des Temples qu'on leur érigeoit; en sorte que dans

Circa templa imagines, in Theatra distincta radiis corona. l. 4. c. 2.

les commencemens de l'Empire toutes ces medailles de du Choul de Golztius & de Patin DEO AUGUSTO. ΘΕΟΣ ΚΑΙΣΑΡ ΝΕΡΩΝ ΘΕΟΣ & les autres qui attribuent la divinité aux Empereurs, ou n'ont été frapées qu'aprés leur mort, ou n'ōt été batuës que dans les Provinces, aprez qu'on leur avoit erigé quelque Temple. Cela étoit si ordinaire qu'à Aug. méme qui étoit si modeste comme on le voit par Suetone (s'il est vray qu'il n'y ait point de faute en cet endroit) on sacrifioit publiquement, témoin ces vers de Virgile

—Quot annis
Bissenos cui nostra dies altaria fumant

—Et pour qui tous les ans
Chaque mois nos Autels fument de nôtre encens.

comme on adoroit la grandeur de ces Princes qu'on redoutoit leur pouvoir, que l'étenduë de leur domination les mettoit en état de faire beaucoup de graces. Les Peuples d'ailleurs ne se pouvant plus conserver par leur courage ils ont suivy pour se maintenir le party de la timidité, c'est à dire la flatterie & la soumission, & cette bassesse leur a ſuggeré de rendre aux Souverains tous ces honneurs extraordinaires. Quand ils en avoient reçûs des bien-faits, ils le faiſoient encor plûtôt ou pour ſe les conſerver ou pour s'en procurer de nouveaux. C'étoit ſouvent la freneſie des Empereurs qui les portoit à cela, & qui exigeoit d'eux ce culte ſacré, & cette marque d'adoration. On voit par conſequent que ce n'étoit point parce que la Majeſté de l'Empire étoit au deſſus de tous les Royaumes comme le veut Paſcal que les Princes Romains ont été repreſentez avec des rayons ſur leurs têtes, mais parce que l'intereſt aveugle des peuples les faiſoit deſſendre à leur égard dans une flatterie ſi outrée, ou que leur orgeüil ſi demeſuré leur faiſoit prendre ces marques d'élevation ou pour s'affranchir de toutes les Loix ou pour abuſer de leur pouvoir avec plus d'impunité; les exemples en ſont communs.

de Coronis. p. 606.

Ainſi Monſieur aprés l'erection des temples, on leur frapoit des monnoyes qui marquoient ce degré d'honneur qu'on leur avoit rendu, ſoit qu'ils l'euſſent acquis par les avantages que les Peuples retiroient de leur élevation à l'Empire, ou qu'on voulût les exciter

par là à les meriter par la sagesse & la Providence de leur gouvernement. Pline le jeune confirme merveilleusement la remarque que je fais sur les Couronnes Radiales. C'est dans le Panegyrique de Trajan, ou aprés avoir décrit la plûpart des belles actions de ce Prince, il admire en general sa bonté, sa douceur, sa liberalité, sa facilité à se communiquer; & pour comble de vertu, il donne ce témoignage de sa modestie. Si
« un autre, dit-il, avoit fait la moindre
« des choses que je viens de raporter, il
« y auroit lon-tems que sa tête seroit par
« tout environnée de Rayons, & ses sta-
« tuës d'or & d'ivoire placées au rang des
« Dieux, on n'auroit pas mãqué de luy e-
« riger des Autels avec plus de manificẽce
« & de l'invoquer par des sacrifices en luy
« immolant les plus cõsiderables de toutes
« les victimes avec les ceremonies les plus augustes. *Horum unum si præstitisset alius, illi jami dudum radiatum caput & media inter deos sedes auro staret & ebore, augustioribus que Aris, & grandipribus victimis invocaretur.* Mais pour vous, ajoû-
« te-t'il, vous n'entrez dans les lieux
« consacrez que pour y adorer, vous met-
« tez vôtre gloire à veiller à la conserva-
« tion des Temples en ne permettant
« pas qu'on place ailleurs vos statuës que

devant les portes, encor n'en voyons » nous qu'une ou deux sous le porche du » Téple de Jupiter qui ne sont méme que » d'airain. Sur quoy Catanæus qui a commenté ce Panegyrique s'est fort trompé en sous entendant Auguste sous le mot d'*Alius* comme s'il y avoit de l'obscurité dans le texte de l'autheur, & si le passage sans cette interpretation ne presentoit pas un sens naturel à l'esprit. Ce passage au reste tel qu'il est fait assez voir quel étoit l'usage des anciens dans la consecration de leurs Princes & de leurs statuës & ne donne pas peu de poids à ma conjecture. Je croy que ce que dit Mamertin dans son Panegyrique à Maximien peut aussi beaucoup l'appuyer. Cet éclat, dit-il, à ce Prince, » & cette lumiere dont le cercle envi- » ronne vôtre tête divine est l'ornement » & la recompense de vôtre merite. *Fulgur & illa lux divinum verticem claro orbe complectens vestrorum sunt ornamenta meritorum*, comme s'il vouloit dire que les Temples, les Autels & les Statuës rayonnées qu'on luy avoit dediées étoiēt la preuve des graces que les Peuples avoient receu de luy. Voicy neanmoins encor une preuve qui doit l'emporter ce me semble & lever tout le doute qu'on pouroit former contre mon sentie ment. Je la tire de trois vers admirables, & precis du septiéme livre de Lucain.

Bella pares superis facient civilia Divos,
Fulminibus Manes, radiisque ornabit & Astris,
Inque Deum Templis jurabit Roma per umbras.

Monsieur de Brebeuf les a paraphrasez par ces six, ausquels j'en ay joint un & demy pour exprimer ce qu'il a negligé de mettre, & ce qui est dans l'original qui fait à mon sujet

Mais la Terre à la fin se vangera des Cieux,
Les civils attentats leur vont donner des Dieux;
On verra les Romains & laches & profanes,
Adorer leurs Tyrans & jurer par leurs Manes;
La licence & l'orgueil faire des Immortels,
Et les crimes heureux meriter des Autels.
Le Peuple de ces Dieux ornera les Images
De foudres, de rayons, & d'astres.

par où l'on peut remarquer que le Poëte dit qu'une guerre civille fera des Princes qu'on adorera & que l'on ornera de rayős comme les autres Dieux. De là vient que les Empereurs étant devenus Chrêtiens, on n'a osé leur rendre de semblables honneurs : ce qui fait que leurs monnoyes n'en portent point les caracteres, c'est-à-dire des courones radiales, si ce n'est Constantin & quelques-uns de ses fils avant leur conversion. Ces Medailles là, s'il s'en trouve, doivent étre tres-rares, & elles ont sans doute été frappées dans des lieux ou le Paganisme n'étoit pas encor aboly, & avant la constitution qu'il fit de ne point donner à ses statuës les ornemens des Dieux de la fable, ny de les placer dans les Temples.

Quoy que la Chronique Alexandine raporte que ce Prince aprés sa conversion plaça dans Constantinople sa statuë couronnée de rayons, sur cette celebre colonne de Porphyre qu'il y avoit fait venir de Rome, je ne changeray pas pour cela de sentiment. Il est aisé de faire voir au contraire que l'Autheur de cette Chronologie n'a copié qu'imparfaitement l'endroit de l'histoire, d'où il a

καὶ ὑπεράνω τοῦ αὐτοῦ κίονος ἔστησεν ἑαυτοῦ ἀνδριάντα μέγαν ἔχοντα ἐν τῇ κεφαλῇ αὐτοῦ ἀκτῖνας. p. 664.

tiré cette circonstance. Et en effet la constitution que fit Constātin & qu'Eusebe qui vivoit de son tems raporte, est un grand prejugé pour moy. Il est constant outre cela que cette statuë n'avoit point été faite pour ce Prince, puis qu'elle passoit pour être un ouvrage de Phidias, comme le dit Pancirolle dans sa description de Constantinople. On voit enfin dans Zonare que c'étoit une admirable statuë ancienne d'Apollon à qui l'Empereur donna son nom, aprés y avoir mis quelques-uns de ces clous qui attacherent Nôtre-Seigneur à la Croix. Ce dernier Autheur n'en parle pas en l'air, & sur le raport d'autruy, comme a fait sans doute l'autheur de la chronique, car il dit qu'elle subsistoit encor de son tems toute entiere. Avant que de finir ce que je soutiens des couronnes radiales, je ne sçaurois m'empêcher de donner une medaille que je viens de trouver parmy celles de Monsieur Dron. Elle est d'Athene, & je la crois une des plus singulieres que j'aye veu dans ce genre. Elle vient aussi merveilleusement pour illustrer le passage que j'ay raporté du *Timon* de Lucien.

la figure du revers qui est assise est Thesée sans doute, il est couronné de rayons parce qu'il avoit été deifié par les Atheniens qui luy avoient bâty un Temple dans leur ville, & qui luy faisoient des Sacrifices tous les huitiémes de chaque mois. On peut voir encor dans la planche de Medailles que je donneray en suitte, que la sixiéme represente Antiochus surnommé Dieu & qui est le premier des Roys de Syrie que je trouve couronné de rayons.

Les Roys d'Armenie avoient une coëffure comme celle de nos Evêques hors qu'elle étoit quelquefois quarrée ou crenelée par le haut. Ceux des Parthes, des Perses & des Osroëniens ont une Thiare à peu prés comme nos Papes, quelques-uns comme Midas, ont un bonnet phrygien semblable à ceux des Polonnois. On trouve encor d'autres Roys & d'autres Reynes qui ont une dépoüillé de Lion comme Hercule, ou d'Elephant avec ses dents & sa proboscide. Il y en a aussi qui ont des Casques, des cornes de Belier, de Chevre, ou de Taureau.

Nous avons aujourd'huy dans nos cabinets, des Roys de tout païs & de beaucoup de grans hommes. En voicy la liste, tant de celles, ou que je possede ou que j'ay vûës dans les Cabinets des curieux ou qui sont connuës dans les livres : afin que lors que vous passerez dans les lieux où ils ont regné vous vous en souveniez, & que vous ne perdiez pas l'occasion de les recouvrer. Les Païsans les trouvent en labourant la terre, ils negligent celles de cuivre mais celles d'or & d'argent ils les portent aux Orfévres ou pareils ouvriers des Villes prochaines.. Je joindray à ces Roys les noms des Villes qui les ont representez, de leurs Fondateurs, des Heros, ou des grans hommes. Il faut remarquer sur tout que les noms propres dans les medailles Grecques sont la plûpart du tems au Genitif parce qu'on y sousentendoit toûjours celuy d'*Image*, de *portrait*, ou de *monnoye*, comme ΒΑΣΙΛΕΩΣ ΑΛΕΞΑΝΔΡΟΥ veut dire, c'est l'*image, le portrait, ou la monnoye du Roy Alexandre*. Et ainsi du reste. C'est pourquoy, je mettray les noms Grecs de cette maniere, pour vous donner plus du facilité dans les commencemens que vous n'y étes pas encor accoûtumé.

ANTIGONUS &
ΒΑΣΙΛΕΩΣ ΑΝΤΙΓΟΝΟΥ.
DEMETRIUS *Poliorcétes*, *Preneur de Villes.*
ΒΑΣΙΛΕΩΣ ΔΗΜΗΤΡΙΟΥ.
se mettent pour des Roys d'ASIE.

AMASTRIE ville.

HOMERE, *Poëte.*
ΟΜΗΡΟΣ.

D'*ARABIE.*

MANNUS.
ΒΑΣΙΛΕΥC ΜΑΝΝΟΣ.
ARETAS.
ΑΡΕΤΑΣ ΒΑCΙΛΕΥC.

D'*ARMENIE.*

TYGRANES.
Β. ΤΙΓΡΑΝΟΥ.

Ce B, veut dire ΒΑΣΙ-ΛΕΩΣ *qu'on ne repeta pas toûjours parce que cela*

ATHENE, ville.

CYNEGIRUS.
ΚΥΝΕΓΕΙΡΟΣ ΑΛΚΙΜΟΣ.

seroit importun.

DE *BITHYNIE.*

PRUSIAS, *il y en a plusieurs de ce nom.*

B. ΠΡΟΥΣΙΟΥ.

NICOMEDES.

B. ΕΠΙΦΑΝΟΥΣ ΝΙΚΟΜΗΔΟΥ.

DU *BOSPHORE.*

ASSANDER.

B. ΑΣΣΑΝΔΡΟΥ.

PHARNACES

B. ΦΑΡΝΑΚΟΥ.

SAUROMATES, *il y en a plusieurs de ce nom.*

B. ΣΑΥΡΟΜΑΤΟΥ.

BYSANCE, *ville.*

BYZAS. *Heros & Roy.*

ΒΥΖΑΣ.

DE *CAPPADOCE.*

ARIARATHES, EUSEBES. *il y en a plusieurs de ce nom, au nombre de 3 ou 4.*

B ΑΡΙΑΡΑΘΟΥ ΕΥΣΕΒΟΥΣ

ARIOBARZANES PHILOROMÆUS

B. ΑΡΙΟΒΑΡΖΑΝΟΥ. ΦΙΛΟΡΩΜΑΙΟΥ.

ARCHELAUS.

B. ΑΡΧΕΛΑΟΥ.

DE *CARIE.*

MENANDER.

B. ΜΕΝΑΝΔΡΟΥ.

PEXODARUS.

ΠΙΞΟΔΑΡΟΥ.

MAUSOLLUS.

ΜΑΥΣΣΩΛΛΟΥ.

IDRIEUS.

ΙΔΡΙΕΩΣ.

ININTHIMEVUS.

B. ΙΝΙΝΘΙΜΗΥΟΥ.

DE CARTHAGE, ville.

AMILCAR. *ful. Urs.*
HANNIBAL. *id.*

CATANEA, ville.

CARONDAS.

DE CHYPRE.

EVAGORAS.
ΕΥΑΓΟΡΑΣ.

COLOPHONE, Ville.

PYTHÆUS, *Poëte.*

DE COMMAGENE

ANTIOCHUS
B. ΑΝΤΙΟΧΟΥ
IOTAPE, *Reine.*
ΒΑΣΙΛΙΣΣΑ ΙΟΤΑΠΗ ΦΙΛΑΔΕΛΦΟΥ.

COS, *Ville.*

Il y en a qui comme Canini mettent un Roy de l'Isle de Cos nommé

EURYPILUS.
ΕΥΡΥΠΙΛΟC

DE *CRETE*

GORTUN ΓΟΡΤΥΝΙΩΝ
MINOS ΚΝΟCCΩΝ.

CROTONE, *Ville.*

MILON *Ful. Urs.*

DE *CUME*, *Ville.*

CUMA, *Amazone.*
ΚΥΜΗ.

DE *CYRENE.*

BATTUS
PTOLEMÉE. *Appien.*
Β. ΠΤΟΛΟΜΑΙΟΥ.

CYRRETUM, *Ville.*

CYRUS

DE *CYZIQUE*, *Ville.*

CYZICUS
ΚΥΖΙΚΟC

DOCIMOS, *Ville.*

DOCIMUS

D'EDESSE.

ABGARUS.

B. ΑΒΓΑΡΟΣ.

il y en a plusieurs de ce nom : On en trouve au revers, des Antonins, de Septime Severe & de ses enfans, de Gordien &c.

D'EGYPTE.

PTOLEME'E SOTER *& sa femme.*

B. ΠΤΟΛΕΜΑΙΟΥ, ΣΩΤΗΡΟΣ.

PT. PHILADELPHE. *& sa femme.*

B. ΠΤΟΛΕΜΑΙΟΥ.

PT. EVERGETES.

B. ΠΤΟΛ.

PT. PHILOPATOR.

B. ΠΤΟΛ.

PT. EPIPHANES.

B. ΠΤΟΛ.

PT. PHILOMETOR.

B. ΠΤΟΛ. ΦΙΛΟΜΗΤΟΡΟΣ.

PT. EVERGETES PHISCON. *&*

B. ΠΤΟΛ.

CLEOPATRE *sa femme.*

B. ΚΛΕΟΠΑΤΡΑΣ.

PT. LATHURUS,

B. ΠΤΟΛ.

PT. ALEXANDER.

B. ΑΛΕΞΑΝΔΡΟΥ.

LATHURUS 2.

B. ΠΤΟΛ.

PT. ALEXANDER 2.

B. ΠΤΟΛ. ΑΛΕΞ.

PT. ALEXANDER 3.

B. ΠΤΟΛ. ΑΛΕΞ.

PT. AULETHES NOTHUS.

B. PTOΛ.

PT. DIONYSIUS. *son fils aîné pr.*

B. ΠΤΟΛ. ΔΙΟΝΥΣΙΟΥ. *mary de*

CLEOPATRE *Reyne.*

B. ΠΤΟΛ.

ΒΑΣΙΣΣΗΣ ΚΛΕΟΠΑΤΡΑΣ.

CESARION *son fils en pierre gravée.*

BERENICE &

B. ΒΕΡΟΝΙΚΗΣ

ARSINOE *ont été Reynes d Egypte.*

B. ΑΡΣΙΝΟΗΣ

& *se trouvent.*

D'*EPIRE.*

PHILISTIS *femme* D'EACIDAS.

B. ΦΙΛΙΣΤΙΔΟC.

& PHTHIA.

ΦΘΙΛΣ.

PYRRHUS.

B. ΠΥΡΡΟΥ.

ALEXANDRE.

ΑΛΕΞΑΝΔΡΟΥ ΤΟΥ ΝΕΟΠΤΟΛΕΜΟΥ.

DES *ETOLIENS.*

DIOMEDES.

D'*HERACLEE*

D'HERACLE'E, Ville.

HERCULES.

D'ILLIUM.

HECTOR.

DE JUDE'E.

AGRIPPA *l'ancien.*
ΑΓΡΙΠΠΑ.
HERODES.
R. ΗΡΩΔΗΣ ΦΙΛΟΚΛΑΥΔΙΟΣ
AGRIPPA *le jeune.*
ΑΓΡΙΠΠΑ.

DE LACEDEMONE.

LYCURGUS. *Span.*
ΛΥΚΥΡΓΟΣ.
AGESILAUS.
R. ΑΓΕΣΙΛΑΟΥ.
POLYDORUS.
R. ΠΟΛΥΔΟΡΟΥ.

LAODICE'E, Ville.

DRACUS.

LOCRES, Ville.

ZALEUCUS.
ΖΑΛΕΥΚΟΣ.

DE MACEDOINE.

ARCHELAUS.
ΑΡΧΕΛΑΟΥ.
AMYNTAS.
ΑΜΥΝΤΟΥ.
PHILIPPE.
ΦΙΛΙΠΠΟΥ.
ALEXANDRE.
ΑΛΕΞΑΝΔΡΟΥ.
PTOLOMÉE ALORITES.
B. ΠΤΟΛΕΜΑΙΟΥ.
PT. CERAUNUS. ΠΤΟΛ. ΚΕΡ.
PERDICCAS.
B. ΠΕΡΔΙΚΚΟΥ.
AMYNTAS.
B. ΑΜΥΝΤΟΥ.
PHILIPPE.
B. ΦΙΛΙΠΠΟΥ.
ALEXANDRE
B. ΑΛΕΞΑΝΔΡΟΥ.
CASSANDER.
B. ΚΑΣΣΑΝΔΡΟΥ.
ANTIPATER ET ALEXANDRE
B. ΑΝΤΙΠΑΤΡΟΥ.
MELEAGER.
B. ΜΕΛΕΑΓΡΟΥ.
SOSTENES.
B. ΣΟΣΤΕΝΟΥ.
ANTIGONUS GONATAS
B. ΑΝΤΙΓΟΝΟΥ.
DEMETRIUS 2.
B. ΔΗΜΗΤΡΙΟΥ.

ANTIGONUS TUTOR.
B. ΑΝΤΙΓΟΝΟΥ.
PHILIPPE.
B. ΦΙΛΙΠΠΟΥ.
PERSÉE.
B. ΠΕΡΣΕΩΣ.

DE *MAGNESIE*, *Ville*.

CICERON.
ΜΑΡ. ΤΥΛΛ. ΚΙΚΕΡΩΝ.
MAGNESIA. *Amazone*.
ΜΑΓΝΗΣΙΑ. *M. Petit*.

DE *MAURETANIE*.

JUBA *Pere*.
JUBA *fils*.
CLEOPATRE *femme du fils*.
PTOLEMÉE.

DE *MEGARE*.

EUCLIDES.

DE *METAPONT*.

METABUS, *selon que le represente Bellory avec un Diadême sur son Casque*.

DE *MYRINE*.

MYRINA *Amazone*.
ΜΥΡΙΝΑ.

DE *MYTILENE Ville*.

SAPPHO *ful. Vrs.*
PITTACUS.
ALCÉE.

NISME Ville.

NEMAUSUS.

DE *NUMIDIE.*

JUGURTHA.
BOCCHUS.

D'*ORIENT.*

ZENOBIA.
CΕΠΤΙΜΙΑ. ΖΗΝΟΒΙΑ CΕΒ.
VABALLATHUS.
ΑΥΤ. ΕΡΜΙΑC ΟΥΑΒΑΛΛΑΘΟC ΑΘΗΝΟΥ.

DES *PALMYRENIENS.*

ODENAT ET HERODIANUS.
ΑΥΤ. Κ. ΟΔΗΝΑΘΟC. Α. Κ. ΗΡΩΔΙΑΝΟC.
ZENOBIE.
ΖΗΝΟΒΙΑ. CΕΒ.
TIMOLAUS.
ΑΥΤ. Κ. ΤΙΜΟΛΑΟC.
VABALLATHUS.
ΑΥΤ. Κ. ΟΥΑΒΑΛΛΑΘΟC.

DE *PAPHLAGONIE.*

PYLEMENES.
Β. ΠΥΛΑΙΜΕΝΟΥ. ΕΥΕΡΓΕΤΟΥ.

DE *PERSE* ET DES *PARTHES*.

CYRUS.

DARIUS.

ARTAXERXES, *il y en a eu plusieurs de ce nom.*

ARSACES EPIPHANES.

B. ΑΡΣΑΚΟΥ. ΕΠΙΦΑΝΟΥΣ.

ARSACES EVERGETES.

B. ΑΡΣ. ΕΥΕΡΓΕΤΟΥ. *Il y en a plusieurs de ce nom qui prennent ces titres dans leurs monnoyes*, ΒΑΣΙΛΕΩΣ. ΒΑΣΙΛΕΩΝ ΕΠΙΦΑΝΟΥΣ. ΦΙΛΕΛΛΗΝΟΣ. ΔΙΚΑΙΟΥ. ΕΥΕΡΓΕΤΟΥ ΑΡΣΑΚΟΥ. *& presque tous ces Roys prennent toutes ces qualitez. D'où vient que Constantin pour s'en moquer, fit Hanibalianus son neveu, Gouverneur des Provinces autour du Pont Euxin voisines de la Perse, & lui donna le titre de Roy des Roys.*

VOLOGESES.

B. ΒΟΛΑΓΑΣΟΥ.

ORODES.

B. ΟΡΩΔΟΥ.

PACORUS.

B. ΠΑΚΟΡΟΥ.

& quelques autres dont je ne me souviens pas.

TYRIDATES.

ΤΥΡΙΔΑΤΟΥ.

DE *PATRAS.*

PATRÆUS.

DE *PERGAME.*

PERGAMUS *Heros.*
ΠΕΡΓΑΜΟΣ ΚΤΙΣΤΗΣ.
EURIPILUS.
PHILETAIRUS.
B. ΦΙΛΕΤΕΡΟΥ.
EUMENES. ΕΥΜΕΝΟΥ.
ATTALUS, *il y en a plusieurs de ce*
ΑΤΤΑΛΟΥ.
nom dont Strabon parle.

DE *PHRIGIE.*

MIDAS.
ΜΙΔΑΣ ΒΑΣΙΛΕΥΣ. *Spon.*

POMPEIOPOLIS Ville.

ARATUS *Poëte.*
PHILEMON *Comique.*
CHRYSIPPUS. *Philosophe.*

DE *PONT.*

PYTHODORIS *Reine.*
B. ΠΥΘΟΔΟΡΙΣ.
MITRADATES EVERGETES.
B. ΜΙΘΡΑΔΑΤΟΥ. ΕΥΕΡΓΕΤΟΥ.
MITRADATES EUPATOR, *il y*
B. ΜΙΘΡΑΔΑΤΟΥ ΕΥΠΑΤΟΡΟΣ.

en a eu plusieurs de ce nom.

NICOMEDES *de même.*

B. ΝΙΚΟΜΗΔΟΥ.

POLEMO *sous Neron.*

B. ΠΟΛΕΜΩΝΟϹ.

& un autre encor.

SAMOS Isle.

PYTHAGORE.

SARDIS Ville.

TMOLUS.

DE *SICILE.*

GELON.

B. ΓΕΛΩΝΟΣ ΣΥΡ.

HIERON.

B. ΙΕΡΩΝΟΣ.

DENIS. 1er.

B. ΔΙΟΝΥΣΙΟΥ.

HIERON 2.

B. ΙΕΡΩΝΟΣ.

ACATHOCLES.

B. ΑΓΑΘΟΚΛΕΟΣ.

HIERONYMUS.

B. ΙΕΡΩΝΥΜΟΥ.

DENIS 2.

B. ΔΙΟΝΥΣΙΟΥ.

FINTIAS.

B. ΦΙΝΤΙΑ.

SMIRNE *Ville.*

SMYRNA *Amazone.*
ΣΜΥΡΝΑ.
SOZANDER.
ΣΟΖΑΝΔΡΟΥ.
STRATONICE *femme d'Antiochus*
ΣΤΡΑΤΟΝΙΚΗ. *Soter.*

SICIONE.

ARATUS.

SIRACUSE *Ville.*

ARCHIMEDES.

DE SYRIE.

SELEUCUS NICATOR.
B. ΣΕΛΕΥΚΟΥ. ΝΙΚ.
ANTIOCHUS SOTER.
B. ΑΝΤΙΟΧΟΥ.
ANTIOCHUS DIEU.
B. ΑΝΤΙΟΧ.
SELEUCUS CALLINICUS.
B. ΣΕΛΕΥΚΟΥ. ΚΑΛΛΙΝΙΚΟΥ.
SELEUCUS CERAUNUS.
B. ΣΕΛ.
ANTIOOHUS LE GRAND.
B. ΑΝΤ. ΜΕΓΑΛΟΥ.
SEL. PHILOPATOR.
B. ΣΕΛ. ΦΙΛΟΠΑΤΟΡΟΣ.
ACHÆUS.

B. ANT.

B. ΑΧΑΙΟΥ.

Ant. Epiphanes.

B. ANT. ΘΕΟΥ ΕΠΙΦΑΝΟΥΣ.

Ant. Eupator.

B. ANT. ΕΥΠΑΤΟΡΟΣ.

Demetrius Soter.

B. ΔΗΜΗΤΡΙΟΥ ΣΩΤΗΡΟΣ.

Clopatre *sa femme.*

Alexander Theopator. *Bala.*

B. ΑΛΕΞΑΝΔΡΟΥ. ΘΕΟΠΑΤΟΡΟΣ. ΕΥΕΡΓΕΤΟΥ.

Demetrius Nicator.

B. ΔΗΜΗΤ. ΝΙΚΑΤΟΡΟΣ.

Ant. Nicephorus.

B. ANT. ΘΕΟΥ. ΕΠΙΦ. ΝΙΚΗΦΟΡΟΥ.

Triphon.

B. ΤΡΥΦΩΝΟΣ ΑΥΤΟΚΡΑΤΟΡΟΣ.

Antiochus *Demetrii frat.* Sidetes.

B. ΑΝΤΙΟΧΟΥ. ΕΥΕΡΓΕΤΟΥ.

Alex. *Zebinna.*

B. ΑΛΕΞ.

Seleucus. V.

Antiochus. *Griphus.*

B. ANT. ΕΠΙΦΑΝΟΥΣ.

Sel. *Griphi fil.*

B. ΣΕΛ. ΕΠΙΦΑ. ΝΙΚΑΤΟΡΟΣ.

Antiochus *Cyzicenus.*

B. ΑΝΤΙΟΧΟΥ ΦΙΛΟΠΑΤΟΡΟΣ.

Philippus.

B. ΦΙΛΙΠΠΟΥ ΕΠ. ΦΙΛΑΔ.

Antiochus. *Dydimus.*

B. ANT. ΕΠΙΦ. ΦΙΛΑΔΕΛΦΟΥ.

ANTIOCHUS. PIUS.

B. ANT. ΕΥΣΕΒΟΥΣ.. ΦΙΛΟΠΑΤ.

DEMETRIUS PHILOMETOR.

B. ΔΗΜ. ΦΙΛ. ΕΥΕΡ. ΚΑΛΛΙΝ.

ANT. DIONYSIUS.

B. ANT. ΕΠΙΦ. ΔΙΟΝΥΣΟΥ.

ANTIOCHUS. *Asiaticus*.

B. ΑΝΤΙΟΧΟΥ ΕΠΙΦΑΝΟΥΣ ΦΙΛΟ-
ΠΑΤΟΡΟΣ ΚΑΛΛΙΝΙΚΟΥ.

TYGRANES.

B. ΤΙΓΡΑΝΟΥ.

TARENTE Ville.

TARAS *Heros*.

ΤΑΡΑΣ.

ARCHYTAS *Philosophe*.

DE *THRACE*

SEUTHES.

ΣΕΥΘΟΥ.

LYSIMACHUS.

B. ΛΥΣΙΜΑΧΟΥ.

ARSINOE.

ΑΡΣΙΝΟΗΣ ΦΙΛΑΔΕΛΦΟΥ.

AMASTRIS.

ΑΜΑΣΤΡΙΟΣ ΒΑΣΙΛΙΣΣΗΣ.

COTYS.

B. ΚΟΤΥΟϹ.

RÆMETHALCES.

B. ΡΟΙΜΗΤΑΛΚΟΥ.

RESCYPORIS.

R. ΡΗϹΚΟΥΠΟΡΙΔΟϹ.

RODOPE *Reine.*

ΡΩΔΟΠΗ.

PYTHONICE *Reine.*

R. ΠΥΘΟΝΙΚΗ.

TEJOS *Isle.*

ANACREON.

TERMISSUS *Ville.*

SOLYMUS. *Span.*

DE *THESSALIE par la ville d'Aenus.*

OENEUS.

DE *THYATIRE.*

THYATIRA *Amazone. Mr. Petit.*

ΘΥΑΤΕΙΡΑ.

PHEDRA *Reine.*

JULIA PROCLA.

ΙΟΥ. ΠΡΟΚΛΑΝ ΗΡΩΙΔΑ.

XENOCRATES *Philosophe.*

NAUSICAA *Heroïne fille d'Alcinous.*

ΝΑΥΣΙΚΑΑΝ ΗΡΩΙΔΑ.

PLATON *au revers d'Auguste.*

BITOVIUS *Roi.*

R. ΒΙΤΟΥΙΟΣ.

TOMOS *Ville.*

TOMOS *Heros.*

Enfin Monſieur parmy les Greques vous ne ſçauriez manquer d'en découvrir une infinité d'autres, ſoit de divinitez, ſoit de Rois, ſoit de Heros, ou d'illuſtres; je ſerois trop long ſi je voulois raporter tout ce que l'on peut dire là deſſus. Je ſçay bien qu'on peut faire un catalogue plus exact & plus nombreux des têtes naturelles qui ſe trouvent ſur les medailles de Roys principalement, mais il faut plus de tems, plus d'experience & plus de recherches que je n'en ay faites. Je ne deſeſpere pas neanmoins d'en venir à bout quelque jour, lors que j'auray le loiſir, & d'en faire un corps d'ouvrage qui ne ſera pas deſagreable aux curieux, en les joignant à la deſcription des miennes. En attendant Monſieur pour vous donner quelque idée de ces medailles, en voicy quelques-unes de mon Cabinet que j'ay fait deſſiner & de celles principalement qui ne ſont point ailleurs, & qui n'ont point été publiées. J'y en pourrois joindre un plus grand nombre comme vous le ſçavez, mais ce n'eſt pas icy le lieu, ny de les expliquer plus au long.

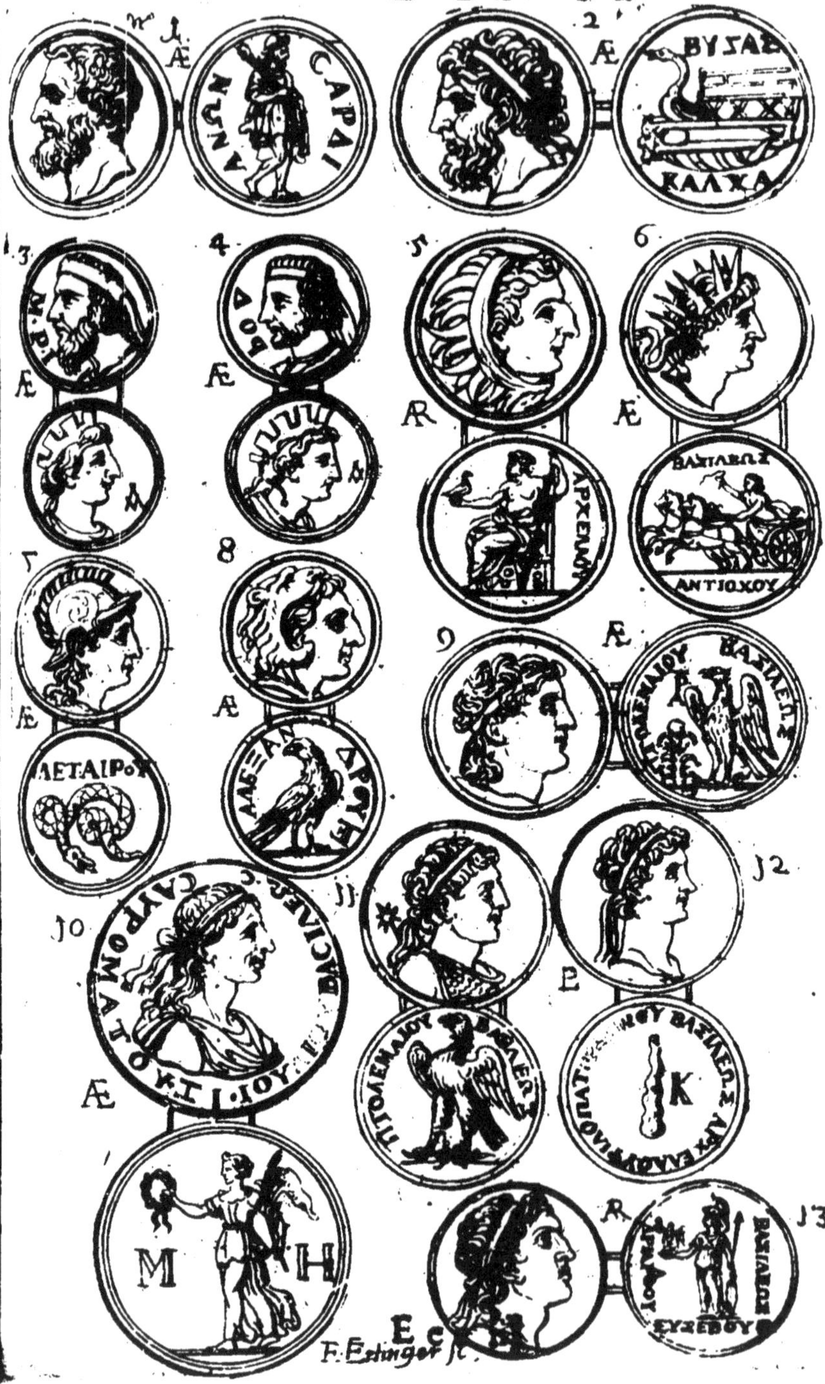
ΒΥΖΑΣ
ΚΑΛΧΑ
ΒΑΣΙΛΕΩΣ
ΑΝΤΙΟΧΟΥ
ΑΡΧΕΛΑΟΥ
ΦΙΛΕΤΑΙΡΟΥ
ΠΤΟΛΕΜΑΙΟΥ
ΕΥΣΕΒΟΥΣ
M H
K
F. Ertinger fe.

La premiere eſt une monnoye de Sardis qui repreſente ſans doute la tête du Heros TMOLUS fils de Mars & de Theogone.

La 2e. de Chalcedoine avec la tête de BYZAS, fondateur de Byzance.

La 3e. & la 4e. ſont deux Roys Parthes ou Perſes avec des lettres numerales.

La 5e. eſt un ARCHELAUS qui regnoit en Macedoine au tems de la guerre du Peloponeſe.

La 6e. eſt d'ANTIOCHUS ſurnommé DIEU, auſſi a-t'il la tête Couronnée de rayons.

La 7e. eſt de PHILETAIRUS premier Roy de Pergame aprés la mort d'Alexandre.

La 8e. eſt la tête de PTOLEME'E ALEXANDRE Roy d'Egypte.

La 9e eſt un PTOLEME'E Roy de Cyrene.

La 10e. un SAUROMATES Roy du Boſphore.

L'11e. eſt le ſecond frere & mary de Cleopatre.

La 12e eſt ARCHELAUS le jeune, Roy de Capadoce.

La 13e. eſt un ARIARATHES Roy du méme endroit.

Prenez les Greques tout autant que vous pourrez, de quelque metal & de quelque espece qu'elles soient, à moins que vous n'en trouvassiez un grand nombre de semblables, & en ce cas il suffiroit de choisir les plus nettes, & principalement celles qui ont quelques lettres numerales. Et lors que vous en verrez dans les Cabinets dessinez celles que vous ne pourez avoir soit de Rois, soit de villes.

On peut faire une suite de Rois de Syrie, de ceux d'Egypte, de Macedoine, & de Sicile. On trouve aussi de tous les autres Rois, comme vous l'avez pû voir par la liste que je vous en ay faite, qui prouve assez qu'on n'a pas encor tout deterré. Il faut Monsieur que vous soyez celuy qui le fassiez. J'ay les premieres suittes & des autres j'en ay un grand nombre. Monsieur Vaillant en a fait graver plusieurs des miennes dans son ouvrage, où il veut mettre toutes les têtes des Rois qui se peuvent trouver. Il ne songeoit point à les ramasser pour les donner au public, luy qui le peut faire si aisement par le nombre de toutes sortes de Medailles qui luy ont passé par les mains & la quantité de Cabinets qu'il a vûs, & je puis dire que je suis cause qu'il a consideré ce genre de medailles autrement qu'il ne faisoit auparavant, par l'ardeur que j'avois à les amasser.

Les Medailles où vous verrez le mot d'ΑΥΤΟΚΡΑΤΩΡ ΚΑΙϹΑΡ ou ces mémes mots abregez, comme ΑΥΤ. ΚΑΙϹ. se sont les monnoyes de quelques Empereurs que des Villes & des communautez ont frappées. Celles-cy ont aussi leur merite & elles sont curieuses [illegible]'autres pour la Geographie.

[illegible] distin-

Les Puniques.

La troisiéme espece que j'ay [illegible] guée sont les Puniques, je comprens dans ces Medailles toutes celles qui ont été frappées dans l'Espagne, dans la Sicile & dans une partie de l'Affrique sous les Carthaginois, devant, & depuis [illegible] en quelques endroits. J'y raporte aussi les Pheniciennes, puisque ceux de Carthage tiroient leur origine, leur langue & leurs caracteres de cette Province. j'y joins encor celles d'Egypte, d'Arabie, de la grande Asie, & d'une partie de la mineure, avant les conquêtes d'Alexandre qui ont bien precedé d'un siecle la fin de l'Empire de Carthage. Toutes ces Medailles n'ont point encor été expliquées jusqu'à cette heure; c'est pourquoy si on en faisoit un amas considerable, on pourroit peut-être dans les unes découvrir quelque chose, quelque figure, ou quelque caractere qui feroient expliquer les autres. J'ay peut-être une quarantaine de ces Medailles. Il y a un autheur qui a fait une dissertation sur la langue Punique. Mais je vous avouë que je ne me souviens point de son nom, tout ce que je vous puis dire icy de cette langue, c'est que la disposition ou l'ordre des caracteres est à peu prés sẽblable à celuy de la Samaritaine mais les lettres en sont plus menuës & plus affamées. Je ne sçay à propos de [illegible] un celebre Autheur a cela pourqu[illegible] Medaille qui a mis dans ce genre un[illegible] caracteres pour legende KARTAGO en ca[illegible] Romains.

On peut raporter à cette espece, les Medailles d'or & d'argent ou de Bronze qu'on apelle Dariques parce qu'elles avoient d'un côté la tête de Darius. On en void d'autres qui ont un Sagittaire, comme je le remarque par les miennes. Un Parthe ou un Perse y est presque à genoux qui tient un arc d'une main & une pique ou une fleche de l'autre, & au revers, une Galere qui vogue, & des nuages au dessus, comme vous le pouvez voir dans la medaille méme que voicy.

Vous sçavez à ce propos, ce que dit un Orateur celebre, un jour qu'il parloit devant le peuple. Il avoit chassé, soutenoit-il ingenieusement 30000 ennemis de sa patrie, parce qu'il avoit refusé 30000 Dariques. Le terme dont il se servoit vouloit dire des *Archers* par raport à la figure de cette monnoye. Aussi l'apelloit-on souvent de ce nom, en voicy encor une de mon Cabinet que je mets icy par occasion, elle ne vous déplaira pas sans doute, car je la crois une des plus rares Medailles de ce genre.

Le Prince qui a donné le nom de Darique à ces Medailles fit mourir Ariandes ſon Lieutenant en Egypte, pour avoir fait battre de la monnoye à ſon effigie ſans ſa permiſſion. Tant les ſouverains étoient déja jaloux de ce privilege qui ne leur apartenoit qu'à eux ſeuls. Auſſi étoit-ce une marque d'affranchiſſement lors que des Princes l'accordoient à quelques-uns de leurs tributaires, comme on le voit dans les Machabées. Un Antiochus voulant rendre Jeruſalem & la Paleſtine libre, permet à Simon Machabée qui étoit chef du païs, de frapper la monnoye en ſon nom & celuy de la Province.

Et permitto tibi facere percuſſuram proprii numismatis in regione tua. l. 1. c. 15.

CORRECTION DE PROCOPE.

A propos de cela Monſieur n'avez vous point fait la remarque auſſi bien que moy, ſur ce que Procope au livre 2e de ſon hiſtoire Gothique à dit des Rois de Perſe. Croyez vous que des Princes qui ſe faiſoient adorer par leurs voiſins auſſi bien que par leurs ſujets, & qui croyoient faire grace aux Ambaſſadeurs Romains, de les exemter ſeulement d'adorer leurs Statuës, lors qu'ils entroient dans leurs Etats, comme on le voit dans la vie d'Apolonius? Croyez vous dis-je que ces ſouverains euſſent tant de reſpect pour l'Empire Romain au tems de Juſtinien, qu'ils n'oſaſſent faire fraper de la monnoye d'or avec leur effigie, & qu'ils laiſſaſſent ce privilege ſingulier au ſeul Empereur de Conſtantinople, & aux Rois de France. C'eſt tout ce que pourroient faire des Tributaires foibles & denuez de ſecours. Au reſte je ne ſcache pas que les Rois de Perſe l'ayent jamais été des Romains. Ils ſe ſeroient rendus bien criminels de Leze-Majeſté ſous Juſtinien, puis qu'ils entrerent quatre ou cinq fois dans l'Empire; prirent des Villes, ſubjuguerent des Provinces, qu'ils obligerent l'Empereur à demander la paix & à leur payer même un tribut annuel. C'eſt ce qu'on voit dans le même Autheur & dans un autre apellé *Iohannes Epiphaniensis*, qui dit que ce tribut étoit de 500 livres d'or, comme le remarque *Alemannus*. Juſtinien ſe deffioit fort ſans doute de leurs égards & de leur defference pour luy, puiſque pour faire venir des ſoyes dans ſes états, il fut obligé d'envoyer une Ambaſſade en Ethiopie dit Suidas ſur le terme de Σηεικη. Il paroit bien par là que les Rois de Perſe étoient des Princes ſouverains & independants, qui avoient le pouvoir dans leur Empire de faire ce qu'il leur plaiſoit, & qui n'aprehendoient pas de choquer les Empereurs Romains, puis qu'ils leurs enlevoient des Villes, des Provinces & qu'ils en exigeoient des

Σηειση

tributs. Il y a bien plus d'aparence que l'endroit de Procope est corrompu. Au lieu de Περσῶν, il y avoit un nom de quelqu'autre peuple barbare & tributaire, gouverné par quelqu'un de ces Roys, dont parle Ammian Marcellin au livre 23e de son histoire. *De petits Rois Sarazins*, dit-il, *étant venus trouver l'Empereur, se mirent à genoux en posture de supliants, & ayant offert une Couronne d'or à Iulien, ils l'adorerent comme le Maître du monde & le Souverain de leurs nations*. Ce qui me fait juger ainsi de cet endroit, c'est que Zonare qui attribuë au seul Empereur Romain ce même privilege de battre de la monnoye d'or à son image, & qui dit que cela est deffendu aux autres Princes ne parle que de Princes qui sont tributaires, voicy ses paroles. Avant que de décrire une guerre que Justinien predecesseur de Leontius fit aux Sarrazins, il en explique les motifs. *Le sujet de la guerre* dit-il *fut que la Monnoye dont on devoit paier le tribut n'étoit point frapée au coin des Romains, mais qu'elle avoit une nouvelle impression Arabe, car il n'étoit pas permis*, ajoûte-t'il, *de graver une autre image sur la monnoye d'or que celle de l'Empereur Romain*, par où l'on voit que ce dernier Autheur ne compare l'Em-

Saracenorum Reguli genibus supplices nixi oblatâ auri coronâ tãquam mundi nationumque suarum dominum adoraverunt Iulianum.

αἰτίαν εἰληφὼς ὅτι σταλὲν τὸ τοῦ ἐτησίου φόρου χάραγμα οὐ Ῥωμαϊκὸν εἶχε σφράγισμα, ἀλλὰ νέον Ἀραβικὸν οὐδὲ γὰρ ἐξῆν ἐν χρυσῷ νομίσματι χαρακτῆρα ἐντυπῶσθαι ἢ τὸν τοῦ βασιλέως Ῥωμαίων.

pereur Romain touchant cette prerogative qu'avec ses sujets ou ses tributaires, ces Roys qui adorant comme on dit la Majesté de l'Empire pour en être protegez contre leurs ennemis, se reduisoient sous la dependance des Empereurs à de certaines conditions ; ils descendoient méme quelquefois à cette bassesse que de prendre les prenoms de ceux qui regnoient, comme on le peut voir dans ces deux medaillles tres rares que j'ay d'un Abgarus Roy d'Edesse au revers de Septime Severe.

ce qui donne ce me semble, beaucoup de poids à ma conjecture. Mais ce qui me determine davantage, c'est que du tems que l'Empire Romain étoit au plus haut point de gloire & de puissance dans le monde, nous ne voyons point que les Historiens attribuënt un semblable privilége aux Empereurs, à l'exclusion des Princes Souverains, & independans de l'Empire, comme le passage de Procope l'insinuë de la maniere qu'il est. Je trouve au contraire, qu'Apollonius parlant de la monnoye des Indiens, comme tres-méchante & tres-peu precieuse en comparaison de celle des Romains & des Perses, il loüe celle des derniers également, & indistinctement comme étant frappée par des Souverains manifiques, sous qui ny les arts, ny l'industrie des hommes, n'épargnoient rien pour donner de l'éclat à leur grandeur, pour étendre leur gloire, & pour eternifer leur memoire. *Si vous me voyez refuser de ces monnoyes*, dit-il, *O Damis ! voudriez-vous me persuader qu'elles sont semblables à celles que les Romains & les Roys des Medes font frapper.* Par ou Apollonius a voulu marquer que ces deux peuples étant les plus puissans de la terre, c'étoit aussi chez eux qu'on fabriquoit les plus belles & les plus precieuses monnoyes sur toutes sortes de metaux indistinctement, & qu'il ne pouvoit pas

ἆρ' ἂν ὦ Δάμι, παραιτούμενόν με ὁρῶν ἐνθέτεις πὼ κ' ἐδίδασκες, ὅτι χρήματα μὲν ἐκεῖνά ἐστιν, ἃ Ῥωμαῖοι χαράττουσιν, καὶ ὁ

Μήδων βασιλεὺς. [illegible]

en oppoſer d'autres plus à propos à celles des Indes.

Enfin Monſieur, pour dire quelque choſe de plus precis que ce que j'ay déja avancé, je croy qu'au lieu de καίτοι νόμισμα ἐθὼ ἀργυροῦν ὁ Περσῶν βασιλεὺς ᾗ βούλοιτο, ποιεῖν εἴωθε de nos livres imprimez. Il y avoit dans l'original καίτοι νόμισμα ἐθὼ ἀργυροῦν ὁ Γοτθῶν βασιλεὺς &c. & que les Copiſtes ont aſſeurement pris ΠΕΡϹΩΝ pour ΓΟΤΘΩΝ. Premierement par la conformité qu'il y a entre le Γ, & le, Π, figuré de cette maniere Γ, que les trois lettres qui ſuivent O. T. & Θ ne ſont point ſi éloignées de figures avec Ɛ, Ρ, ϲ, dans les Manuſcrits, principalement du moyen âge dont les caracteres ſont le plus ſouvent courbez & eſtropiez, ſur leſquels ſans doute nos impreſſions ont été faites. & qu'enfin il y a une méme quantité de lettres dans le nom de ces deux peuples. Au reſte il eſt aiſé de voir par la ſuitte du diſcours, que Procope parlant des conquêtes que les Gots avoient faites dans les Provinces occidentalles de l'Empire aprés une digreſſion au ſujet des François, qui s'étoient emparez des Gaules, par la facilité que les Gots leur en avoient donnée, il dit que les Roys des Allemans, c'eſt à dire des François, font

font frapper de la monnoye d'or à leur effigie,& non pas avec l'image de l'Empereur, comme les autres Princes. (ce qui se doit entendre ainsi de ceux qui possedoient des terres de l'Empire) or ajoute t'il, quoy que le Roy des Gots ait le pouvoir de faire frapper de la monnoye d'argent, il n'a pas le droit cependant de graver son image sur celle d'or, non plus que les autres Roys barbares, quoy qu'ils ayent dans leurs états des mines de ce metal. On voit bien qu'il n'est parlé dans ce passage que des Gots qui commandant à plus de Provinces que les François, & principalement de celles qui étoient du Domaine de l'Empire, n'avoient pas neanmoins le méme Privilege que ces derniers s'étoient attribuez : & je ne crois pas qu'il puisse venir en pensée que Procope en cet endroit, par le terme des *Roys barbares*, ait entendu comprendre ceux qui ne relevoient point de l'Empire, & qui possedoient par droit de succession & de conquête des Etats considerables que les Romains n'avoient jamais soumis ny méme parcourus. Ainsi Monsieur, ce qu'il semble que Procope a dit des Perses, ne sçauroit étre vray-semblable, d'autant plus méme que l'or paroît avoir été plus commun dans ces Etats que les autres metaux, puisque selon Pollux, quand on parloit de certaines monnoyes de ce Royaume, on devoit entendre toûjours que c'étoit des pieces d'or. *Si quelqu'un parle*, dit-il, *d'une Darique, il s'ensentend toûjours une piece d'or.* Il y a bien plus d'aparence que nôtre Historien a voulu parler des Gots que Bellissaire a vaincu plusieurs fois, & dont il avoit mené méme un de leurs Roys à Constantinople. L'Empereur sans doute a pû faire un traité avec eux, par lequel ils ne pourroient graver l'Image de leurs Princes sur la monnoye d'or. Car il est de fait que ces peuples avec leur Prince Vvitiges, s'étoient déja rendus à Bellissaire, lors que Procopepe parle de cette circonstance; & il paroit par le méme livre un peu auparavant, que l'Empereur étoit tout disposé à accorder à leurs Roys une partie des avantages de la Royauté avec les Provinces de l'Empire situées au delà du Pau. J'ay beaucoup de monnoyes d'argent de Justinien, au revers desquelles sont gravez les noms des Roys Gots, ce qui peut en quelque façon servir pour confirmer ma remarque, puis qu'il paroit que ces Princes ne mettoient presque pas méme leur ima-

εἰ δὲ καὶ δαρεικόν τις εἴπεν ὁ χρυσοῖς προσηκούετο.

Vvitiges.

ge ſur l'argent. Au reſte je n'en ay point veu d'or, & Monſieur Morel m'a aſſeuré qu'il n'y en a point, encor ne s'en trouve-t'il deſſus le cuivre que de Theodahatus & de Baduela, mais en argent, on n'en a point encor veu, ny en or. Cependant Olaus Magnus le dit, mais cela ne change rien à ma propoſition, puiſque des Tributaires qui ſe rebellent, & qui font des choſes contre la Foy des traitez, n'aquierent pas pour cela de titre, & qu'un Hiſtorien a toûjours lieu de dire qu'ils n'en ont pas le droit quoy qu'ils l'uſurpent & ſe l'attribuent. Voilà les raiſons qui m'ont fait croire que le paſſage de Procope étoit corrompu, & je vous avouë, Mr, que je les donne avec d'autant plus de confiance qu'elles n'ont pas été deſaprouvées de pluſieurs de mes amis, & qu'elles ont plû entr'autres, à l'illuſtre Monſieur Menage. On ne m'accuſera pas icy de prendre un garent mediocre, puiſque le merite & les lumieres de ce ſçavant homme, font tant d'honneur à la Republique des lettres, & contribuent depuis ſi long-tems à ſa gloire.

LES BARBARES.

Je vous ay dit Monſieur qu'on pouvoit faire une categorie des Medailles Barbares, & je croy que cela ne ſeroit pas mal à propos. Je comprens donc ſous ce genre de Medailles, toutes celles dont les Types ſont brutes, qui n'ont point d'inſcription, ou qui ne ſçauroient entrer dans l'Hiſtoire Grecque n'y Romaine, ou qui n'y peuvent entrer juſqu'apreſent, parce qu'elles ne ſont point connuës. La plûpart de celles des Gaules, de Bretagne, des Peuples d'Allemagne, de ces Medailles qu'Urſinus & les autres curieux mettent parmy la ſuite des Conſulaires ſous la famille Afrania, & dont les caracteres de la legende reſſemblent aſſez aux caracteres Hetruſques ſont de ce genre. Celle des Goths, des Huns, des Vandales, des Lombards & enfin des Sarrazins doivent y entrer. Boutroüe nous a donné quelque choſe des premieres. Nous aurons bien tôt un ouvrage ſur ce ſujet, & plus ſeur & plus exact, de Monſieur le Blanc, & je puis vous aſſeurer par avance qu'il n'y a rien de plus curieux & de plus recherché que ce que j'en a y déja vû. Cãbdenus a donné quelque choſe des ſecõdes : perſonne n'a travaillé ſur celles qui ſuivẽt, ou n'en a fait de recherche. On ſçait pourtãt que quelques unes de ces monnoyes avoient une teſte & un char au revers attelé de deux chevaux, il ſe trouve quelques unes des autres dans les livres d'antiquitez

& de Medailles. A l'égard des Sarrazines, personne n'en a encor jamais écrit. Les Reverends peres de la Chaise & du Moulinet en ont fait un amas & presque une suite considerable. Monsieur Morel en a donné quelques-unes dans son *Specimen universæ rei nummariæ*. J'ay vû beaucoup de toutes celles dont je viens de parler dans ses desseins qu'il a recueillis chez le Roy, aux Jesuïtes, chez Monsieur le Procureur General, & ailleurs dans ses voyages. Il y en a aussi quelques-unes de miennes qu'il a bien voulu mettre au rang de celles qu'il donnera dans son grand ouvrage. On en trouve de tous metaux, comme des autres qui sont souvent tres alterez. Olaus Magnus dit que de son tems on voyoit en Suede beaucoup de monnoyes d'or des Rois Gots, Theodoric, Alaric, Theodatus, Totila, Vitiges & Tejas, & que les grands Seigneurs du païs se plaisoient fort à les voir & à les amasser. *On trouve* dit-il *encor dans ce Royaume beaucoup de monnoyes d'or des anciens Rois Gots, comme de Theodoric, d'Alaric, de Theodatus, de Totila, de VVitiges & de Tejas. Les plus grands Seigneurs du païs se plaisent extremement à les voir, & à connoître par là le visage & les caracteres de ceux qui ont fondé cette*

Rursus veterum Gothorũ Regum Theodorici, Alaricĩ Theodati, Totilæ, vvitiges & Teiæ monetæ aureæ regno inferuntur. Maximè delectatur insigniores personæ, magnatum signa faciesque contemplantes.

Monarchie. J'ay veu chez nos curieux beaucoup de Medaillons d'argent de ce genre, un peu plus larges qu'une piece de 15 sous, & plus gros souvent qu'une de 30. Celles de cuivre sont communes, on n'en a point fait encor de suite, parce qu'on les a negligées jusqu'à present. Je pense neanmoins que ce que j'en dis, & les types que Monsieur Morel en donnera feront faire quelques reflexions aux antiquaires, & leur feront naître l'envie d'en avoir, ce qui ne peut aporter que de l'utilité aux lettres en general, & à l'histoire en particulier, par les découvertes qu'on y peut faire. Car les Grecs & les Romains n'ont pas eu seuls la sagesse en partage. En voicy deux que je mets icy, & pour la singularité ou du Type ou du caractere.

Ce n'est pas d'aujourd'huy que toutes les Medailles dont je viens de parler ont exercé la curiosité des hommes & qu'elles ont été mises au rang des bijoux pour en repaître non seulement ses yeux, mais son esprit, & l'amas qu'on en faisoit sans doûte, & le plaisir qu'on y prenoit n'étoient pas mediocres, puis que les Jurisconsultes ont crû qu'on en pouvoit leguer l'usufruit, comme je l'ay raporté. Quoy que les loix Romaines les ayent apellées des bijoux, je ne sçaurois m'imaginer qu'on les portât au cou ou ailleurs en guise de parure, comme le veut Monsieur Chiflet dans sa description du Tombeau de Childeric, en interpretant de cette maniere, la decision du Jurisconsulte Pomponius. Je ne sçay pas non plus où ce sçavant homme a pris cette vision qu'on ne sçauroit apuyer d'aucune authorité raisonnable. Pas un Autheur ancien ne parle de cet usage, & il y a bien de l'aparence que les Romains & les Grecs n'en faisoient pas non plus que nous un employ si ridicule & si éloigné de leur politesse.

LES ROMAINES

Il ne reste plus Mr qu'à vous parler des Romaines qui sont & plus communes, & plus connuës. Elles se divisent ordinairemēt en Cōsulaires & en Imperiales, & on en trouve de tous metaux & de toutes grandeurs, cela veut dire des Medaillons, de grand, moyen, & petit bronze, j'ay expliqué déja quelles étoient ces grandeurs.

On trouve parmy les Consulaires

quelques Rois de Rome avec le Diadême, & quelques Rois étrangers comme *Bocchus*, le dernier *Philippe* de Macedoine & *Jugurtha*. On y trouve plusieurs grands personnages, comme le premier & le second *Brutus*. *Metellus*, *Marcellus*, *Regulus*, *Sylla*, *Pompée*, son fils, ceux de la conjuration contre Cesar, *Labienus* &c. elles sont toutes d'argét pour la plûpart & c'est ce qu'on apelle le dernier Romain. On en trouve quelques-unes de Medaillons, & quelques-unes encor de Greques.

Fulvius Ursinus dans le dernier siecle, & Monsieur Patin dans celuy cy, nous les ont amassées & expliquées. A propos d'Autheurs Monsieur qui ont donné des ouvrages sur les Medailles, il n'est pas hors de sujet de vous dire qui sont ceux qui peuvent nous instruire beaucoup, non seulement pour cette curiosité, mais même pour les belles lettres. Scaliger qui n'aimoit pas asseurement les études vaines loüoit cependant Fulvius Ursinus, comme un Autheur où il aprenoit extremement. Antonius Augustinus Evêque de Tarracone est de ce genre, ses dialogues sont merveilleux, aussi ne cedoit-il pas en sçavoir à celuy que Scaliger estime tant. Goltzius & son commentateur Nonnius,

nius, Savot, & ce qu'a fait Monsieur de saint Amant sur les Empereurs sont de ceux dont on ne doit pas se passer. Ce dernier avoit travaillé sur les Grecques, il seroit fort à souhaiter qu'on eut communication de ses Manuscrits, ou que ceux de sa famille qui les possedent, les voulussent faire imprimer; cela étant du gout du tems, ne pourroit manquer d'être bien reçû. Tous les ouvrages de Monsieur Spon sont si remplis de melanges agreables d'antiquité, qu'ils sont d'un grand secours pour cette étude aussi bien que les differentes dissertations qu'a fait Monsieur Patin sur la méme matiere, enfin l'ouvrage que le sçavans & les curieux doivent le plus étudier, est celuy de l'illustre Monsieur de Spanheim, ses dissertations si sçavantes & si curieuses ont donné de la noblesse à l'étude des medailles. Tout y est nouveau, & pour l'ornement & pour l'erudition, & ses critiques si justes & si solides, font bien voir ce qu'il peut faire sur d'autres sujets : que ne doit-on pas esperer des nouvelles dissertations qu'il promet. Nous verrons dans quelques années un ouvrage que Monsieur Morel nous doit donner, qui comprendra les types de toutes sortes de medailles, comme il les deſſine merveilleuſement, & qu'il les ſçait expliquer de méme, il eſt impoſſible que ſon livre n'ait des avantages tres-conſiderables, & ne reponde à l'attente des curieux.

Je reviens Monſieur, aux imperiales qui ſont ou Latines ou Grecques, comme je l'ay déja dit ; elles ſe partagent encor en haut & bas Empire. Le haut Empire commence à Pompée & finit à Poſtume, & l'on apelle le bas Empire tout ce qui ſuit Poſtume juſqu'à Heraclius, ou les belles ſuittes finiſſent. Cependant on peut aller juſqu'aux derniers Empereurs Grecs que Bajazet déthrona tout-à-fait : Monſieur du Cange a fait graver celles du Roy dans ſon excellent ouvrage des familles Byſantines. Je croy auſſi les avoir preſque toutes, elles ne ſont guere belles ordinairement, mais neanmoins elles nous peuvent apprendre quelque choſe.

Les Medailles d'or comme elles ſont d'ordinaire d'un metal tres-pur, elles ſont auſſi les plus conſervées, parce que la roüille ne les gate point comme les autres. Le poids de ces medailles eſt fort different, principalement vers le bas Empire. Elles ne ſont pas à la bienſeance de tous les curieux, parce qu'elles tiennent lieu de beaucoup, & qu'il y en a dont les têtes n'étant pas beaucoup rares dans les autres metaux, coutent neanmoins trois ou quatre fois davantage que les plus cheres d'argent & de bronze. Il n'y a rien de si beau & de si riche que celles du Roy, depuis principalement qu'elles sont augmentées de ce qu'il y en avoit de plus singulieres & de plus conservées dans la plûpart des Cabinets de l'Europe.

Le bronze du haut Empire, est incomparablement meilleur que celuy du bas, à l'égard des autres metaux, l'inspection seule en decide. Neanmoins les Romaines d'argent sont assez bonnes jusqu'à Alexandre, Severe quoi qu'il s'en trouve quelquefois de mêlées, comme sous Caracalle, mais depuis cét Empereur jusqu'à Diocletien, le metal est miserable, & depuis Diocletian jusqu'à Heraclius, elles sont toutes d'argent fin.

Les monnoyes jusqu'à Pertinax sont d'excellens maîtres mais cela decline toûjours depuis cét Empereur.

On a frappé des medailles sous les Empereurs en l'honneur des grans hommes, ou de leur tems ou aprés, comme de Pythagore d'Apulée, d'Apollonius Tyaneus &c. qui sont toutes

Contorniates pour la plûpart.

DES MEDAILLES DE PLOMB.

J'ay dit ailleurs que les Medailles de plomb n'ont eu cours sans doute que pendant les Saturnalles ; cela s'entend des Romaines, car pour les Greques & celles des autres Provinces, je n'ay encor rien trouvé qui puisse m'instruire seulement qu'il y en ait eu, si ce n'est la premiere medaille de Seguin, & ce que j'ay raporté de Scaliger, qui dit que le κιβδηλον est un terme Syriaque qui signifie une monnoye de plomb, d'où l'on peut conjecturer en quelque façon, que les peuples d'Orient en ont fabriqué, mais sans en sçavoir l'usage. J'en fais donc un genre que je distingue des autres. Je les accompagneray aussi de quelques-unes de cuivre qui sont du méme sujet, & qui ont été frappées selon mon sens à méme dessein. Les types que j'y trouve imprimez dans la plûpart qui ont du rapport avec ce qui se passoit dans les Seturnales ou à leur institution, m'en ont suggeré l'idée. Et en effet, qui ne sçait que les esclaves étoient les Maistres dans ces tems.là ; que tout leur étoit presque permis indifferemment comme aux autres. Que ces miserables voulant, ou faire des liberalitez, ou joüer comme c'étoit l'usage, ne le pouvoient faire commodement qu'avec les metaux les plus vils, tels qu'étoient le plomb ou le cuivre. Cette raison, & l'institution des Saturnales qui ramenoit les hommes à la premiere liberté de la vie & de l'innocence, & qui rendoit les valets égaux avec les maîtres, faisoit sans doute que tout le monde se servoit indifferemment de la plus vile monnoye dans ce tems-là. Comme celle-cy des miennes. Elle est de cuivre, & semble n'avoir été que moulée comme beaucoup d'autres.

La figure du Pourceau qui y est méme des deux côtez, me paroit fort convenir à ces Fêtes qui étoient une image de paix, ce qui fait qu'on sacrifioit cét animal dans ces tems-là pour se les rendre favorables, le *quadrans* outre cela qui est marqué sur cette monnoye, me fait conjecturer que c'étoit le poids de la monnoye des Saturnales des premiers tems, comme celle-cy, & la valeur de celles des siecles suivans. Cela revient aussi à ce que dit Farnabe des *quadrans* de plomb que je crois n'avoir pû être en usage chez les Romains que pendant les Saturnales. Je trouve entr'autre dans Lucien, qu'une des Loix qu'il raporte de ces festes, deffend de se servir de la monnoye ordinaire. *Au reste*, dit cette Loy, *on ne joura point aux noix, mais aux dez, & celuy qui mettra à ce jeu de l'argent ou de la monnoye ordinaire sera condanné à jeûner jusqu'au lendemain* Par où l'on voit que les metaux precieux étoient en quelque façon bannis du commerce de ces festes, puisque Lucien qui en fait une description si ingenieuse sous le nom de Saturne & d'un de ses Prêtres, n'auroit pas dit cela si sçavoit été un usage contraire. Les esclaves en faisoient aparemment les honneurs, puisque les maîtres étoient obligez de les y servir. On sçait encor que c'étoit l'usage de la feste d'élire des Roys parmy eux, d'où vient peut-être qu'ils faisoient frapper de ces monnoyes dont je parle, sous le bon plaisir neanmoins des Magistrats, dans lesquelles

ὐθὲ παῖ σι πετ-τευέτωσαν ὐθὲ χρυσίων. ἤν τις ἐπὶ ἀργυρίῳ πεττεύσῃ παῖσαν-τος, εἰς τὴν ὑστεραίαν ἴσω. p. 902.

ſouvent ou ils mettoient leurs noms, leurs Dieux, leurs Patrons, leurs fonctions ordinaires, les jeux qu'on representoit dans ces tems-là, ou les bouffoneries particulieres, qu'on avoit la liberté d'y exercer. Cela peut ce me ſemble ſervir à expliquer toutes ſes medailles de cuivre & de plomb qui ont, ou des types groteſques, ou des figures qui n'ont point de relation, ny avec l'hiſtoire commune ny avec l'uſage de la monnoye ordinaire; ou ces medailles ſans tête d'Empereurs qui n'ont point d'inſcription, & dont les Types ſont inconnus, je puis apporter pour exemple quelques-unes de celles qe j'ay. En voicy une grande comme un denier, qui a pour legende autour SATURNIALIA MA, & au milieu quelque oiſeau levé ſur les 2 pieds.

Cét oiſeau pourroit bien être une Huppe, ce qui me le fait conjecturer, c'eſt que j'ay veu ce me ſemble dans Ælian que cét oiseau étoit aussi un symbole de pieté envers les Dieux, & envers les parens, or il n'y a rien en cela que de conforme à l'institution des Saturnales. C'est aussi pour cela, dit Pignorius dans sa table d'Isis que le Septre d'Osiris est orné de la tête de cét oiseau: & il y a bien de l'apparence que la Huppe étoit consacrée à cette divinité. Or Saturne étant la méme chose que Serapis & Osiris, selon Varron, qui le dit en propre terme dans ce bau passage que j'ay raporté, je ne crois pas m'éloigner beaucoup de la vraysemblance, lors que je prens l'oiseau de cette medaille pour une Huppe que les Romains y auroient representée au tems des Saturnales comme un symbole agreable au Dieu dont ils celebroient la fête, & comme un oiseau qui luy étoit dedié. Au revers de cette medaille, il y a un autre oiseau paissant que je prens pour la corneille. Ce que les anciens en ont dit me fait croire qu'elle étoit peut-être consacrée à Saturne, on l'apelloit *avis annosa*, comme Isidore le raporte, *la Corneille*, dit-il, *oiseau qui vit long-tems, est ainsi apellé chez les Romains du nom grec.* D'où vient ce proverbe *cornicibus vivacior* que Martial exprime agreablement dans l'E-

Cornix annosa avis apud Latinos græco nomine appellatur.

pitaphe d'une vieille.

Et survivant encor à toutes les Corneilles. Iam cornicibus omnibus superstes.

Mais, Monsieur, je ne sçaurois mieux appuyer ma conjecture, que par cette figure de Saturne que Pignorius nous a donnée dans sa table d'Isis, ou cet oiseau se voit avec la Huppe.

L'Inscription de ma Medaille ne justifie pas mal ce que j'avance, & apporte quelque lumiere à celle de Seguin dont j'ay déja parlé, & qui aparemment est de méme fabrique que celle-cy. A l'égard de cette sillabe MA, je l'interprete MAGNA, comme étant quelque formule usitée dans les acclamations, de méme qu'on disoit *Saturnalia bona*, ce qu'on voit dans Martial par ce vers,

l. 14.

> Iste tibi faciet BONA SATURNALIA porcus.
>
> *Ce pourceau vous procurera de bonnes Saturnales.*

& ce qu'Arrian sur Epictete confirme lors que nous nous rencontrons *dit-il* au bruit & à l'éclat qu'on fait quand on s'écrie AUJOURD'HUY LES AGREABLES SATURNALES, est ce que nous répondons aux petits enfans qui font ces acclamations, ces festes ne sont point divertissantes. Soit que ce soit l'acclamation du jour auquel ces Fêtes avoient été anciennement instituées & particulierement celebrées. Enfin l'on y pourroit aussi lire MAJORUM, & non pas MAGNA. Vous en voyez Monsieur trop aisement la raison sans qu'il soit besoin de l'expliquer

τοῖς γὰρ παιδίοις, ὅταν προσελθόντα κροτῇ καὶ λέγῃ Σήμερον Σατουρνάλια ἀγαθὰ, λέγομεν, οὐκ ἔστιν ἀγαθὰ ταῦτα.

davantage. J'ay encor une autre Medaille de méme grandeur & de méme metal, mais dont le dessein me paroit extrémement correct.

Elle a d'un côté un homme qui presente une Pique à un Once ou à un Lion, & de l'autre deux Gladiateurs ou deux hommes qui s'exercent à quelques-uns des autres combats ou des autres jeux. Les deux premieres Medailles de plomb de la deuziéme édition de Seguin sont du méme genre, sans doute. L'une represente un Jupiter en Serapis, avec ces mots au revers, ΦΥΛΑΞ. Ɛ. que j'interprete ainsi *Custos* ou *Protector diei quinti Saturnaliorum* ou bien *Protector quintus*, ce qui n'est pas si fort hors de saison, puis qu'anciennement les Saturnales commençant le quatorziéme, le diziéme des Calendes de Janvier, dedié à Jupiter faisoit le cinquiéme jour des Saturnales,

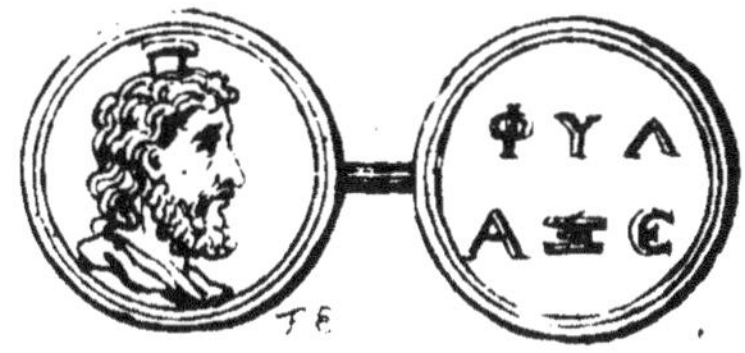

il y a dans l'autre une Fortune & ce terme SENTIAM, selon Monsieur Seguin, mais je ne crois pas qu'on doive joindre les lettres de la legende pour les expliquer de cette maniere, & le FELICITER du revers m'en fait douter fortement. Enfin les conjectures que j'ay proposées sur les autres, peuvent ce me semble aider de plus habiles que moy à deterrer le sens de cette derniere legende,

celle de la page vingt-uniéme de la méme edition, qui represente d'un côté le Dieu Sylvain avec son nom & de l'autre un Autel, & cette inscription HERMEROTIS est indubitablement de ce genre.

Monſieur Seguin témoigne douter ſi cet Hermeros eſt le nom du Dieu à qui l'Autel eſt dedié, ou de celuy qui l'a érigé. Pour moy je ne doute point que ce ne ſoit le dernier, & de celuy méme qui ayant été Roy des Saturnales avoit fait fraper la Medaille dans ce temps-là, en memoire ſans doute d'un Autel qu'il avoit dedié à quelque Dieu ou Deeſſe, Patrons de ſon état, comme qui diroit à Feronia. Les eſclaves invoquoient aparemment cette Deeſſe, parce que c'étoit dans ſon Temple qu'ils recevoient les marques d'affranchiſſement & de liberté, ſelon Servius ſur le VIIIe. de l'Eneide. *Feronia* dit-il, *eſt la Deeſſe des affranchis, parce que c'étoit dans ſon Temple qu'ayant la tête raſe ils recevoient le bonnet, ſigne de la liberté.* De là vient peut-être encor qu'Auguſte ayant retiré des ſignes militaires des mains des ennemis rendit graces à la Deeſſe *Feronia*, comme ayant été affranchy d'un joug & d'une hôte in-

Feronia, dea libertorum, in ejus templo liberti raſo capite accipiebãt pileum quod erat ſignum libertatis.

suportable à l'Empire. C'est ce qu'on remarque dans les Medailles de la famille *Petronia*, ou le buste de cette Déesse est gravé. Je crois de plus cét Hermeros plus ancien que celuy dont nôtre illustre antiquaire rapporte une inscription. car en voicy une autre qui confirme ma conjecture du tems, & qui justifie l'interpretatiõ que j'ay dõnée à la medaille.

HERMEROS.
TI CLAUDII CÆSARIS AUG.
GERMANICI SER.
THEAMIDIANUS AB MARMORIBUS.
MAGISTER.
FERONIAE ARAS QUINQUE
D. S. D. D.

Ainsi je ne fais point de doute que cet Hermeros esclave de l'Empereur Claune soit celuy de qui la Medaille porte le nom, & qui y a fait graver un Autel en memoire des 5 qu'il avoit erigez à la Deesse Feronia.

Je ne sçay de méme (puis que je suis entrain de parler des Saturnales) si on ne pourroit point raporter encor à ces solanitez quelques-unes de ces Medailles de Bronze, dont les Types sont bizarres & inconnus, témoin cette petite cy qui est assez cõmune, mais que personne n'a expliquée.

Je croirois donc que la tête de femme voilée qu'on y voit seroit l'*Acca Laurentia* en l'honneur de qui le peuple Romain avoit institué des Fêtes qui se celebroient pendant les Saturnales, & qui en firent partie dans la suite, comles autres solanitez. Au reste les Autheurs tiennent qu'il y a eu deux Laurentia, l'une Nourrice de Romulus, & l'autre celebre Courtisanne, qui avoit institué le Peuple Romain son heritier, & qui étoit disparuë au tombeau de la premiere. C'est aussi ce qui a fait dire a quelques-un qu'on avoit confondu les honneurs que l'on rendoit à l'une & à l'autre, & peut-être que cette figure à deux têtes, que je remarque dans les premieres monnoyes Romaines & dás quelques Consulaires, est la representation de ces 2 femmes.

Ces Fêtes dont je viens de parler s'appelloient *Laurentales* ou *Laurentinales*, comme on le voit par ces vers d'Ovide.

-Lors que des Laurèntales
Un jour je chanterai l'agreable recit,
Je publirai la gloire, & l'honneur qu'on vous fit,
De consacrer pour vous dans le mois de Decembre,
Des jours faits pour la joye.

Vester honos veniet cũ Laurétalia dicam ; Acceptus Geniis illa December habet. Fast.

A propos de quoy, je crois qu'on ne sçauroit mieux expliquer le revers d'une Medaille de Neron, que Monsieur Tristan d'écrit à la page 218, qu'en le raportant aux jeux qu'on celebroit dans ces solanitez. L'Empereur sans doute avoit fait la dépense, ou les avoit honorées de quelques-unes de ses nouveautez ; en effet l'Hydraulique qu'on y voit representé, & cette legende LAURENTIN. AUG. confirment merveilleusement ma conjecture, & m'ont toûjours empêché de tomber dans le sens de Monsieur Tristan. Il pretend que la legende LAURENTIN. AUG. est le nom ou de l'instrument ou de la Ville dans laquelle l'un & l'autre ont peut-être été fabriquez. Il est plus probable neanmoins qu'il y faut lire LAURENTI-

J'avois oubliẽ de remarquer qu'a la figure de la pag. 640 il y a comme une F derriere la tête d'homme. Riẽ ne convient mieux à l'opiniõ que j'ay sur cette Monnoye. Faustulus étoit mary d'une des 2 Laurentia : & sans tirer la chose par les cheveux, il y a de l'apparence qu'on a voulu exprimer ce nõ par là.

NALIA. AUG. que LAURENTUM. AUG. en quoy il n'y a pas d'inconvenient puis que le Prince en ayant fait les frais, le Peuple pouvoit bien luy en faire honneur, de méme que Stace dans le premier livre des Sylves fait proclamer aux Romains LES SATURNALES DU PRINCE.

Tollunt innumeras ad astra voces. SATURNALIA PRINCIPIS sonantes.

On entend dans les airs mille voix retentir
Les SATURNALES du Prince, les SATURNALES.

Ce qui apuye encor l'interpretation que j'ay donnée de IOBI, SATURNALIA IO. à une Medaille de Monsieur Seguin, & fait voir que le Peuple joignoit quelquefois le nom de quelque Dieu ou de quelque Prince à l'acclamation ordinaire qu'il faisoit dans les Saturnales.

Pour revenir à nos Medailles, j'en ay encor quelques-unes où il y a d'un côté une Galere & de l'autre un grand T.

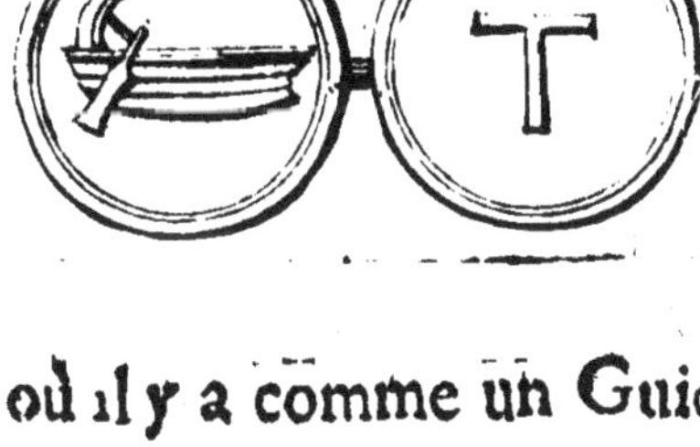

d'autres où il y a comme un Guidon &

un Soldat armé au revers,

d'autres ce que les Saliens mettoiẽt sur leurs têtes ou si vous voulez *un bõnet*, cõme l'apelle Mr Rainssãt dãs sa belle dissertatiõ des Jeux Seculaires, & au revers une Caducée avec le Senatusconsulte.

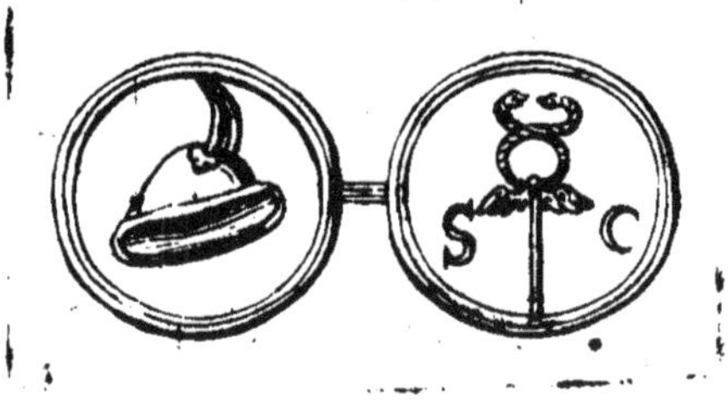

Ce dernier Symbole pourroit peut-être faire de la difficulté à l'égard des Medailles où il se trouve, cependant je les donnerois toûjours aux Saturnales, amoins qu'on les pût expliquer en quelque façon, comme je ferois entr'autres les deux dernieres que je viens de rapporter, & dont une authorité de Varon citée par Aulugele developeroit peut-être l'enigme par hazard. Ce dernier raporte ce qu'on disoit des Romains qu'ils avoient envoyé à Carthage une Pique & un Cadacée pour leur donner le choix de la Paix ou de la guerre. Il soûtient sur le témoignage de Varon, que ce n'étoit point ny une Pique veritable ny un Caducée; mais deux Tesseres ou ces figures étoient gravées. *M. Varro autem*, dit-il *non hastam ipsam neque ipsum Caduceum missa sed duas Tesserulas in quarum altera Caduceum in altera simulacra hasta fuerunt incisa.* J'ay dit ailleurs pourquoy cela se faisoit ainsi, car j'ay bien de la peine à croire que l'Ambassadeur Romain eût en ce tems là une autre instruction ny une autre lettre de creance pour faire entendre aux Carthaginois le sujet de sa mission.

Mais pour en revenir au Senatusconsulte, cela ne doit point embarasser lors qu'on en trouve le Symbole sur les Medailles dont je parle. Qui empéche de croire premierement que le Senat n'ait eu quelque part aux exercices & à la Police de cette Fête. neanmoins si la Medaille dans le reste n'a point de raport avec l'Histoire ou les rubriques des Monetaires. Si les Types comme je l'ay dit en sont grotesques & bisarres, il faut interpreter ces deux lettres S. C. ou *Saturni consulto* ou

Saturni concilio ou *Saturnalium consulto*, ce qui n'est pas absolument impossible à croire puisque les Saturnales donnoient la liberté de faire toutes choses quelques ridicules qu'elles fussent, sans que pour cela on crût offenser son âge, son sexe, sa dignité, ou sortir des bornes de sa condition.

C'est aussi de cette maniere que je croirois qu'on pourroit interpreter la Medaille de *Sors* ainsi apellée par Mr Seguin, où l'on voit du côté de la tête un C & une S, car en la raportant aux Saturnales, on y pourroit lire, *Comi Saturnalia* ou *Consulto Saturni* ou *Consuetudine Saturnaliorum* ou *Convivio Soluto* en le joignant avec cette legende du revers *qui ludit arram det quod satis sit*, qui est au milieu de quatre osselets.

En efet il est constát que les anciens faisoient peu de festins qui ne finissent par le jeu, comme entr'autre cette expressió de Plaute, ce jeu de mots lemarque.

Accuratote ut sine talis ... domi agitent convivium.

ayez soin au reste qu'ils n'ayēt pas la liberté chez moy de faire des festins, cela veut *chassez les de chez moi*. En se servant d'un quolibet de populace qui equivoque sur les Talons & les Osselets, parce que *Tali* au pluriel dit la méme chose. Saturne ordonne dans Lucien qu'on joüe particulierement à ce jeu & Macrobe disant que les Saturnales ne se commençoient anciennement que le XIIII des Kalendes de Jāvier ajoûte *auquel jour seulement à la fin du repas qui se faisoit dans le Temple de Saturne on faisoit ce cry ou cette exclamation LES SATURNALES.* Ainsi cette Medaille seroit un Symbole de ces Fêtes, & pour le festin de quelque quartier, & pour le jeu qu'on y devoit tenir, car on avoit des marques qui s'apeloient ainsi dans ce tems-là.

Quo solo die apud eadem Saturni convivio soluto SATURNALIA clamitabant.

—Symbolum
Dedit, cænavit.

Il a donné son Symbole, & à soupé, dit un Acteur dans l'Andrienne, & en effet Prætextatus dans Macrobe témoignant à ses amis qu'il les avoit assemblez pour passer les Saturnales en gens ſages, dit que s'ils vouloient, ils employerent ces jours-là en diſcours ſavans, & qu'ils n'admettroient que ceux qu'ils auroient choiſis, & qui auroient pour ainſi dire un Symbole comme les autres dans leurs plaiſirs ordinaires de cette ſaiſon, *diem totum doctis fabulis, velut ex Symbolo conferendis daturi.*

Voila beaucoup de choſes ce me ſemble, qui peuvent ſervir à expliquer la medaille de Mr Seguin, cependant je n'en étois pas encor ſatisfait entierement. Je ne pouvois deviner qui étoit cette tête de femme; mais comme j'en parlois à un de mes amis dont les ſçavans reverent le merite & la ſuffiſance, il n'héſita point & me dit ſur le champ qu'il falloit que ce fut la tête d'une fameuſe de Rome qui tenoit Academie de jeu & de bonne chere chez elle, que c'étoit enfin *Copa Syriſca*, ſa conjecture ingenieuſe me toucha d'abord, & en effet, Virgile avoit fait ſur cette femme, l'agreable epigramme qu'on trouve parmy ſes ouvrages, dont les 4 premiers vers & les deux derniers, peuvent ſervir conſtamment à l'explication de la Medaille.

Copa Syriſca Caput Graja redimita mitella | *COPA Syriſca coëffée à la*

Crispum sub crotalo docta movere latus
Ebria famosa saltat lasciva taberna
Ad Cubitum raucos excutiens calamos.

Pene Merum & Talos : pereat qui crastina curat,
Mors autem vellens, vivite (ait) venio.

*Greque est habile á remuer ses hanches au mouvement de la Crotale. Lors qu'elle a bien beu, on la voit dâser, dans sa maison qu'elle a renduë fameuse, des danses lascives au son de sa flute enflée avec le coude * * * * * * tirez du vin, aprétez des osselets : que celui qui pense au lendemain perisse ; en effet la mort nous dône cet avertissement, venez, dit-elle, car je vous suis.*

Ainsi cette femme manifique & riche comme l'étoient dans Rome celles de sa profession, pouvoit bien avoir fait graver sa tête sur le symbole qu'elle donnoit à ceux qui alloient chez elle avec les deux premieres lettres de son nom C. S. *Copa Syrisca.* Quoy qu'il en soit, si ce n'est par un symbole des Saturnales, la rencontre en est plus heureuse à mon sens que les autres interpretations qu'on pourroit y donner; car je remarque que cette Medaille revient fort à la description de Virgile, & en effet la tête a les cheveux renoüez avec cette espece d'ornement ou couronne apellée *Mitra* par les anciens. Cette Mitre étoit une bande tissüe de laine, de soye ou d'autre precieuse matiere, comme on le voit dans Apulée *mitella que textili*, elle étoit plus grande ou plus petite selon l'usage du pays; & il y a de l'aparence que les

Grecques

Grecques la portoient plus generalement de la derniere façon, ce que le Poëte insinuë *Graja redimita mitella*, aussi voyons-nous dans nos medailles que les Romaines pour la plûpart ôt cette espece d'ornement plus grand, & qu'il couvre davantage leurs têtes. Je trouve encor pour apuyer ma conjecture que les servantes portoient à Rome cét ornement de tête, & par consequent les femmes qui n'étoient souvent pas estimées plus que des esclaves, telle qu'étoit nôtre *Copa* qui l'avoit été même de Mecenas. En effet Ciceron reprochant à Clodius sa profanation des mysteres de la bonne Deesse, explique de quelle maniere il se cacha sous les habits & les manieres d'une servante & d'une femme de la populace. *P. Clodius à Crocotà à Mitra à muliebribus soleis purpureisque fasciolis à Srophio, à Psalterio, à Flagitio, à Stupro, est factus repente popularis*, & ce passage ne vient pas mal ce me semble pour éclaircir les difficultez qu'on pourroit former contre mon sentiment. Il est constant, au reste pour montrer que Virgile explique la medaille de Seguin, & que les cheveux de la femme de la maniere qu'ils sont retroussez reviennent merveilleusement au *Caput Grajâ redimita mitellâ*

à ce que dit un Commentateur

du premier vers, c'est qu'ils paroissent renoüez dans une espece de couronne, à quoy la *Mitelle* ressembloit; & la *Mitelle* en étoit une effectivement ce qu'on peut voir par l'expression de *Redimire*, dont la plûpart des anciens se servent, témoin Ovide dans l'Epitre de Dejanire.

Ausus & hirsutos Mitrâ redimire Capillos.

Enfin le *Pone merum & Talos* du penultiéme vers, & ces osselets qui sont dans le revers de la Medaille ne contribuent pas mal à confirmer la conjecture que je viens d'expliquer. Ces Tesseres d'ivoire avec des lettres numerales qui furent deterrées dans Rome en 1606, & que Pignorius raporte dans son traité *de Servis* sont encor de ce genre aparemment; ce qui peut faire conjecturer qu'on en faisoit de toutes matieres hors les metaux precieux. Je conjecturerois ainsi volontiers que ces Medailles au revers desquelles on trouve des lettres numerales en grand volume, comme celles d'Auguste dans Goltzius p. 69. & celle de Cajus & Lucius dans les *Cenotaphia Pisana* du Pere de Noris seroient du méme genre de toutes celles dont je viens de parler. Car de croire que ces caracteres marquent la puissance tribunice, comme ce sçavant Italien semble le vouloir insinuer, je n'en puis demeurer d'accord ; aussi ne l'assure t'il pas affirmativement.

Et en effet, celles de *Caius* & de *Lucius*, qu'il donne, renversent cette opinion aussi bien que toutes les autres qu'on trouve de ceux méme qui n'ont point été Empereurs, comme quelques unes de ces quatre que Mr Dron m'a cõmuniquées fort honêtement & que je vous donne icy parce qu'elles sont tres-belles & tres singulieres. La premiere est de Tibere. La seconde & la troisiéme de Drusus son fils, & de sa femme selon mon sens : & la quatriéme

me paroit ètre ou de Germanicus ou plus vray-semblablement de Caligule. Ce sont au reste, ces medailles si celebres de l'Empereur Tibere, qui m'ont fait douter du sentiment qu'a le P. de Noris sur celles-cy.

On en trouve en effet, de cet Empereur qui ont des figures lascives d'un côté, & au revers de ces lettres numerales I. ou II. ou IV. ou X. & plusécor. Il y a bien de l'aparence que Tibere les fit faire pour les Saturnales de Caprée, ou ces Fêtes se celebroient sans doute avec plus d'impudence qu'ailleurs. C'étoit peut être aussi pour recompenser les Acteurs de l'une ou l'autre Venus ou pour designer les rôles que chacun devoit executer dans ces comedies infames. Ne seroit-ce point ce modele que Tamerlan auroit suivy. Cet incomprehensible Conquerant sentant ses forces diminuées ou par ses travaux ou par son âge, assembloit dans une sale de beaux garçons & de jeunes filles nuës. Il leur donnoit en cet état une entiere liberté de suivre les mouvemens que la nature inspire à cet âge lors que l'education, la pudeur & la vertu ne les moderent pas, & il repaissoit ses yeux de ce spectacle. Sans doute que l'Aretin qui a fait ces descriptions si celebres, que Jules Romain a deſſinées, & qui ont été gravées depuis par M. Antoine & Aug. Carache, avoit veu beaucoup de ces medailles, puis qu'il en a fait un categorie preſque ſemblable & auſſi nombreuſe. Peut-être auſſi que Tibere ne faiſoit repreſenter ces jeux devant luy que pour reveiller ſes forces, r'animer ſon courage & reſſuſciter ſa chaleur naturelle que l'age & ſes fatigues de l'une & l'autre guerre éteignoient tous les jours, de la même maniere que l'Ecriture dit qu'on mit coucher avec David une jeune fille pour le réchauffer.

Trebellius Pollio dit que Gallien donnoit aux dames de ſa Cour une monnoye d'or ou ſon effigie étoit d'un côté & celle d'Odenat de l'autre.

Cedrenus raporte que Juſtinien fit le méme honneur à Beliſaire, pendant qu'il retabliſſoit celuy de l'Empire, & qu'il en chaſſoit les barbares. Aprés les ſuittes du Roy, il n'y a rien de ſi beau que les medailles de grand bronze de Monſieur l'Avocat General de Lamoignon, comme elles viennent du choix & des recherches de Monſieur le premier Preſident ſon Pere, elles ont une prerogative qui les doit rendre plus precieuſes. Auſſi l'illuſtre fils de ce grand homme les aime t'il, non-seulement par cette raison, mais parce qu'il possede avec éminence les merveilleux talens de tirer des lumieres de toutes choses, & qu'on a toûjours admirez dans cette heureuse famille. Monsieur Dron Chanoine de S. Thomas du Louvre a une suitte de moyen bronze qu'il faut voir, & qu'on doit mettre hors du commun pour la quantité des medailles uniques, rares & conservées. Le R. P. du Moulinet est riche aussi en petit bronze, quoy qu'il en ait transplanté beaucoup de curieuses dans le Cabinet du Roy, aussi bien que Monsieur de Seignelay, chez qui j'en ay veu un amas tres curieux qui doit son choix à Monsieur l'Abbé Bisot.

LA RARETÉ DES MEDAILLES.

Pour ce qui regarde outre cela la rareté des medailles, elle est assez arbitraire ou topique en general, & cela depend de la grandeur, de la beauté du dessein, des têtes qu'elles representent, des faits de l'histoire de l'Empire, ou du païs, ou du point de Theologie qu'elles contiennent. Cela dépend encor du lieu ou on les trouve, du petit nombre qu'il y en a &c. Ce que les curieux savent assez, & ce que l'experience aprend en peu de tems. Celles aussi qui sont à deux têtes ou d'un côté ou au revers ; celles des Princes destinez à l'Empire (hors M. Aurele & Commode dans le haut Empire, & les fils de Constantin & quelques-autres dans le bas(ce que l'on connoit en ce que le mot de CAESAR y est sans celuy d'Auguste. Celles ou il y a un Edifice au revers excepté le ROM. ET AUG. D'Auguste & de Tibere, & le temple de *Janus* de Neron.

Elles sont bonnes encor quand elles ont un Pont,un Port, un Amphitheatre, un Theatre, des Pyramides, une Basilique,un Arc de Triomphe. Les Liberalitez, les Restitutions, celles où il y a plusieurs figures, une Province, une Ville, un Fleuve, une Colonie, & les revers des medailles ou les têtes sont stampées ou creuses le sont de méme.

Je ne m'amuseray pas icy à vous donner un detail des Consulaires, parce que cela seroit trop long & peu agreable ou moins utile pour vous. Elles ne sont pas aussi tant recherchées ; car hors quelques points generaux & singuliers de l'Histoire que les enfans sçavent, le reste est peu de chose, & si l'on en veut faire d'avantage que Fulvius Ursinus, ou Monsieur Patin. On ne sçauroit produire que des chimeres ou des choses si inutiles, qu'on ne pouroit pas même les honorer du titre de *diligence obscure* que donnoit Monsieur Daurat à de certains recueils de la Croix du Maine au raport de Scaliger. Scaligerana. Les Consulaires neanmoins qui seront à vôtre bienseance, ou que vous aurez pour le poids, vous ne sçauriez manquer de les prendre, parce que l'usage en a fait faire des suites selon l'ordre des familles, & qu'il s'en peut rencontrer de nouvelles plus curieuses & plus historiques que celles que nous avons déja. Mais à mon sens l'utilité plus raisonnable que l'on peut tirer de la plus grãde partie de ces medailles, est d'en composer une suite de deitez, comme l'a fait le R. Pere Jobert, qui fait remarquer en cela une partie de ce discernement qu'il a pour toutes choses. Comme il a joint à ce recueil toutes les Imperiales & toutes les Greques qui representent de même les divinitez payennes, l'amas qu'il en fait sera un jour un des plus curieux qu'aura produit la recherche de ces sortes de medailles : & les commentaires que ce sçavant Jesuite y ajoûte malgré ses occupations continuelles, feront connoitre qu'il est capable de tout entreprendre & de tout executer heureusement. On les distingue aisement en ce qu'on n'y voit point les têtes connuës des Empereurs, hors Jules, Auguste, Tibere & peut-être encor quelques autres, mais qui ne sont pas aussi en grand nombre. On reconnoit les Consulaires de ces Empereurs en ce qu'à la tête ou au revers, il y a toûjours le nom de quelque Magistrat Romain, comme Triumvir Monetaire, ou Questeur ou Proquesteur, ou Proconsul, ou Intendant ce qu'ils apellent *Legatus*. Les Greques neanmoins ne sont pas de ce genre, quoy qu'on y trouve des noms de Magistrats, parce que ce ne sont que des Officiers particuliers, de Province ou des Villes dans lesquelles, & par l'ordre de qui les monnoyes ont été frappées.

Savot à donné dans son livre une liste des plus rares, mais la plufpart sont devenuës communes par l'amas qu'on en a fait depuis, & la quantité qu'on en a découvert & qu'on a aporté des païs étrangers. Vous n'aurez pas de peine à en discerner les têtes naturelles ; & les legendes curieuses ou historiques vous exciterôt assez à les choisir plûtôt que d'autres : car je croy qu'il n'y a que celles là qui meritent qu'on les recherchent & qui puissent procurer quelque secours pour l'intelligence des livres. On y trouve des Roys de Rome comme ROMULUS sous le nom de QUIRINUS. NUMA. ANCUS. TULLUS. Dans la famille *Pompeia*. des Roys de Mauritanie, de Numidie & de Macedoine comme PHILIPPE JUBA l'ancien dans une Medaille de petit bronze chez Monsieur Dron. BOCCHUS, JUGURTHA & une infinité d'autres grans Personnages representez simplement, ou sous la figure des Deitez. A l'égard de celles qui n'ont ny tête ny inscription singuliere : c'est une folie d'en croire une plus estimable & plus chere que l'autre, & c'est être la plus dupe monde, que de se laisser persuader par les discours de ceux qui les vendent, & de mettre sa bourse à leur discretion pour une petite piece qui ne satisfait la plûpart du tems, ny l'imagination, & ne contribuë rien à la science. C'est l'avidité & la malice de certains Marchans de toutes robes qui a étably le plus ou le moins du prix de ces medailles; aussi bien que des autres, qui détruisent par leur cacothecnie le merite de l'antiquité, & qui éloignent de sa recherche ceux qui bien souvent seroient les plus capables d'en proffiter, & de procurer aux lettres des avantages considerables.

LES FAUS- Comme je ne parle icy que des medailles antiques, & qu'on y peut faire beaucoup de fourbes; puis qu'on remarque tous les jours qu'on en fabrique & qu'on en vend de fausses, il n'est pas mal à propos Monsieur que je vous dise comment on peut discerner les antiques d'avec celles qui ne le sont pas. En voicy quelques regles generalles que j'ay apprises ou des curieux ou par mon experience particuliere. SES OU FALSIFIÉES.

Les antiques se distinguent d'avec les modernes par un certain verny, pour celles de bronze qui ne se peut imiter quelque soin qu'on y apporte.

Les anciens medaillistes disent qu'il est presque impossible de trouver deux medailles de même coin qu'il n'y en ait une de fausse. Ils ne rendent point raison de cette regle; ils soutiennent seulement que l'experience l'a faite, & ne l'a point encor dementie, je sçay pourtant que de tres-habiles gens commencent à en douter, & pretendent méme qu'on en peut faire des experiences contraires. En effet n'a t'on pas trouvé une grande quantité de medailles d'un méme Empereur, dās des lieux ou il y avoit des officines de monnoye: ainsi je ne doute point que si on les avoit conferées ensemble, on n'eut trouvé le contraire de la regle dont je viens de parler : & je croy que ce qui a fait dire cela aux Antiquaires, est qu'ils n'ont pas pris garde que cette difference qu'ils remarquoiét venoit du plus ou du moins de l'usure & de la qualité du metal qui conserve quelquefois mieux les figures l'un que l'autre, & que de certaines terres font plus d'impression sur de certains metaux que sur d'autres. On les contrefait en les moulant, ce qui se remarque par de petits grains ou de petits creux que le sable a laissez. Ces moulées sont plus legeres à cause de la rarefaction que cause le feu qui fait occuper plus de place au metal. On en trouve neanmoins de tres-antiques qui n'ont été que moulées, & il est à croire qu'il y avoit des lieux où on ne s'en servoit point d'autres. Et il n'y a guere que l'usage qui fasse discerner ces sortes de medailles. Les traits des figures, dans les moulées modernes ne sont pas si vifs que dans les frapées, mais arondis & plus émoussés.

Les fentes qui se trouvent au bord de ces medailles, ne se terminent pas en lignes capillaires qui se perdent insensiblement comme dans les antiques, ce qui arrive par l'effort du coin.

On remarque encor des coups de lime en quelques endroits des bords des medailles moulées, ce qu'on est obligé de faire pour ôter la bave ou les taches qui restent de la fonte, au lieu que dans les anciennes les bords sont ou crenelez, ou ont une rouille, ou un terme naturel, ou une espece de polissure, quoy que terne qu'on ne sçauroit imiter.

On en fabrique encor de plomb ou d'étain que l'on couvre d'un mastic fin, telles que j'en ay quelques-unes où j'ay été trompé, comme beaucoup d'autres.

Il y en a dont on lime un des côtez pour y ajoûter une tête ou un revers singulier.

Il y en a encor dont on à retaillé les figures ou les lettres de la legende, ou à qui on en ajoûte avec du mastic.

L'experience fait encor discerner d'autres manieres que l'on a de les contrefaire, mais elles ne se peuvent guere expliquer, l'usage seul donne cette finesse, & ce que j'en viens de dire vous suffit pour le present.

Mais Monsieur aprés vous avoir apris comment on devient faussaire en contrefaisant les Medailles, il faut vous montrer comment on les peut contrefaire sans devenir coupable de fourberie, afin que lors que vous serez en lieu où ne pouvant acquerir la medail- SECRETS POUR EN AVOIR L'EMPREINTE.

le ou la deſſiner, vous ayez du moins la commodité d'en avoir l'empreinte.

En voicy 2 ou 3 manieres. Prenez du papier blanc un peu fort & moüillez-le, en ſorte qu'en l'apliquant ſur la medaille, il puiſſe recevoir l'impreſſion des figures qui y ſont gravées. Laiſſez-le ſecher un moment, & vous verrez que l'empreinte s'y conſervera.

La 2de maniere eſt d'avoir de la cire à ſcéeler, ce qui eſt aiſé à entendre & à executer lors qu'on n'a que deux ou trois medailles à prendre, mais lors qu'on en veut avoir un nombre conſiderable, il faut ſe ſervir de cette recette.

Prenez les extremitez du parchemin que les parcheminiers laiſſent à la ficelle, faites les tremper 24 heures & les lavez aprés qu'il n'i reſte aucune ordure.

En ſuite il les faut mettre dans un pot de terre bien net ſur un feu fort lent juſqu'à ce qu'il s'en faſſe une eſpece de colle fort claire.

Faites fondre aprés de la colle de poiſſon dans de leau qu'il faut mêler avec celle de parchemin ſur un feu fort lent, & remuer le tout avec une cüillere pour les incorporer enſemble.

Cela fait, il le faut paſſer par un linge & le mettre dans un vaiſſeau bien net & le serrer. Cette composition peut servir 8 Jours & plus.

Il faut qu'il n'y ait point de crasse sur les medailles, il les faut poser sur une petite planche & mettre de cette composition (qu'on fait fondre sur un petit feu) dessus, avec la pointe d'un coûteau qu'on trempe dedans, non seulement il faut y en mettre autant qu'on peut sans qu'elle coule, c'est-à-dire que le plus épais est le meilleur, ainsi il est necessaire de repasser par dessus avec la pointe d'un coûteau trempée dans la composition plusieurs fois.

Aprés cela, il faut mettre la medaille sur une planche pour secher, dans un lieu ny froid ny chaud, & jamais au soleil.

Quand cela sera sec, il ne faudra point ôter la composition de dessus la medaille qu'elle ne s'oste d'elle même, c'est-à-dire facilement, il faut remarquer qu'on en fait de toutes couleurs en mêlant du blanc de plomb pour le blanc dans la composition &c.

Comme il est plus aisé de faire une suite d'Imperiales, qu'on en trouve plûtôt & en plus grand nombre, je vous en donneray icy la liste, afin que vous y ayez recours lors que vous en rencontrerez quelqu'une que vous aurez peine à reconnoitre. J'y mettray autant que je pourray tous les titres qu'ils prenoient & qui ne se trouvent pas souvent sur une méme medaille, ou qui s'y trouvent abregez, ce qui n'est pas aisé d'abord à dechiffrer à moins qu'on n'y soit accoûtumé. J'y joindray aussi tous les noms que Goltzius a mis dans son *Thesaurus* parce qu'on découvre tous les jours des medailles qui justifient cet homme infatigable dans la recherche de ces monumens, & pour qui les curieux doivent avoir tant de reconnoissance. On verra bientôt que ces noms dont le commun des antiquaires ne connoit point les medailles, ne sont pas des noms en lair, lors que Monsieur Rainssant aura le loisir de publier le bon nombre de desseins qu'il en a trouvez dans les recueils de Goltzius, conferez avec les originaux dont il a la garde, & augmenté de plusieurs autres, dont il a enrichy luy méme le Cabinet du Roy. Et pour distinguer ce catalogue des autres, vous trouverez à la tête de chaque Empereur les années de son regne & de sa vie, & à la fin la rareté de ses medailles ou pour la tête ou les metaux marquée par deux RR pour celles qui sont les plus rares. Celles qui suivent par une R. & les communes

munes par un C.

Ces medailles sont communes en grand bronze & rares en petit dans le haut Empire & dans le bas, c'est le contraire.

Jules Cesar aprés la bataille de Pharsale obtint du Senat de grans privileges ; & enfin celuy de mettre son effigie dans les monnoyes, ce qui fut le dernier degré qui l'éleva à la souveraineté, & qui rendoit sa personne inviolable ; c'est pourquoy on doit commencer par luy la suitte des Imperiales & non pas par Pompée comme quelques-uns font.

HAUT EMPIRE.

I. SIECLE.

I.

CAIUS JULIUS CÆSAR, Cai Filius Imperator VI. Consul V. Augur, Pontifex Maximus Parens Patriæ.

ΙΟΥΛΙΟϹ. ΚΑΙϹΑΡ. ΑΥΤΟΚΡΑΤΟΡ ΑΡΧΙΕΡΕΥΣ ΜΕΓΑΣ &c.

Il a regné plus de 5 ans, vécu 56, & il est mort 43 ans avant Iesus-Christ. Ses medailles sont rares en or & en petit bronze.

2.

C. J. CAESAR AUGUSTUS, Divi Julii Filius, Imperator XXI, Consul, XIII, Tribunitiae Potestatis XXXVII, Pontifex Max. Augur, Pater Patriae.

Reg. 56. Vécu 78. Mort la 14e. année de Iesus-Christ.

ΣΕΒΑΣΤΟΣ, ΚΑΙΣΑΡ ΘΕΙΟΥ ΥΙΟΣ ΑΥ-

ΤΟΚΡΑΤΟΡ, ΑΡΧΙΕΡΕΥΣ ΜΕΓΑΣ ΥΠΑΤΟΣ ΙΓ, ΔΗΜΑΡΧΙΚΗΣ ΕΞΟΥΣΙΑΣ ΛΗ, ΠΑΤΗΡ ΠΑΤΡΙΔΟΣ, ΑΥΓΟΥΣΤΟΣ *rare en grand bronze.*

LIVIA AUGUSTA. DIVA JULIA AUGUSTA, Genetrix orbis.

ΘΕΙΑ ΙΟΥΛΙΑ. CΕΒΑΣΤΗ *Rare en tout.*

CAIUS CAESAR Augusti Filius, Pontifex, Consul Designatus, Princeps Juventutis.

ΓΑΙΟC. ΚΑΙCΑΡ. *Rare en tout.*

LUCIUS CAESAR. Augusti Filius, Consul designatus, Augur, Princeps Juventutis, Divi Julii Nepos.

ΛΕΥΚΙΟC. ΚΑΙCΑΡ. *Rare en tout.*

3.

Reg. 23. Vecu 77. Mort en 37 de J. C.

TIBERIUS CAESAR Divi Augusti Filius Augustus, Tribunitia potestate XXXIII. Consul V. Imperator IX, Augur, Pontifex Maximus.

ΤΙΒΕΡΙΟC ΚΑΙCΑΡ CΕΒΑCΤΟΥ ΥΙΟC ΑΥΤΟΚΡΑΤΟΡ ΑΡΧΙΕΡΕΥΣ ΜΕΓΑΣ ΔΗΜΑΡΧΙΚΗΣ ΕΞΟΥΣΙΑΣ ΛΘ. *Rare en grand bronze, commun au reste.*

JULIA AUGUSTA.

ΙΟΥΛΙΑ CΕΒΑCΤΟΥ ΘΥΓΑΤΗΡ. *RR.*

DRUSUS CAESAR. Tiberii Augusti Filius Divi Augusti Nepos, Pontifex Tribunitia Potestate Iterum.

ΔΡΟΥCΟC. ΚΑΙC. ΤΙΒ. CΕΒ. ΥΙΟC. ΔΗΜ. ΕΞ. ΥΠΙ. Β. *Rare en Grec.*

Drusus et germanicus Caesares Tib. Aug. F. Principes Juventutis.

Germanicus Caesar Tib. Aug. Fil. Aug. N. Cos, Des. II. Imp. Caii Caes. Aug. Germanici Pater.

ΓΕΡΜΑΝΙΚΟC ΚΑΙC. ΤΙ. ΣΕΒ. ΥΙΟC. *Rare en argent.*

Agrippina Marci Filia Germanici Caes. Uxor, Mater C. Cæsaris Germanici *Rare en argent & Greque.*

Nero et Drusus Caesares Quinquennalitii Populi Romani, Pontifices, Principes Juventutis, Tribunitia Potestate, Consules designati.

ΝΕΡΩΝ. ΚΑΙCΑΡ. ΚΑΙ. ΔΡΟΥCOC. ΚΑΙC. *R.* 4.

C. Caesar germanicus. Divi Augusti Pronepos, Pont. Max, Trib. potest. IIII. Cons. IIII. Imper. II Augur. Pater Patriae. *R. 4 V. 29. M. en 41. de Iesus-Christ.*

ΓΑΙΟC. ΙΟΥΛΙΟC. ΚΑΙC. ΓΕΡΜΑΝΙΚΟC. CEB. ΑΡΧ. ΜΕΓ. ΔΗΜ. ΕΞ. Δ. ΥΠ. Δ. ΠΑΤ. ΠΑΤΡ. *Rare en tout.*

Caesonia Augusta. *Elle est en or chez l'Abbé Bourilly à Aix.*

ΚΑΙCΩΝΙΑ CEBACTH *Rarissime.*

Agrippina *Sœur de Caligule.*

ΑΓΡΙΠΠΕΙΝΑC. *Rare Greque.*

Julia *S. de Cal.*

ΙΟΥΛΙΑ. *RR. en tout.*

Drusilla. *S. de Cal.*

ΔΡΟΥΣΙΛΛΑC.

ΘΕΑ ΔΡΟΥCΙΛΛΑ *RR. en tout.*

5

R. 14. V. 64. M. I. C 54. **Tiberius Claudius** Caesar Aug. Germanicus Pont. Max. Trib. Pot. XIIII. Imp. XXVII. Pater Patriae Consul. V. Censor.

ΤΙ. ΚΛΑΥΔΙΟΝ, ΚΑΙΣΑΡΑ. CEBACTON. ΓΕΡΜΑΝΙΚΟΝ ΑΡΧ. ΜΕΓ. ΔΗΜ. ΕΞ. ΙΔ. ΑΥΤΟΚΡΑΤΟΡ. *Commun en tout.*

Drusus Germanicus Imp.

ΔΡΟΥCΟC. ΑΥΤΟΚΡΑΤΟΡΟC. *Rare en argent comme en bronze.*

Antonia Augusta.

ΑΝΤΩΝΙΑ *R en argent*

Valeria Messalina Aug.

ΟΥΑΛΕΡΙΑ ΜΕCCΑΛΙΝΑ ΚΑΙCΑΡΟC CEΒΑCΤΗ. *RR*

Agrippina Aug.

ΑΓΡΙΠΠΕΙΝΑ *R. Greque.*

Britannicus Caesar Augusti Filius Princeps Juventutis.

ΒΡΕΤΑΝΝΙΚΟC. ΚΑΙCΑΡ. *RR.*

6.

R. 14. V. 33. M. I. C. 68. **Nero Claudius Caesar.** Drusus Germanicus princeps Juventutis, Sacerdos Cooptatus in omnibus Conlegiis Supra Numerum Pont. Max. Tr. Pot. XIIII. Consul IIII. Pater Patriae.

ΝΕΡΩΝ ΚΑΙCΑΡ. CEB. ΓΕΡΜ. ΔΗΜ. ΕΞ. ΙΠΑΤ. Δ. ΠΑΤ. ΠΑΤΡ. *Commun en tout.*

OCTAVIA Augusti filia Augusta.

ΟΚΤΑΒΙΑ CΕΒΑCΤΗ RR. en or & en argent. R en cuivre.

SABINA POPPAEA Augusta.

ΠΟΠΠΑΙΑ. CΑΒΕΙΝΑ. CΕΒΑCΤΗ RR. hors le petit Bronze.

STATILIA MESSALINA Augusta.

ΣΤΑΤΙΛΙΑ ΜΕCCΑΛΙΝΑ. CΕΒ. RR.

CLODIUS MACER. R. 3. Mois en Affrique.

7.

SERGIUS SULPICIUS GALBA Aug. Pont. Max. Tribun. Potestat. Consul II. Pat. Patr. R. 7. Mois V. 70. M. 69. de I. C.

ΑΥΤ. ΣΕΡ. ΓΑΛΒΑC. ΚΑΙC. CΕΒ. ΔΗΜ. ΕΞΟΥC. ΥΠΑΤ. Β. Commun.

8.

OTHO Imp. Caes. Aug. Pont. Max. Cos. designatus II. Pat. Patr. R. 3. Mois V. 58. M. 69. de I. C.

Μ. CΑΛ. ΟΘΩΝ. ΚΑΙC. CΕΒ. commun en arg. & or.

9.

AULUS VITELLIUS Germ. Imper. Luc. fil. Aug. Trib. Potest. R. 8. Mois V. 55. M. 70 de I. C.

ΑΥΛ. ΟΥΙΤΕΛΛΙΟC. ΓΕΡ. CΕΒ. ΑΥΤ. R. en tout, hors en argent.

10.

Imp. Caes. VESPASIANUS Aug. Augur Pont. Max. Trib. Pot. X. Imper. XX. Consul IX. censor Pat. Patriae. R 10. V. 66. M. en 79 de I. C.

ΑΥΤ. ΟΥΕCΠΑCΙΑΝΟC ΚΑΙCΑΡ CΕΒ. ΑΡΧ. ΜΕΓ. ΤΡ. ΕΞΟΥC. Π. Π. Commun.

DOMTILLAE AUGUSTAE Matri Titi Caesaris Vespasiani Aug. & Domitiani.
ΔΟΜΙΤΙΛΛΑ ΣΕΒΑΣΤΗ *RR. en tout, & R. en argent.*

DIVA DOMITILLA Divi Vespasiani Augusti Filia.
ΦΛΑΥΙΑ. ΔΟΜΙΤΙΛΛΑ. ΣΕΒ. *Rare en tout.*

11.

R. 2. V. 42. M. 81. TITUS FLAVIUS SABINUS Vespasianus Caesar Pont. Max. Cos. VIII. Trib. potest. XI. Imperator XVII. Augur, Censor, Pat. Patriae.
ΤΙΤΟΣ ΟΥΕΣΠΑΣΙΑΝΟΣ ΚΑΙΣ. ΑΥΤΟΚΡΑΤΟΡ. ΣΕΒ. ΤΕΙΜΗΤΗΣ. ΔΗΜ. ΕΞ. Π. Π. ΕΤΟΥΣ. ΝΕΟΥ ΙΕΡΟΥ. ΙΑ. *Commun.*

ΦΟΥΛΒΙΑ ΣΕΒΑΣΤΗ. *Angeloni.*

JULIA Sabina. Augusta Titi Aug. Fil.
ΙΟΥΛΙΑ ΣΑΒΕΙΝΑ ΣΕΒΑΣΤΗ ΤΙΤ. ΚΟΡΗ. *Rare en or & en grand bronze.*

12.

R. 15. V. 45. M. 96. Imp. Caes. DOMITIANUS. Aug. Germ. Cos. XVII. Trib. Pot. XVI. Imper. XXII. Pont. Max. Censor Perpetuus Pat. Patr.
ΑΥΤ. ΚΑΙΣ. ΔΟΜΙΤΙΑΝΟΣ. ΣΕΒ. ΓΕΡΜΑΝΙΚΟΣ. ΦΛΑΒΙΟΣ. ΣΑΒΙΝΟΣ ΑΡΧ. ΜΕΓ. ΔΗ. ΕΞ. ΙΣ. ΥΠΑΤΟΥ. ΙΖ. ΤΕΙΜΗΤ. Π. Π. *Commun.*

DOMITIA AUG. Domit Imp. Divi Caesaris Mater.
ΔΟΜΙΤΙΑ ΣΕΒΑΣΤΗ. *Rare en arg. &*

grand bronze.

DIVUS CAESAR Imperatoris Domit. Fil. RR.

13.

Imp. NIRUA Caes. Aug. Germ. Trib. Pot. IIII. Cos. IIII. Pont Max. Imp. II. *R. 2. V. 68 M en 98.*

ΑΥΤ ΝΕΡΟΥΑΣ. ΚΑΙΣ. ΣΕΒ. ΓΕΡΜ. ΑΡΧ. ΜΕΓ. ΔΗ. ΕΞ. Γ. ΥΠ. ΤΟ. Δ. Π. Π. *Comm.* II. SIECLE.

14.

Imp. Caes. Nerva TRAJANUS Aug. Germ. Parthicus Dacicus Trib. Pot. XX. Imp. IX. Cos. VI. Pont. Max. Pat. Patr. *R. 19. V. 641 M. 118.*

ΑΥΤ ΝΕΡ. ΤΡΑΙΑΝΟΣ. ΚΑΙΣ. ΑΡΙΣΤΟΣ. ΣΕΒ. ΓΕΡ. ΔΑΚ. ΠΑΡΘ. ΔΗ. ΕΞ. ΙΘ. ΥΠΑΤ. ς. *Commun.*

PLOTINA Aug. Imp. Trajani.

ΠΛΩΤΕΙΝΑ ΣΕΒΑΣΤΗ. *Rare arg. & or.*

MARCIANA Augusta Diva.

MATIDIA Aug. divaeMarcinae Filia.

ΜΑΤΙΔΙΑ. ΣΕΒΑΣΤΗ. *Rare en tout.*

15.

Imp. Caes. Ner. Traj. HADRIANUS Aug. Divi Tra. Parth. Fil. Divi Ner. Nepos. Pont. Max. Trib. XXI. Imp. II. Cos. VI. *R. 12. V. 63. M. 138.*

ΑΥΤ. ΚΑΙ. ΑΔΡΙΑΝΟΣ. ΣΕΒ. ΤΡΑΙ. *Comm. hors les Medaillons.*

SABINA Augusta Hadriani Aug. PP.

ΙΟΥΛΙΑ. ΣΑΒΕΙΝΑ ΣΕΒ. *Comm.*

ANTINOUS Heros.

ANTINOOC. HPΩC. *Rare en tout.*

prem. Adopté. L. Aelius Caesar Trib. Pot. cos. II.

Λ. ΑΙΛΙΟC. ΚΑΙCΑΡ. ΥΙΟC. ΑΔΡΙΑΝΟΥ. CEB. ΥΙΩΝ. ΘΕΙΟΥ ΤΡΑΙΑΝ. ΠΑΡΘ ΔΗ. ΕΞ. ΥΠΑΤ. B. Æ. *Grec.*

16.

R. 24 *V.* 50. *M.* 261. Imp Caes. Titus Aelius Had. Antoninus Pius Aug. Trib. Pot. XXIV. Cos. IV. Imp. II. P. P.

ΑΥΤ. ΚΑΙΣΑΡ. Τ. ΑΙΛ. ΑΔΡ. ΑΝΤΩΝΕΙΝΟC. CEB. ΕΥCΕΒΗC. *Comm.*

Faustina Augusta Antonini Aug. Pij.

ΓΑΛΕΡΙΑ ΦΑΥCΤΕΙΝΑ CEBACTH. *Comm.*

17.

R. 19. *V.* 80. *M.* 180. M. Aurelius Antoninus Aug. Caesar Aug. Pij Fil. Armeniacus Parthicus Germanicus, Sarmaticus, Maximus, Pont. Max. Trib. Pot. XXXIV. Imp. X. Cos III.

Μ. ΑΥΡΗΛΙΟC. ΑΝΤΩΝΕΙΝΟC. CEB. ΠΑΡΘ. ΓΕΡΜ. ΑΡΜΕΝΙΑΚΟC. ΣΑΡΜΑΤΙΚΟC.

Faustina. Aug. Antonini Aug. Pij.

ΦΑΥCΤΕΙΝΑ ΑΥΓΟΥCΤΑ ΕΥCΕΒΟΥC CEB. ΘΥΓΑΤΗΡ. *Comm.*

Lucius Aurelius Verus & Aelius Antoninus.

ΑΥΤ. ΑΥΡΗΛΙΟC ΟΥΗΡΟC. ΚΑΙ Γ ΑΙΛΙΟC. ΑΝΤΩΝΕΙΝΟC. *R.*

18.

COMMODUS CAESAR Ant. Aug Fil.

ANNIUS VERUS Caesar Antonini Aug. Fil. *RR Bellori.*

ΜΑΡΚΟC. ΑΝΝΙΟC. ΓΑΛΕΡΙΟC. ΑΝΤΩΝΙΝΟΣ ΑΥΤΟΚΡΑΤΟΡΟC. ΑΝΤΩΝΙΝΟΥ ΥΙΟC. *RR*

Imper. Caes. AVIDIUS CASSIUS Perpet. *RR Occo.* *Tyran* {R. 3. *mois en* 169.

18.

L. Aurelius VERUS Caesar Pij Fil. Armen. Medicus Parth. Pont. Max. Trib Pot IX. Cos. III. Imp V. P. P. *R.* 10. *V.* 426 *M.* 170.

ΑΥΤ. ΚΑΙC ΛΥΚ. ΑΥΡΗΛΙΟC. ΟΥΗΡΟC. CEB. *Commun.*

LUCILLA Augusta Antonini Aug. Filia.

ΛΟΥΚΙΛΛΑ CEBACTH. *Comm.*

19.

Imp. Caes. Luc. Ael. Aurel. Marcus COMMODUS Antoninus Pius Felix Aug. Sarmaticus Germanicus, Maximus Britannicus P. M. T. Pot. XIIX. Imp. VIII. Cos. VII *R.* 13. *V.* 32. *M.* 192.

ΑΥΤ. ΚΑΙC. Λ. ΑΙΛ. Μ. ΑΥΡΗΛΙΟC. ΚΟΜΜΟΔΟC. ΑΝΤΩΝΕΙΝΟC. ΕΥCΕΒ. ΕΥΤΥΧ. ΑΡΧ. ΜΕΓ. Δ. Ε. ΙΗ. ΥΠ. Ζ. Π. Π. *Comm. hors en or.*

CRISPINA Augusta M. Comm. Aug. Pij Brit. P. P.

ΚΡΙCΠΕΙΝΑ. CEBACTΗ. *Comm*

20.

R. 3 Mois. V. 61. M, 193. Imp. Caes. Publ. Helvius PERTINAX. Aug. Pont. M. Trib. Pot. Cos. II. P. P.

ΑΥΤ. Κ. ΠΟΥΒΛ. ΗΛΟΥΙΟϹ. ΠΕΡΤΙΝΑΞ. ϹΕΒ. Δ. Ε. *Rare en tout.*

Flavia TITIANA Augusta.

ΤΙΤΙΑΝΗ ϹΕΒΑϹΤΗ. *Rare Morel. Spec.*

21.

R. 2. Mois V. 56. M. 193. Imp. Caes. M. DIDIUS Severus JULIANUS. Aug. P. M. Trib. Pot. Cos. II. P. P. *Rare argent & or, moyen & petit bronze.*

MANLIA SCANTILLA Augusta *R.*

DIDIA CLARA. Augusta *R.*

22.

R. 2. V 58 M. 195. Imp. Caes. CAIUS PESCENNIUS. NIGER. Justus. Aug. Cos. II.

ΑΥΤ. Κ. Γ. ΠΕϹΚΕΝΙΟϹ. ΝΕΙΓΡΟϹ. ΙΟΥϹΤ. ϹΕΒ. ΥΠΑΤ. Β. *RR*

III. SIECLE.

ΠΕϹΚΕΝΝΙΑ. ΠΛΑΥΤΙΑΝΑ ϹΕΒΑϹΤΗ. *R.*

23.

R. 19. V. 65 M 212. Imp. Caes. LUCIUS SEPTIMIUS SEVERUS Pertinax Pius Arabicus, Adjabenicus, Parthicus, Britannicus, Maximus P. M. Tr. Pot. XIIX. Imp. XII. Cos. III.

ΑΥΤ. Κ. Λ. ϹΕΠΤ. ϹΕΟΥΗΡΟϹ. ΠΕΡΤΙΝΑΞ. ϹΕΒ. ΑΡΑΒ. ΑΔΙΑΒΗΝ. ΠΑΡΘ. *Com.*

JULIA DOMNA Pia Foelix Augusta Mater Castrorum.

ΙΟΥΛΙΑ. ΔΟΜΝΑ ΕΥCΕΒ. CΕΒΑCΤΗ. *Com.*

24.

DECIMUS CLODIUS SEPTIMIUS ALBINUS Gaesar August. Cos. II. *R.* 4. *V.* ... M. 198.

ΑΥΤ. Κ. Δ. ΚΛΟΔΙΟC. ΑΛΒΕΙΝΟC. CΕΒ. *Rare en or & en petit bronze.*

25.

M. Aurelius ANTONINUS Pius Felix. Aug. Germ. Parthi. Max. Britannicus Trib. Pot. XX. Imp. III. Cos. IV. P. P. *R.* 6. *V.* 41. M. 217.

ΑΥΤ. Κ. Μ. ΑΥΡΗΛΙΟC. ΑΝΤΩΝΕΙΝΟC. CΕΟΥΗΡΟC. CΕΒ. ΒΡΙΤΑΝΝΙΚΟC ΓΕΡΜ *c.*

PLAUTILLA Augusta Antonini Pii. Felic. Aug. Brit.

Φ. ΠΛΑΥΤΙΛΛΑ. CΕΒ. *commune en arg, are au reste.*

26.

Publius Septimius. GETA. Caesar. Pius. August. Brit. Pontif. Trib. Pot IV. Cos. II. Designatus III. P. P. *R.* 2. *V.* 23. M. 213.

Π. CΕΠΤΕΙΜΙΟC. ΓΕΤΑC. ΚΑΙCΑΡ. CΕΒ. ΒΡΙΤ. ΔΗ ΕΞ Δ. *R.*

27.

Imp Caes. Marcus Aurelius Opelius Severus MACRINUS Aug. Pont. Max. Trib. Pot. II. Cos. II. P. P. *R.* 2. *V.* ... M. 218.

ΑΥΤ. Κ Μ. ΟΠΕΛ. CΕΟΥΗΡΟC. ΜΑΚΡΕΙΝΟC CΕΒ. ΕΤΟΥC. Β. ΥΠ. ΤΟ. Β. *R. or & grand Bronze.*

NONIA. CELSA Augusta.

ΝΩΝΙΑ ΚΕΛCΑ CΕΒΑCΤΗ *RR. Goltz.*

28.

R. 1. V. 16. M. 218. M Opelius Antoninus DIADUMENIANUS. Caesar Macrini Aug. Fil. Aug. Pont. Tr. Pot. Cos. II.

Μ. ΟΠΕΛ. ΔΙΑΔΥΜΕΝΙΑΝΟC. ΑΝΤΩΝΙΝ. ΚΑΙC. ΑΥΤ. CEB. ΔΗ. ΕΞ. ΥΠ. Β. *Rare en or & grand bronze.*

29.

R. 5. V. 18. M. 222. Imp. ANTONINUS Pius. Aug. M. Aurel. Ant. ELAGABALUS P. M. Pius Felix P. P. Trib. Pot. V. Cos. IV. Invictus, Summus Sacerdos Dei Solis Elagab.

ΑΥΤ. Κ. Μ. ΑΥΡΗΛ. ΑΝΤΩΝΙΝΟC. ΕΥCΕΒΗC ΕΥΤΥΧΗC. Δ. Ε. Ε. ΥΠ. Δ. *R. en grand bronze avec le nom d'Elagab.*

JULIA MAESA Augusta.

ΙΟΥΛΙΑ ΜΑΙCΑ ΑΥΓΟΥCΤΑ *R. Greq. & or.*

JULIA SOEMIAS Augusta.

ΙΟΥΛΙΑ CΟΑΙΜΙΗC. CEB. ΜΗΤΗΡ. CEBACΤΟΥ. *R. or & bronze.*

Julia Cornelia PAULA Augusta.

ΙΟΥΛΙΑ ΚΟΡΝΗΛΙΑ. ΠΑΥΛΑ CEBACΤΗ. *R. or & bronze.*

Julia AQUILIA SEVERA Augusta.

ΙΟΥΛΙΑ ΑΚΥΛΙΑ. CΕΟΥΗΡΑ. CEB. *Rare en tout.*

ANNIA FAUSTINA. Augusta.

ΑΝΝΙΑ. ΦΑΥCΤΕΙΝΑ. CEBACΤΗ *RR.*

30.

R. 15. V. 29. Imp. Caes. M. Aurel. Severus ALE-

XANDER Pius Felix. Aug. P. M. Tr. P. XIV. Cos. III. P. P. M. 235.

ΑΥΓ. Κ. Μ. ΑΥΡΗΛΙΟC. CΕΟΥΗΡΟC. ΑΛΕΞΑΝΔΡΟC ΕΥC. ΕΥΤ. CΕΒ. L. ΙΔ. *Commun.*

Julia MAMMAEA Augusta Mater. Aug.

ΙΟΥΛΙΑ. ΜΑΜΜΑΙΑ CΕΒ. ΜΗΤ. ΑΥΓ. *Com.*

SULPICIA MEMMIA Augusta.

COΥΛΠΙΚΙΑ. ΜΕΜΜΙΑ. CΕΒΑCΤΗ. *RR Goltz.*

31.

Imp. C. Caius Julius MAXIMINUS. Pius Aug. Germ. P. M. Tr. P. III. Cos. II. PP. *R.* 3. *V.* 65. M. 237.

ΑΥΤ. Κ. ΚΑΙΟC. ΙΟΥΛΙΟC. ΜΑΞΙΜΕΙΝΟC. CΕΒ. ΓΕΡΜ. L. Γ. *Commun.*

DIVA. PAULINA. *Rare en tout.*

32.

C. Jul. MAXIMUS Verus Aug. Ger. *R.* 3. *V.* 21.
Γ. ΙΟΥΛ. ΟΥΗΡ. ΜΑΞΙΜΟC. ΚΑΙC ΓΕΡΜ, M. 237.
R. argent & Greque.

33.

Imp. C. *M.* Antonius GORDIANUS AFRICANUS Aug. P. *M.* Tr Pot. Cos P. P. *R.* 6. *mois V.* 80. M. 237.

ΑΥΤ. Κ. Μ. ΑΝΤΩΝΙΟC. ΓΟΡΔΙΑΝΟC. ΑΦΡΙΚ. CΕΒ. Δ. Ε. *Rare en tout.*

34.

Son fils est de même nom, mais plus jeune & a un plus grand front. Rare en tout. *R.* 6. *mois V.* 46. M. 237.

35.

Imp. C. Decimus Caelius BALBINUS Pius Fel Aug. T. P. Cos II. P. Max. P. *R* 2. *V.* 60. M. 239.

Patr. Pater Senatus.

ΑΥΤ Κ. ΔΕΚ ΚΑΙΛΙΟC.ΒΑΛΒΕΙΝΟC. *R. or.*

36

R. 2. V. 74. M. 239. Imp. Caes. *M*. Clod. Pupienus Maximus Aug. Fel. T. P. Cos. II. Pat. Sen.

ΑΥΤ, ΚΑΙC. Μ ΚΛΩΔΙΟC. ΠΟΥΠΙΗΝΟC. ΜΑΞΙΜΟC. ΑΥΓΟΥCΤΟC. *R. or.*

37.

R. 6. V. 22. M. 244. M. Antonius Gordianus. Caesar Pius Fel. Aug. P. *M*. T. P. V. Cos. II.

ΑΥΤ. Κ. Μ. ΑΝΤΩΝΙΟC. ΓΟΡΔΙΑΝΟC. ΚΑΙCΑΡ ΕΥC. ΕΥΤ. CΕΒ. Δ. Ε ς. *Comm.*

Fruria Sabina Tranquillina. Aug.

ΦΡΟΥΡΙΑ CΑΒΕΙΝΑ ΤΡΑΝΚΥΛΛΕΙΝΑ. CΕΒ. *Rare en tout.*

R. 1. *Mois. V*.... M. 244. Imp. Caes. M. Marcius. Aug. P M. T. P. *RR.*

en même têt Imp. Caes. L. Aurel. Sev. Hostilianus. Aug. P. *M*. T. P. *RR.*

38.

R. 5. V.... M. 249. Imp. *M*. Julius Philippus Pius Fel. Aug. Tr. P. VI Cos. III. P. M. P. P.

ΑΥΤ. Κ. Μ. ΙΟΥΛ. ΦΙΛΙΠΠΟC. CΕΒΑCΤΟC. *Commun.*

Marcia Otacilla Severa Aug.

ΜΑΡΚ. ΩΤΑΚΙΛΛΑ CΕΟΥΗΡΑ ΑΓΟΥCΤΑ. *Comm.*

39.

R. 5. V. 12. M. 249. M. Julius Severus Philippus Caesar Aug. P. M. Tr. P. III. Cos. II.

M. ΙΟΥΛ. ΦΙΛΙΠΠΟϹ ΚΑΙϹ *Comm.*

Imp. C. P. Carvil Marinus Aug.

ΑΥΤ. Κ. ΠΟΥΒΛΙΟϹ. ΚΑΡΟΥΙΛ. ΜΑΡΙΝ-ΝΟϹ. ϹΕΒ. *RR.* — R. *quelques mois.*

40.

Imp. C Cneus Messius Q. Trajanus. Decius Aug. P. M. T. P. III. Cos. III. — *R.* 2. *V.* 65. M. 251.

ΑΥΤ. Κ. ΓΝ. ΜΕϹ. ΚΟΥΙΝ. ΤΡΑΙΑΝΟϹ. ΔΕΚΙΟϹ. ϹΕΒ. *Comm.*

Cnea seia Herennia Salustia Barbia Orbiana Aug.

ΓΝ. ϹΑΛΛ. ΒΑΡΒΙΑ. ΟΡΒΙΑΝΑ. ϹΕΒ. *Rare en tout.*

ΗΡΕΝΝΙΑ ΕΤΡΟΥΚΙΛΛΑ. ϹΕΒ.

41.

Q. Herennius Etruscus Messius Decius Nob. C. — *R.* 2. *V.*... M. 251.

ΚΟΥΙΝ. ΕΡΕΝ. ΕΤΡΟΥϹΚΟϹ. ΜΕϹ. ΔΕΚ. *R. en or.*

42.

Caius Valens Hostilianus. Mes. Quintus. N. C. — R. 2. *ou* 3. *V*... M. 251.

ΑΥΤ. Κ. Ϲ. ΟΥΑΛΕΝϹ. ΜΕϹ. ΚΟΥΙΝΤΟϹ. ϹΕΒ. *Rare en tout.*

Imp. Caes. M. Aufidius Perpenna Licinianus Aug P. M. T. P. Pat. Patr. *RR.* — *R.* 1. *V*.... M. 251.

Imp. Caes. C. Vibius Trebonianus. Gallus. Tr. p. IV. Cos. II. — *R.* 4. *V.* 47. M. 254.

ΑΥΤ. Κ. Γ. ΟΥΙΒ. ΤΡΕΒΟΝΙΑΝΟϹ. ΓΑΛΛΟϹ. ϹΕΒ. ΔΗ. Ε. Δ. *Comm.*

Hostilia Severa.

OCTIΛIA. CEOYΗPA. *RR.*

44.

R. 4. V... 254. C. Vib. Volusi..nus Aug. P.M.Tr. P. IV. Cos. II.

K. OYIB. ΓΥΛΛΟΥΣΙΑΝΟC. *Comm.*

Herennia Etruscilla Augusta.

ΗΡΕΝΝΙΑ ΕΤΡΟΥΣΚΙΛΛΑ ΑΓΙΟΥ ΣΤΑ. *Co.*

45.

R. 4 *mois V.* 46. M. 254. Imp. Caes. Caius Julius Aemilianus. Pius Fel. Aug.

ΑΥΤ. Κ. Γ. ΙΟΥΛ. ΑΙΜΙΛΙΑΝΟC. CEB. ΕΥC. ΕΥΤ. Δ. Ε. *Rare en tous.*

46.

R. 6. V. 77. M. 268. Imp. Caes. P. Licinius Valerianus Aug. P. M. Tr. P. VII. Cos. IV.

ΑΥΤ. Κ. Π. ΛΙΚ. ΟΥΑΛΕΡΙΑΝΟC. CEB. L. Ζ. *Commun.*

Diva Mariniana *R.*

47.

R. 15. V. 50. M. 268. Imp. C. P. Lic. Gallienus Aug. Pius Fel. Germanicus Maximus Trib. Pot. XV. Cos. VII. P. P. Ignatius.

ΑΥΤ. Κ. ΠΟΥΒΛ. ΛΙΚΙΝΙΟC. ΓΑΛΛΙΗΝΟC. CEB. ΕΥC. ΕΥΓ. L. ΙΕ. *Commun.*

Cornelia Salonina Augusta Chrysogona.

ΚΟΡΝΗΛΙΑ. CΑΛΩΝΕΙΝΑ. CEB. *R. grand bronze.*

ΚΡΗΣΩΓΟΝΗ. CEB.

48.

frere de Gallien. P. Lic. Valerianus Nobilis Caes.

& P. Fel. Aug. Tr. P. Cos. II *R*.

CORNELIA SUPERA. Aug. *RR*.

49.

P. Lic. Cor. SALON VALERIANUS. Nob. Caes. Princeps Iuventutis *RR*. *1. fils de Gallien.*

Quintus Iulius Saloninus Gallienus Minor Nob. Caesar Princeps Iuventutis *RR*. *2. fils de Gallien.*

Les TIRANS ou les Usurpateurs de l'Empire durant le Regne de Gallien.

Imperator Caes. M. Cassius Latienus. POSTUMUS Aug. R. 7. *ou* 10. *en Gaule.* M. *à peu prés vers* 266.

IUNIA Donata Aug. *RR*.

C. JUN Caes POSTUMIUS P. F. Aug. *R*. R. & M. *en méme tems.*

Imp. C. CYRIADES P. F. Aug.

ΑΥΤ. Κ. ΚΥΡΙΑΔΗϹ. ϹΕΒ. L. B. *RR*. R. 2. *en Orient.* M. 258.

Imp. C. D. Lael INGENUUS P. F. Aug. *RR*. *Idem en Pannonie* M. 262.

Imp. C. ODENATHUS P. F. Aug. R. 10.

ΑΥΤ. ΚΑΙϹ. ΟΔΗΝΑΘΟϹ. ϹΕΒ. L. Δ. *RR*. *En Syrie 4. ou 5 ans* M. *en* 160.

HERODES Imperator P. F. Aug. & HERODIANUS. *en méme tems.*

ΑΥΤ. ΗΡΩΔΙΑΝΟϹ. ϹΕΒ. L. Γ. *RR*.

Imp. C. M. Acil. AUREOLUS P. Fel. Aug. *RR. Goltz.* *En Illyrie.* R. 8. V.... M. 268.

Imp. C. M. Ful. Macrianus Aug. *En Asie.* R. 2. V.... M. 263.

ΑΥΤ. Κ. Μ. ΦΟΥΛ. ΜΑΚΡΙΑΝΟϹ. ΕΥϹΕΒΗϹ. ϹΕΒ. *Rare en tout.*

Imp. C. Q. Ful. MACRIANUS Pius Fel. Aug. *Son fils en méme tems.*

ΑΥΤ. Κ. Κ. ΦΥΛ. ΜΑΚΡΙΑΝΟC. CΕΒ. L. Β. *R*.

2. fils de Macr. M. 263. Imp. P. Cn. Ful. Quietus Pius Fel. Aug. *R*.

En Asie. Imp. C. Ser. Anicius Balista. P. F. Aug.

ΑΥΤ. Κ. ΒΑΛΙCΤΑC. ΕΥC. CΕΒ. L. Γ. *RR*.

En Macedoine M. 261. Imp. Caes. P. Valerianus Valens August.

ΑΥΤ. Κ. ΠΟΥ. ΟΥΑΛΕΡΙΑΝΟC. ΟΥΑΛΕΝC. CΕΒ. *RR*.

En Thessalie M. 261. ΑΥΤ. Κ. ΚΑΛΠΟΥΡΝΙΟC. ΠΕΙCΩΝ. *RR*.

En Egypte. R. 1. M. 261. Imp. C. Tiberius Cestius Alexander Aemilianus P. Fel. Aug.

ΑΥΤ. Κ. ΤΙΒ. ΚΕCΤ. ΑΛΕΞΑΝΔ. ΑΙΜΙΛΙΑΝΟC CΕΒ. L. Α. *RR*.

En Pannonie M. 263. Imp. C. Q. Non Regillianus P. F. Aug. *RR*.

En Egypte. M. 264. Imp. C. Sextus Sul. Saturninus Aug. *R*.

En Isaurie M. 265. Imp. C. C. Annius Trebellianus. Aug. *R*.

En Affrique R. 7. jours M. 263. Imp. Caes. Titus Cornelius Celsus. Felix Aug.

ΑΥ. Κ. ΤΙΤ. ΚΟΡΝΙΛΙΟC. ΚΕΛCΟC ΕΥ. *R*.

En Italie. M. 264. Imp. C. A. Claud. Censorinus Aug.

En Syrie. ΑΥΤ. Κ. ΗΡΕΝΝΙΑΝΟC. CΕΒ. *RR*.

ΑΥΤ. Κ. ΤΙΜΟΛΑΟC. CΕΒ. *RR*.

ΖΗΝΩΒΙΑ CΕΒΑCΤΗ *R*.

En Orient. M. 266. ΑΥΤ. Κ. ΜΟΙΩΝΙΟC. ΕΥC. CΕΒ. L, Α.

En Gaule M. 267. Imp. C. Sp. Servil. Lollianus P. F. Aug. RR.

Imp. C. M. Aurel. VICTORINUS Aug. *Comm.* *En Gaule.* M. 267.

Aurelia VICTORINA Pia Felix Augusta *RR.*

L. Aurel. VICTORINUS Aug. *R.* *en même têms*

Imp. Caes. M. Aurelius MARIUS. P. F. Aug. *comm.* *En Gaule.* R. *3. jours.* 250. *ibid.* R. 2.

Imp. Caesar. TETRICUS. Aug. *comm.* *De même*

Imp. P. PIVES TETRICUS *comm.* *vers* 268.

Imp. C. A. Pomponius AELIANUS. P. Fel. Aug. *RR.* *En Allemagne* M. 268.

LE BAS EMPIRE.

50.

Imp. C. M. Aur. CLAUDIUS GOTHICUS Germanicus Invictus Pius Felix Aug. Optimus Princeps. R. 3. V. 42. M. 272.

ΑΥΤ. Κ. Μ. ΑΥΡΗΛ. ΚΛΑΥΔΙΟϹ. ϹΕΒ. ΓΟΘΗ. L. Γ. *Comm.*

51.

Imp. Caes. M. Aurel Claud. QUINTILLUS. R: 17. *jours* V.... M. 272.

ΑΥΤ. Κ. Μ. ΑΥΡ. ΚΟΥΙΝΤΙΛΛΟϹ. ϹΕΒ. L. Α. *R.*

52.

Imp. C. L. Dom. AURELIANUS Pius Felix Aug. P. M. Trib. P. VII. Cos. II. R. 6. V.... M. 276.

ΑΥΤ. Κ. Λ. ΔΟΜ. ΑΥΡΗΛΙΑΝΟϹ. ΕΥϹ. ϹΕΒ. ΕΤϹΥϹ. ς. *Comm.*

SEVERINA AUGUSTA.

ϹΕΟΥΗΡΕΙΝΑ. ϹΕΒΑϹΤΗ. *Comm.*

Interregne de 7. ou 8. Mois. — *Deux TIRANS.*

En Egypte. R. 1. M. 274. — Marcus FIRMIUS Pius Fel. Ang.
ΑΥΤ. Κ Μ.ΦΙΡΜΙΟC.ΕΙC.ΕΤ.ΠΡΩΤΟΥ.*R.*

R. 4. *En Egypte.* M. 277. — ΑΥΤ. Κ.ΠΟΥ. CΑΤΡΥΝΕΙΝΠC. CΕΒ. *R.*
Imp. C. P. Semp. SATURNINUS Aug.

53.

R 6. *mois N...* M. 276. — Imp. C. M. Cl. TACITUS. P. Fel. Aug.
ΑΥΤ. Κ. Μ. ΚΛΑΥΔ. ΤΑΚΙΤΟC. CΕΒ. L. A. *Commun.*

54.

R. 2. *mois* V... M. 276. — Imp. C. FLORIANUS Marcus Annius
ΑΥΤ. Κ. Μ. ΑΝΝ. ΦΛΩΡΙΑΝΟΣ CΕΒ. L. A. *Commun.*

55.

R. 6. V. 50. M. 282. — Imp. C. M. Aur. PROBUS P. Fel. Aug. Tr. P. Cos. II. P. P.
ΑΥΤ. Κ. Μ, ΑΥΡΗΛ. ΠΡΟΒΟC. Ε. Ε. CΕΒ. L. S, *Commun.*

En Gaule R. 1. V. M. 275. — Imp. Caes. T. Ael. PROCULUS P. F. Aug. *RR.*

En Allemagne R. 1. M. 275. — Imp. Caes. Q. BONOSIUS P. F. Aug. *RR.*

56.

R. 2. V....M. 283. — Imp. C. M. Aur. CARUS.
ΑΥΤ. Κ. Μ. ΑΥΡ, ΚΑΡΟC. ΕΥC. CΕΒ. L. B. *Commun.*

57.

R. 3. V. 36. M. 284. — M. Aur. CARINUS Nob. Caes.
ΑΥΤ. Κ. Μ. ΑΥΡ. ΚΑΡΕΙΝΟC. ΕΥC. ΕΥΤ.

CEB. L. Γ. *Commun.*

58.

M. Aur. NUMERIANUS N. C. P. Fel. Aug. Cos. — R. 2. V.... M. 283.

ΑΥΤ. Κ. Μ. ΑΥΡ. ΝΟΥΜΕΡΙΑΝΟC. ΕΥC. ΕΥΤ. CEB. L. Β. *R.*

Imp. C. C. AQUIL. SABINUS Aug. *RR.* — *En même tés.*

Imp. C. L. DOM. DOMITIANUS. Aug. *R.* — R. 2. *ou* 3. *à Alexandrie.*

59.

Imp. C. C. Valerius Aurelius. DIOCLETIANUS. Cos. IV. P. P. Procos Dominus Noster. Beatissimus Felicissimus Senex. — R. 20. V. 78. M. 314.

ΑΥΤ. Κ. ΔΙΟΚΛΗΤΙΑΝΟC. L. Κ. *Commun.*

TIRANS sous Diocletien.

Imp. C. L. AELIANUS. Aug. *R.*

Imp. C. Cn. Sal. AMANDUS. P. F. Aug. *RR.*

Imp. CARAUSIUS P. Fel. Invict. Aug. *R.* — *en Angleterre*

Imp. C. ALECTUS P. F. Aug. *R.* — *En Angleterre.*

Imp. C. P. TREBONIUS JULIANUS. Aug. *RR*

ΑΥΤ. Κ Λ. ΕΠΙΔ. ΑΧΙΛΛΕΟC. *RR.* — *R.* 6 *En Egypte.*

NARSEUS Caesar *RR.* — *En Armenie.*

60.

Imp. C. M. Aur. VAL MAXIMIA- — R. 19. V. 60.

M. 305. NUS. P. F. Aug. Felicissimus, Senex, fortissimus optimus Imperator.

ΑΥΤ. Κ. Μ. ΑΥΡ. ΜΑΞΙΜΙΑΝΟϹ. L. ΙΗ. C.

GALERIA VALERIA.

ΓΑΛ. ΟΥΑΛ. ΕΥΤΡΩΠΙΑ· ϹΕΒ. *R.*

61.

R. 14. V....M. 305. CONSTANTIUS CAESAR Imp. Flavius Valerius.

ΚΟΝϹΤΑΝΤΙΟϹ. ΚΑΙϹΑΡ. ϹΕΒ. L. B. *Com.*

1e. *femme.* Flavia HELENA Augusta *comm.*

2de. *femme;* Fl. MAXIMIANA THEODORA Aug.

ΦΛΑΟΥΙΑ. ΜΑΞΙΜ. ΘΕΟΔΩΡΑ ϹΕΒ. *R.*

62.

R. is. V...M. 308. GALERIUS Val. Maximianus. N. b. Caes. P. Fel Aug.

ΑΥΤ. Κ. ΓΑΛ. ΑΥΑΟ. ΜΑΞΙΜΙΑΝΟϹ. ϹΕΒ. *R.*

GALERIA VALERIA Augusta. *R.*

TIRANS sous Constantius.

R. 4. En Afrique. Imp. C. Alexander P. F. Aug.

ΑΥΤ. ΚΑΙ· ΑΛΕΞΑΝΔΡ. ΕΞϹ. *RR·*

R. 1. Imp. Caes. Cajus IULIUS VALENS P. Fel. Aug.

ΑΥΤ. ΚΑΙϹ. Γ. ΙΟΥΛ. ΟΥΑΛΕΝϹ. ΕΥϹ ϹΕΒ. L. A. *RR.*

63.

R. 7. V....M. 312. Imp. GAL. Val. MAXIMINUS' P. Fel. Aug.

ΑΥΤ. ΓΑΛ. ΟΥΑΛ. ΜΑΞΙΜΕΙΝΟϹ. ΕΥ. ϹΕΒ. L. Δ. *Commun.*

64.

R. 1. V.... M 306. Flav. Val. SEVERUS Nobilis Caesar.

ΑΥΤ. Κ. ΦΛ. ΒΑΛ. ϹΕΒΗΡΟϹ. ΕΥϹ. ϹΕΒ. *R.* 65 | IV. SIECLE

Flav. Val. Cl. CONSTANTINUS Nob. Caeſ. Aug. | *R.* 32. *V.* 66. *M.* 337.

ΑΥΤ. Κ. ΦΛ. ΟΥΑΛ. ΚΩΝϹΤΑΝΤΕΙΝΟϹ. ϹΕΒ. L.. ΛΑ. *Commun.*

Flavia Maximiana FAUSTA Aug. *R.*

Imp. C. M. Aur. Val. MAXENTIUS Aug. Conſervator Urbis ſuae *comm.* | *En Italie R,* 6. *V.* 30. *M.* 311.

M. Aur. ROMULUS Nobilis Caeſ. Coſ. Noſtrae Urbis Filius. *R.* | *M.* 307.

MAGNIA URBICA Aug. *R.*

66.

Imp. C. Val. Licin. LICINIANUS. | *R.* 15. *V.* 60. *M.* 325.

ΑΥΤ. Κ. ΟΥΑΛ. ΛΙΚΙΝΙΑΝ. ΛΙΚΙΝΙΟϹ. ϹΕΒ. L. ΙΕ. *Commun.*

Fl. Val. CONSTANTIA. Aug. *RR.*

Dominus Noſter M. MARTINIANUS *RR.*

Dominus Noſter NIGRINIANUS. *R.*

Iul. CRISPUS. Nob. Caeſ. *comm.* | *M. en* 325.

Val. LICINIUS IUN. Nob. Ceſ. *comm.* | *R.* 20. *Mois* *M.* 325.

67.

Flav. CONSTANTINUS IUN. Nob. Caeſ. *comm.* | *R.* 3. *V.* 25. *M.* 340.

68.

Flav. Iul. CONSTANS Nob. Caeſ. P. Fel Aug. *comm.* | *R.* 13. *V.* 30. *M.* 350.

Aur. EUSEBIA Aug. *RR.*

Fl Maxima FAUSTINA Aug.

69.

Flav. Jul. CONSTANTIUS Maximus | *R.* 24. *V.* 41. M. 364.

Pius

Pius Fel. Aug. Perpetuus *Commun*.

R. quelques Mois. M. en 337. ou 338. Fl. Iul. DELMATIUS Nob. Ceaſ. *RR*.

en méme tẽs. HANIBALLIANUS Fl. Cl. Haniballiano Regi *RR*.

En méme tẽs. Fl. CONSTANTIUS GALLUS, Nob. Caeſ. *R*.

Fl Iul. CONSTANTIA Aug. *RR*.

R. 4. V. 50. M. 352. Dominus Noſter MAGNENTIUS P. F. Aug. *comm*.

A. 4. *V... M.* 352. Dominus Noſter DECENTIUS Nob. Caeſ. *commun*.

méme tems. D. N. DESIDERIUS N. C. *RR*.

D. N. VETRANIO P. F. Aug. *R*.

R, 28. *jours, M.* 349. Fl. Pop. NEPOTIANUS P. F. Aug. *RR*.

70.

R. 2. V. 42. *M.* 364. *Fl*. Claud. IULIANUS P. *Fl*. Aug. *commun*.

Fl. Iul. HELENA *R*.

71.

R. 7. *Mois*. V. *M.* 364. D. N. Fl Iovianus. P. F. Aug. Reſtitutor Reipublicae. *R*.

VARONIANUS Ioviani imperatoris Fil. Princeps Iuventutis. *RR*.

R. 12. V. 55. M. 375. D. N. *Fl*. Valentinianus. P. F. Aug. *c*.

72.

Valeria SEVERA Auguſta *RR*.

Fl. IUSTINA Auguſta. *RR*.

73.

N. 14. *V*. 50. M. 377. D. N. VALENS Max. Aug. *commun*.

En Phrygie. Albia Dominica Aug. *RR*.

R. 1? D. N. PROCOPIUS, P. *F*. Aug. *RR*.

74.

74.	
D. N. *Fl*. GRATIANUS P. *F*. Aug. *com*.	R. 15. V. 29.
Fl. Max. CONSTANTIA. *RR*.	M. 390.
D. N. FIRMUS. P. *F*. Aug. *RR*.	
ΑΥΤ ΚΑΙϹ. ΘΕΟΔΩΡΟϹ. ΕΥϹ. ϹΕΒ. *R*.	
75.	
D. N. *Fl*av. VALENTinianus Junior P. *Fel*. Aug. *comm*.	R. 16. V. 26. M 391.
D. N. MAG. MAXIMUS P. *Fel*. Aug. *commun*.	*En Gaule* M. 388
D. N. *Fl*. VICTOR. P. *F*. Aug. *R*.	*En Gaule* M. 388.
76.	
D. N. *Fl*. THEODOSIUS P. *F*. Aug.	R. 17. V. 60.
AELIA *F*LACCILLA. Aug. *R*.	M. 392.
GALLA PLACIDIA pia *F*elix Aug. *R*.	
D. N. EUGENIUS. P. *F*. Aug. *R*.	*En Gaule & en Allem*.
77.	R. 1. M. 391.
D. N. *Fl*av. ARCADIUS P. *F*. Aug. *commun*.	R. 13. V. 31. *M*. 405.
Aelia EUDOXIA Aug. *RR*.	V. SIECLE.
78.	
D.N.HONORIUS.P. *F*. Aug. *com*.	R 31. V. 38.
D. N. *Fl*. SEBASTIANUS P. *F*. Aug. *R*.	*M*. 421.
79.	
D. N. *Fl*av. THEOSIUS P. *Fel*. Aug. Imp. XXXII. Cos. XVII. P. P. *Rare*.	R. 48. V. 48. *M*. 449.
EUDOXIA. Aug. *R*.	
Fl. PRISCUS ATTALUS. P. *F*. Aug. *R*.	*En Gaule*.
D. N. IOVINUS. P. *F*. Aug. *R*.	*En Gaule*.
D. N. HERACLIANUS. P. *F*. *RR*.	En *Affrique*
D. N. PETRONIUS. P. *Fel*. Aug. *RR*.	

D. N. JOVINIANUS P. *F.* Aug. *RR.*

En Italie. D. N. JOANNES. P. *F.* Aug. *RR.*

80.

R. 30. *V.* M. 452. D. N. PLAC. VALENTINIANUS. P. *F.* Aug. *R.*

EUDOXIA Aug. *R.*

81.

R. 6. V.... M. 455. D. N. MARCIANUS. *RR.*

Fl. PULCHERIA. Aug. *R.*

R. 1. *V.*... M. 454. D. N. *Fl.* ANICIUS. MAXIMUS *RR.*

82.

R. 1. V.... M. 454. *D.* N. *Fl.* MAECILIUS AVITUS *RR.*

83.

R. 18. *V.*... M. 474. D. N. *Fl.* Val. LEO P. *F.* Aug. *comm.*

Fl. Iul. VERINA Aug. *RR.*

84.

R. 17. V.... M. 474. D. N. *Fl.* LEO IUN. *RR.*

85.

R. 4. V.... M. 460. D. N. Iul. MAJORIANUS. *RR.*

86.

R. 5. V.... M. 465. D. N. LIB. SEVERUS P. *F.* Aug. *RR.*

87.

R. 6. V.... M. 72 D. N. *Fl.* ANTHEMIUS. *RR.*

Fl. MARCIA Augusta *RR.*

88.

D. N. RICIMERUS P. *Fel.* Aug. *RR.*

89.

R. 3 *mois* V. M. 471. D. N. *Fl.* Anic. OLYBRIUS *RR.*

Fl. PLACIDIA Augusta. *RR.*

90.

R. 1. V. M. 472 D. N. GLYCERIUS Per. P. *F.* *RR.*

91.	
D. N. Leo Iun. P. *Fel*. Aug. *R*.	R. 1.
92.	
D. N. Fl. Zeno P. Fel. Aug. *R*.	*R*. 1. V.... M. 490.
93.	
D. N. Fl. Jul. Nepos P. Fel. Aug. *R*.	*R. quelques mois*.
94.	
D. N. Fl. Basiliscus *RR*.	N 3. *abdiqua* 477.
95.	
D. N. Fl. Leontius *R*.	*Sous Zenon*.
96.	
D. N. Fl. Mommilius Augustus *R*.	*R*. 1. *dethrôné* 476.
97.	
D. N. Fl. Valerius Anastasius P. Fel. Perpetuus Aug. *commun*.	*R*. 29. V. 88. M. 517.
D. N. Fl. Longinus P. Fel Perpetuus *Goltz* *RR*.	
D. N. Fl. Vitalianus Perp. *Goltz*.	
98.	
D. N. Justinus P. *F*. Aug. Flavius Anicius Perpet. *commun*.	R. 9. V. M. 526
Fl. Euphemia Augusta *R*.	
99.	
D. N. Justinianus Aug. Fl. Anic. Perpet. Pius *Fel*. *commun*.	R. 39. V. 83. M. 565.
Fl. Theodora. Aug. *RR*.	
100.	
D. N. *Fl*. Justinus Perpet. P. *Fel*. Aug. *commun*	R. 13. V.... M 578.
Fl. Sophia Aug. *RR*.	

101.

R 7. V.... M. 582. D. N. TIBERIUS Constantinus Perp. P. Fel. Aug. commun.
Fl. Anastasia Aug.

102.

R. 20. V. 65. M. 602. D. N. *Flav.* MAURITIUS Tiberius Perp. Aug. *R.*

103.

M. 602. D. N *Fl.* THEODOSIUS Perpet. P. Aug. *R.*

VII. SIECLE.

104.

R V.... M. 610. D. N. *Fl.* FOCAS. Aug. *R.*
LEONTIA Aug. R.

105.

R. 31. V. *M.* 640. D. N. HERACLIUS *R.*

Voilà Monsieur la Liste des Medailles que l'on trouve ordinairement des Empereurs, de leurs femmes, de leurs enfans, de leur parens, & de Tyrans. S'il s'en trouvoit d'autres, elles seroient rares comme un FL. JUL. PACATIANUS. P. F. AUG. que Monsieur Rainssat donna il y a trois ou quatre ans au Cabinet du Roy. C'est un Tyran dont on n'avoit point de connoissance dans l'Histoire, & qui aparemment étoit du tems ou aprés les Constantins, comme on le conjecture par la fabrique de la Medaille & les titres qu'il se donne. Je ne doute point que cette Medaille ne serve à expliquer quelque endroit de nôtre histoire qui nous est inconnu & quelques faits qu'on ne pouvoit accorder. J'en ay ce me semble assez dit à une personne comme vous qui va joindre l'experience à ses lumieres naturelles.

Au reste Monsieur pour ne rien oublier de ce qui peut les faciliter dans vôtre voyage, ne mâquez pas de visiter sur vôtre chemin les Savans & les curieux, il n'y a point de Ville un peu considerable qui n'ait des vertueux dans quelque gêre que ce soit & principalemēt celles où il y a des Academies d'étude Voici le nom de ceux que je connois selon que ma memoire me les fournit, & cela vous suffira, car le premier que vous verrez vous enseignera les autres.

Vous trouverez à Basle Monsieur Fesch Professeur en Droit dont le Cabinet & la Bibliotheque sont à voir. BASLE.

Monsieur Ludolf à Francfort possede entr'autre, outre ses Medailles, dans sa nombreuse Bibliotheque beaucoup de Manuscrits Orientaux. Dans le méme endroit Monsieur Scheffer Medecin n'épargne rien pour amasser ce qu'il y a de curieux dans ce qui regarde sa profession. FRANCFORT.

La Bibliotheque des Reverends Pe- MAIENCE.

res Jesuïtes de Mayence est considerable, & l'on ne doit pas negliger de la visiter. Non plus que toutes leurs autres maisons par tout où il y en a. Car les sciences y sont cultivées plus generalement, & l'on y trouve des secours avec plus d'abondance pour l'étude & pour la curiosité.

UTRECHT Monsieur Grevius à Utrecht a joint à une Bibliotheque de consequence beaucoup de Medailles rares aussi bien que de curieuses inscriptiõs, & des Mss.

LA HAYE. Il n'y a rein de si beau dans la Haye que le Cabinet & la Bibliotheque de Mõsieur Huguenius de Iulichen ou tout ce que Lipse a écrit de sa main, & 3 volumes de lettres en original des savans du dernier Siecle écrites à cet Autheur n'en sont pas une partie des moins precieuses.

NIMEGUE.. A Nimegue, le Cabinet de Monsieur Smith est un des plus riches & des plus nombreux que je sache.

LEIDE. A Leide, Mr Capel a un recüeil admirable de medailles. Mr Rickc Professeur en Histoire, a de même amassé beaucoup de curiositez dans son voyage d'Italie.

LONDRES. Monsieur Ashmole Escuyer à Londres conserve encor de beaux restes d'antiquitez malgré l'incendie de la Ville où il en perdit beaucoup. Monsieur Hill. de la societé Royale y possede aussi de tres-belles suittes de medailles de tous metaux. La Bibliotheque de Monsieur Vossius n'a guere moins de reputation que ce savant homme. Il y a entr'autres un Manuscrit des Septantes, les ouvrages de Pallades, un Stephanus *de Vrbibus*; & un Pollux plus amples que les nôtres.

Monsieur Houvard & Monsieur le Chevalier Cotton sont encor celebres pour leurs Cabinets remplis d'antiques & Monsieur Edoüart Brouun s'y est signalé par ses voyages, & les relations qu'il nous en a données.

Ie ne vous diray rien d'Oxfort, car le lieu a toute la reputation qu'il merite, & ce qu'il y a de beau à voir, n'est ignoré de Personne. Monsieur Sherburne Officier de la Tour de Londres y augmente tous les jours ses thresors de livres & de medailles. OXFORD.

Quoy qu'il semble que l'Espagne cultive moins les lettres que les autres Etats, elle n'est pas neanmoins denuée de curieux & d'habiles gens dans ce siecle cy, non plus que dans l'autre, & voicy ce que j'ay leu dans une relation de ce pays imprimée à Cologne en 1667 Lastanosa passe pour un des plus curieux HUESCA. 1655. *p.* 205.

« de toute l'Eſpagne. Il ſe tient à Hueſca
« ſeconde Ville d'Arragon, où l'on dit
« qu'il a dreſſé un Cabinet qui eſt un a-
« greable theatre de l'antiquité Greque &
« Romaine. On y voit quantité de Sta-
« tuës, de Pierres anciennes : de Vaſes
« d'Urnes, de Lampes de Camayeux &
« un ramas de monnoyes du vieux tems,
« de Medailles & d'anneaux. Auſſi s'eſt-
« il ſi fort étudié ſur toutes ces antiquitez
« qu'il en a tiré un livre des ancien-
« nes monnoyes d'Eſpagne, qui paſſe
« pour exquis ſur ce ſujet, & rare en ſes
« remarques.

Monſieur Galland qui eſt depuis quelques années en Turquie n'a pas acquis un mediocre fond ny des connoiſſances peu conſiderables dans ſes Voyages. Je ne ſçay s'il poſſede beaucoup de Medailles & de Manuſcrits. Mais je ſuis perſuadé qu'il peut procurer de grands ſecours à ceux qui aiment ce genre d'antiquitez & qui auront le bonheur de le rencontrer à Conſtantinople ou ailleurs.

NUREMBERG.

Nous avons eu icy des preuves publiques du merite & du ſçavoir de Mr Arnold de Nuremberg. La Republique des lettres a perdu depuis qu'il eſt retourné un merveilleux ſujet en Monſieur ſon pere qui poſſedoit une Bibliotheque & un Cabinet des plus beaux de

la

la Ville, ces thresors qui passent sans doute entre les mains du fils ne diminuront pas, & seront toujours visibles aux gens capables d'en profiter.

Lipsic à ses illustres aussi, & je ne crois pas qu'un Voyageur se repente d'y voir entr'autres Monsieur Carpzovius. Ce sçavant homme se distingue par tant d'endroits, qu'il est impossible que sa Bibliotheque ne soit aussi singuliere & aussi choisie que son merite. LIPSIC.

Monsieur Obrecht Prevost general d'Alsace s'est tellement fait considerer par son merite qu'il en a eu les bonnes graces du Roy. Il a sans doute une Bibliotheque de consequence, & je m'assure qu'un voyageur ne perdra pas son tems à la voir, & celui qui la possede. STRASBOURG.

J'ay veu icy Monsieur son frere, & j'ay tant découvert en luy d'excellentes qualitez, & un goût si heureux pour les bonnes choses, que je ne juge pas moins avantageusemẽt de sa Bibliotheque que de sa personne. Outre les Manuscrits anciens que je sçay qu'il a, il en possede encor quelques uns notez de la main de Meursius, & entre autres un Hesychius. Il professe les belles lettres à Vpsal. VPSAL.

Le peu de momens que j'ay veu icy Monsieur Scetin d'Ausbourg, me AUSBOURG.

fait conjecturer aisément qu'il reviendra d'Italie chargé de precieuses dépoüilles, pour les joindre à ce qu'il a déja chez luy de curieux.

LUBEC. Monsieur H. Meibomius de Lubec témoigne avoir un Cabinet de Medailles, dans une Harangue que j'ay veuë de luy. Il y louë entre autres l'Amas précieux d'Antiquitez d'un illustre Abbé, nommé Gerhard.

PRESBOVRG Il y a un Apotiquaire à Presbourg, dont la boutique est celebre, & dont le cabinet est remply d'un tres grand nombre de curiositez.

SCHEMNITS. Et à Schemnits il y en a un autre nommé Iacques Shvviboda qui est encor medecin & curieux.

Voicy d'Anciens curieux qui se trouvent déja dans quelques memoires. A

ZURICH. Zurich la Biblioteque publique & celle de Monsieur H. Muller ont des Medailles & des inscriptions singulieres.

ULME. A Ulme Monsieur Schermeyer a des Medailles & des Monnoyes.

STOKOLM. Monsieur Grypiel, Senateur du Royaume de Suede, fait transporter de tous costez des Medailles Antiques jusques à Stokolm.

HEIDELBERG. Monsieur Israël à Heildelberg y est encor un Medecin Antiquaire.

HAM- On voit à Hambourg de sçavans

vertueux, aussi bien que d'habiles Marchands, & les Cabinets de Messieurs Georges Ludres & Fogelius, ne procurent pas peu de secours aux Muses Antiques & Modernes. BOURG.

Monsieur Occo Avocat à Amsterdam & Monsieur Vitzen, ont des Medailles de tous Siecles & de tous Metaux. AMSTERDAM.

L'Academie de Basle, s'est fait honneur d'acheter le Cabinet d'Amerbach. BASLE.

Les Bartholins, à Compenhague, sont en reputation aussi bien qu'ailleurs, de posseder de belles choses. COMPENHAGUE.

Je ne particularise point icy les Princes & les Grands Seigneurs d'Allemagne, parce qu'ils ont tous des Bibliotheques & des Cabinets curieux. Vous pouvez à coup seur demander à les voir, & quand vous devriez vous détourner pour saluer Monsieur le Baron de Blumberg, Vous ne me sçaurez pas un mauvais gré de vous avoir averty que son humanité enchante les Gens, & que sa conversation & les thresors qu'il amasse tous les jours ont dequoy satisfaire le goût de plus d'un Genre de Sçavans. ALLEMAGNE.

Il y a long-tems que les Cabinets d'Italie sont celebres. J'ay parlé de ceux ITALIE.

dont on a la description. Je ne sçay s'ils subsistent encor, mais il est facile de s'en instruire & de les voir. Quand vous passerez par cette Province à vostre retour vous apprendrez aisément à Rome qui sont les lieux ou il y a de plus belles choses à voir, & ou l'on reçoit le mieux les Gens. Mr Bellory, & Mr Fabretti y tiennent aujourd'huy les premiers rangs parmy les Particuliers, & je croy qu'il faut s'adresser à eux pour avoir la clef du reste.

ROME.

BOLOGNE.

A Bologne le Medecin Capponi, passe pour avoir un grand nombre d'Antiquités.

MILAN.

Et à Milan les recherches de Monsieur le Comte de Mezzabarbe, qui nous a donné une belle Edition augmentée des Medailles d'Occo doivent exciter puissamment les curieux à aller voir son Cabinet.

PADOUE.

Les ouvrages de Monsieur Patin ne manqueront pas de faire aller les Gens exprés à Padouë pour le voir, & pour le consulter.

LA FRANCE.

Enfin Monsieur, pour peu que vous ayez parcouru quelques uns de ces Sanctuaires des Muses, avec quel empressement les habiles curieux de vostre Patrie ne vous recevront-ils pas. Toutes les Villes de France pour la plus part ont toûjours eu quelqu'un à qui l'amour des lettres à fait faire des Amas precieux. Mais je remarque que Paris donne depuis long temps avec éclat dans cette magnificence, puisque Monsieur le Cardinal de Richelieu avoit tant de Medailles, & tant d'autres raretez antiques. Le R. P. de la Chaise Confesseur du Roy, possede aujourd'huy un Cabinet d'Antiques des plus precieuses & des mieux choisies. Mr du Harlay Procureur General, ne cede gueres en richesses, sur ce chapitre, à bien des Princes. J'ay dé-ja parlé du Cabinet de Mr de Lamoignon, il ne fait pas un des moindres ornemens de la Ville. Celuy du P. du Moulinet est connu, & celuy de Mr Dron merite de l'estre. Le P. Jobert à déja des choses singulieres, & il pourra aller plus loin que le P. Sirmon. Dom Placide, Bibliothequaire de S. Germain des Prez est extrémement heureux dans cette recherche, & il a déja fait bien du chemin en peu de temps, Aussi bien que le P. Mabillon dans la découverte des Mss. Mr Baluse de mesme nous a deterré tant de Mss precieux, & preside à une si belle Bibliotheque, qu'un curieux doit se promettre des avantages considerables à le visiter, Mr Bonnet Medecin à

PARIS.

déja tant de belles choses dans sa Bibliotheque & dans son Cabinet, qu'il peut avoir place dans la dissertation de Mr Arnold le Pere de Nuremberg touchant les Medecins qui ont cultivé l'étude de l'Antiquité. Mr Vaillant à fait tant de conquestes dans la Medaille, & connoi si bien qu'elles sont les rares ou les Antiques qu'un curieux de cette espece ne sortira pas peu instruit de sa conversation, lorsque cét Antiquaire se donnera la peine de parler des experiences qu'il a faites. Mr l'Abbé Bisot à des talens pour la curiosité qui sont incomprehensibles : on peut dire qu'il en est une source inépuisable, & personne ne connoît mieux les Medailles modernes que luy. Il y a long-temps que Mr de Creil regne dans le commerce des choses precieuses pour n'étre pas oublié par ceux qui les aiment: il s'en deffait aussi avec toute la complaisance possible, lorsque les curieux connoissent le prix de l'Antiquité, & n'estiment pas les choses mediocrement. Mais Mr, je n'aurois jamais fait si je voulois vous specifier tous les endroits ou l'on trouve icy des curiositez & tous les Sçavans qui les estiment. Mr d'Herouval est cité par tous ceux qui écrivent comme l'homme du monde le plus obligeant, & qui peut mieux que personne communiquer entre autres des Mss. du second âge qui regardent ou l'Histoire ou la Religion. Le merite de Mr du Cange paroit sitost dans sa conversation & dans ses ouvrages, qu'il n'a pas besoin de Panegyriste pour le faire connoistre. Il n'est pas necessaire que je parle icy de Mr Thevenot, n'y de ses Mss. car il n'y a point d'habiles Gens qui ne le connoissent, & qui n'ayent quelque commerce avec luy, non plus qu'avec Mr Rainssant, du Cabinet du Roy. Monsieur le Duc d'Aumont à bien fait voir qu'il se connoissoit en tout dans les Conferences qu'il a tenuës chez luy, touchant l'Histoire Ancienne : il a découvert depuis peu deux Portraits en Agathe de quelques uns des Tyrans du tems de Gallien. Mr Morel s'est déja fait connoistre par son *Specimen* & les Medailles du Roy quil dessine si merveilleusement le feront consulter avec succeds sur ce Chapitre. Mr Blondel est en reputation d'avoir de belles Pierres gravées, & de se connoître en beaucoup d'autres choses. Mr Felibien le Fils, tout jeune qu'il est suit les traces de Mr son Pere : car outre l'Architecture sur laquelle il a fait des Amas curieux, il cultive encor tout ce qui peut servir aux

Lettres. Mr Clement ne doit pas estre oublié icy, & ses soins n'ont pas esté inutiles à la Bibliotheque du Roy, du tems de Mr Carcavy. Mr le Comte de Vaux à déja une suite de Medailles d'Argent admirable, & beaucoup de Medaillons Grecs. Mr Foucaut, Intendant de Justice en Poitou, en conserve de belles icy, qui sont entre les mains d'un homme de Lettres qui est à luy. Mr le President Bignon en fait aujourd'huy son plaisir, & prend la peine d'en amasser. La vie de l'Empereur M. Aurele que ce sçavant Magistrat nous promet ne diminura rien de la reputation qui est hereditaire dans sa famille. Mr Moreau Auditeur des Comtes, aime les Livres, les Manuscrits, les Medailles, & sçait en faire un choix fort judicieux. Il est impossible que Mr de la Chapelle Bessé, ne puisse communiquer de belles choses. La longue étude qu'il a faite des belles Lettres & de l'Antiquité auprés d'un des plus Sçavans Magistrats du monde, qui l'honoroit de son estime & de sa cõfiãce, & les emplois qu'un Grãd Ministre luy cõfie aujourd'huy, ne sçauroiẽt riẽ faire peser de mediocre de ses lumieres & de ses recherches. Mr Dargenson Doyen de S. Germain a encor succedé à Mr Seguin.

dans l'amour de l'antiquité. M. Giraud se fait non seulement un agreable employ d'acquerir tout ce que les sçavans & les curieux recherchent, mais méme il se fait un plaisir de le communiquer. M. le Blanc fera voir par ses Ouvrages, quel progrez un bon espri fait ordinairement dans l'étude & dans la recherche de l'Antiquité : il a fai entre autre une étude particuliere des Monnoyes Barbares, pour parler à la maniere des Romains. & il découvrira la dessus des mysteres qui feront honneur aux Peuples qui les ont fabriquées. Nous avons aussi dans nostre Barreau quelques Illustres, qui ne diminuent pas le solide de leur Ministere, en y joignant les agrémens de l'Antiquité, & qui croyent au contraire relever par la l'éclat de leurs talens. Mr Lauthier Avocat au Conseil. Mr. Fovassier, Mr. Pinson le fils, & Mr Arnoul, s'y sont initiez de bône heure. Mr Jobert, Mr de Loëtiere, Mr. de Launay Professeur de Droit François. Mr Vaillant, Mr Fournier, Mr de Mauparty, Mr Chuppé, & Mr Loger son Neveu ont non seulement des Bibliotheques precieuses, mais à l'exemple de Cujas, ils reverent encor tous les Monumens de l'Antiquité, ils en acquierent & s'en servent à propos, il reste encor beaucoup de choses à Mr de Monjeux ; & M. l'Abbé de Lanion commence en a acquerir.

VERSAILLES.

Mais Mr je ne dois pas passer sous silence qu'à Versailles MONSEIGNEUR veut bien honorer le gout du siecle par l'inclination qu'il témoigne pour les antiques precieuses; il y a déja du tems qu'il prend soin d'en remplir son Cabinet, & de l'orner de raretez inestimables.

M. le Duc du Maine tout jeune qu'il est suit déja les traces du grand Prince dont je viens de parler. Il joint volontiers à ses études celle des Medailles & des antiques, & fait connoître avec plaisir par une infinité de progrez, que le sang du GRAND LOUIS ne degenere point.

Mr de Court à qui l'on a commis une partie du soin des études de Mr le Duc du Maine, s'est attaché aux langues Orientales. Cela sans doute la engagé a recueillir la monnoye des peuples du levant, & a s'en faire une étude.

Je ne repete rien icy du Cabinet du Roy, qu'il faut aller voir en ce lieu, ny de Mr Rainssant qui y preside, non plus que Mr Morel qui y travaille, car j'en ay parlé ailleurs.

LYON.

Lyon est tout plein d'habiles Curieux, & quand ce ne seroit que Mr Spon, il en vaut bien une douzaine d'autres. Mr du Faure Carrige, Du Four & Colbenschlag y ont aussi du nom pour cela.

Il y a long-tems que Mr Lauthier est connu pour un Antiquaire dans la Ville d'Aix; & pour avoir recueilly les debris de Mr de Bagarris, & de Mr Peiresc. Mr le Prieur Borilly, & Mr Sibon Avocat y peuvent aussi montrer de tres beaux Cabinets. Aix.

A Arles messieurs Terrain & Mr Agard ont de belles suittes de medailles. Le premier entre autres paroit en avoir amassé de Grecques, par ce qu'on a veu de luy dans le Journal des Sçavans. Arles.

Mr Beyrede, & Mr Gregoire à Avignon ont des medailles, & un de mes amis m'a dit y avoir veu un Curieux, qui en avoit beaucoup de Plomb antiques, qu'il croit venir du Cabinet de Mr Peiresc. Avignon.

Dijon à des Sçavans & des Curieux d'élite, dont le merite est public pour la pluspart. Mr le President Boyer à des manuscrits, & un fort beau Cabinet de medailles, qu'il montre luy mesme, avec toute la facilité & toute la bonté possible. Mr Fleutelot Conseiller au Dijon.

Parlement, n'épargne rien pour rendre sa Bibliotheque curieuse & magnifique. Mr du May, Mr Lantin, Mr l'Abbé Nicaise & Mr de la Monnoye, sont de ceux aussi qu'il faut voir en ce lieu là, si l'on veut se faire honneur de son voyage. Mr de la Mare outre les Recueils curieux dont il pourroit enrichir le Public, a encor des medailles, des inscriptions des MSS. des Antiques. Mr Bouillets Maistre des Contes, à des Medailles, & Mr de Chevares Avocat, à de l'erudition & des curiositez à voir dans son Cabinet.

BESANÇON. Mr Chiflet est à Besançon un Sçavant & un curieux d'origine. Mr l'Abbé Boisot n'y tient pas non plus un rang mediocre, & pour l'erudition & pour la richesse de sa Bibliotheque, & de son Cabinet.

NISMES. On conte à Nismes Mr Guytan Conseiller, & Mr Graveroles, pour des Antiquaires de nom & imprimez.

GRENOBLE. Mr de Pluvinel à Grenoble se fait honneur d'aimer l'Antiquité.

MONTPELLIER. Mr Ranchin à Montpellier & à Montbrisson Mr de la Mure, y cultivent les Lettres, & n'y laissent rien perir des Monumens Anciens qui leur servent.

ROÜEN. Monsieur Bigot à Roüen, à une des plus belles Biblioteques qu'un Particulier puisse avoir, pour les MSS. & pour la rareté des Livres; aussi est-elle autant connuë que celuy qui la possede à de reputation, & de merite parmy tous les Sçavans de l'Europe.

Mr Peti Official à Bayeux, a un Cabinet merveilleux composé d'un tres-grand nombre d'Antiques. BAYEUX.

Ce n'est pas d'aujourd'hui que M. de Cap nommé à l'Evesché de Pamiers, possede tous les avantages pour connoître & pour amasser des raretez. Son Cabinet de Medailles sur tout, est composé de ce qu'il y avoit de plus beau dans plusieurs suites celebres, comme celles du Card. Maximis, de Bonfils & autres. PAMIERS.

Mr Boulay Tresorier de France à Châlons, possede des Medailles tres curieuses, & tres conservées de tout Genre. Il en a en Province, & même à Paris, aussi bien que Mr Monoury Chanoine de la Cathedrale de Rheims. RHEIMS.

Monsieur Gailhart Gentil-Homme Anglois, Gouverneur du Fils de Monsieur l'Ambassadeur de Hollande, a des curiositez antiques de tout genre en plus d'un endroit.

Mr. Hubert Chantre de S. Aignan possede à Orleans de belles Medailles. Il y a aussi dans ce même lieu un Cha- ORLEANS.

noine de S. Pierre en Pont qui cultive l'antiquité.

TOVRS. M. le Sousdoyen de S. martin & Mr menard se distinguent dans Tours par leur curiosité.

A AJOUTER.

A la page 405. aprés *du Printemps dernier.*

C'étoit en l'année 1682.

page 517. ligne 8.

D'ouvient ce que disent les anciens, que Jupiter écrivoit tout le bien & le mal qu'on faisoit sur des peaux de Chevres comme on le voit dans Suidas, sur le terme de Ζεύς.

A la page 539. ligne 17.

On trouve presque la même chose de cét Homme dans L'ETYMOLOGICON MAGNUM *Pheidon Argien*, rapporte-il, *fut le premier de tous, qui fit frapper de la Monnoye dans l'Isle d'Egine.* Mais ce qu'on lit ensuite est curieux, & n'est point ailleurs que je sçache, *& en memoire de cette invention* ajoûte l'Autheur, *il fit ériger des Obelisques, qu'il consacra dans Argos, & qu'il dedia à*

παντῶν δὲ πρῶτος φεί-δων Ἀργεῖος νόμισμα ἔκο-ψεν ἐν Αἰγίνῃ; καὶ διὰ τὸ νό-μισμα ἀνα-λαβὼν τοὺς ὀβελίσκους, ἀνέθηκε τῇ ἐν Ἄργει Ἥρᾳ. *Ety.*

Junon. Il paroit encor dans un autre endroit de ce même Ouvrage, que ce Pheidon étoit un Roy d'Argos, & qu'il fit frapper cette Monnoye d'or appellée Euboïque. *Elle est ainsi nommée*, dit cét Autheur, *parce que Pheidon Roy d'Argos fut le premier qui fit battre cette Monnoye d'or dans l'Eubée, un des quartiers de la Ville*. Stephanus parle aussi de ce lieu, mais je ne sçay si la Ville est celle du Peloponese, ou celle de Nisuros une des Cyclades, dont le Geographe parle. Il y a de l'apparence que ce Prince estoit Souverain de plusieurs de ces Isles, & que comme il a fait battre la premiere Monnoye d'argent dans une des Clyclades, il a pû faire frapper aussi celle d'or dans une autre Isle de sa domination.

Εὐβοϊκὸν νόμισμα, ἐπειδὴ Φείδων ὁ Ἀργείων βασιλεὺς ἐν Εὐβοίᾳ χωρίῳ τοῦ Ἄργους, πρῶτος ἔκοψε χρυσὸν νόμισμα. Ety.

ἔστι καὶ τόπος ἐν Ἄργει. *Steph.*

πέμπτη ἐν Νισύρῳ, μία τῶν Κυκλάδων. *Steph.*

A la page 555. ligne 14. aprés *de Cuivre*.

D'ou vient qu'on les couppoit autrefois lorsqu'on en doutoit, & pour les rendre inutiles comme l'Auteur de l'ETYMOLOGICON le dit *estre couppé, c'est la mesme chose, qu'estre faux & reprouvé, comme les Anciens couppoient les Monnoyes de mauvais Alloy*.

διακέκοπται, οἷον ἀδοκίμαστόν ἐστι. διέκοπτεν γὰρ τὸ ἀδόκιμον νόμισμα οἱ παλαιοί. *Etym.*

A la page 631. 16. aprés *Exemple*.

Une Medaille que j'ay tirée des recuëils de Monsieur Morel, ou il y a d'un costé une teste barbuë, qui est apparemment celle de Saturne, puisqu'au revers au dessus de deux étoilles, & de la partie honteuse de l'homme il y a ce mot pour Legende, SAT, qu'il n'est pas difficile d'expliquer : car il ne peut y avoir que SATURNUS, ou SATURNALIA. En voicy de méme.

A la page 647. apres la douziéme ligne.

Monsieur Petit jugea.

A la pag. 683. apres l'article du Pere Iobert.

Si le R. P. Hardoüin bibliothequaire de Clermont, a le loisir d'executer ce qu'il promet dans ces ouvrages, les antiquaires auront dequoy exercer leurs recherches avec moins de peine.

MEMOI-

MEMOIRE,

De quelques Obſervations generales qu'on peut faire, pour ne pas voyager inutilement.

TOVS ceux qui ont entendu parler du precedent écrit s'imaginent tellement que c'eſt une inſtructiõ generale pour les voyages, qu'ils le croyent propre à toutes ſortes de Voyageurs. Cet Ouvrage neanmoins n'eſt fait que pour un homme de lettres; & je n'ay pretendu rendre conte icy que de ma lecture, & de mes reflections ſur quelques genres d'Antiquitez. Quoyque j'aye pû dire ce-

pendant, je n'ay pû faire cesser la preocupation qu'on en avoit. On m'a suggeré, & j'ay lû tant d'excellentes remarques à faire, que je crois estre obligé de publier celles qui me reviendront en la memoire, & d'y joindre quelques avis pour devenir un habile Voyageur, pour soy & pour les autres. Quelques uns de ces avis sont peut-estre communs, & se trouvent sans doute dans plusieurs Relations; mais ou ils y sont peu exacts, ou peu suffisans, ou trop écartez dans le discours; & ce que j'en raporteray icy les fera mettre en pratique, ou plus souvent, ou avec plus de presence desprit.

Il n'y a point de Pays si disgracié, comme je l'ay déja dit ailleurs, dont on ne puisse tirer quelque avantage. Quand on passe en quelque endroit, il faut en examiner d'abord la situation, pour en connoistre la nature comme il faut, & pour faire des reflections plus justes sur les mœurs des Habitans. Il ne faut pas oublier de marquer les tenants, & aboutissans : c'est à dire, l'étenduë que peut avoir un Pays du côté des quatre parties du Monde, & de prendre l'élevation du Pole : ce qui se fait en observant les degrez de la hauteur du Soleil à midy.

Il y a de certains instrumens, comme l'Astrolabe, l'Anneau gradué, ou l'Arbaleste qui facilitent beaucoup l'execution, de ce que je dis icy ; & l'on ne doit pas negliger de s'en munir.

La premiere chose que l'on doit faire aprés cela, c'est d'étudier la Carte Geographique du Pays, qu'il faut porter avec soy, & la conferer avec celles qui se font sur les lieux. Il sera difficile ainsi à un Voyageur de ne pas remarquer ce qui manquera dans l'une & dans l'autre.

Rien ne contribuë tant à faire des découvertes curieuses, que la lecture des meilleures relations du lieu ou l'on passée ; lors principalement qu'elles ont esté faites par des gens qui sçavoient l'histoire du Pays, & qui en ont inseré des Abregez, comme à fait le Pere Philippe Carme déchaussé, dans son voyage d'Asie. Cét Ouvrage, quoyque fait par un Moine qui ne regardoit qu'à remplir exactement sa fonction de Missionnaire, ne laisse pas neanmoins d'être un modele à étudier, pour ceux qui vont en Orient : aussi bien que la Relation de Jean Struys, pour le Nort ; quelques unes de celles de M. Thevenot & les voyages de Pyrard.

Ces Autheurs font connoistre en effet, qu'elle est l'utilité de marquer les distances itineraires d'un lieu à un autre.

La disposition des Pays à l'égard des Parties du monde, & des Rhombes des vents.

De décrire la route qu'on tient ; & combien d'heures on employe à passer d'un endroit à l'autre.

Ils content fort judicieusement à part, le tems qu'ils ont esté dans un lieu sans avancer, & de qu'elle voiture ils se sont servis : car sans cela on ne pourroit apprendre au juste la distance des lieux ; puisqu'il est trivial qu'on avance plus souvent davantage par de certaines voyes que par d'autres.

Il n'est pas inutile non plus de remarquer combien on fait de chemin par heure, avec une telle ou telle voiture; ce qu'il faut reduire en lieuës communes de France, ou d'Italie.

Quand ils ont le loisir de s'arrester quelque part, ils ne manquent pas de décrire le Pays, sa fertilité, ou sa sterilité; la temperature de l'air, s'il est chaud ou froid, sec ou humide. On a fait depuis peu de petits Thermometres excellens & commodes à porter dans des étuits de chagrin, si l'on en avoit, il seroit facile d'observer combien l'esprit de vin monte plus haut qu'icy, ou dessend plus bas selon la saison qui regnera dans le Pays.

Il y a des lieux ou le temps est reglé pour de certains vents, & pour les pluyes, comme nos Voyageurs le marquent en plusieurs endroits. Il est bon en passant d'y faire attention, & de sçavoir quand ils commencent & combien ils durent.

Chaque Pays ne tire pas de son sein toutes ses commoditez, & l'on est souvent obligé de moissonner dans les terres éloignées. C'est pourquoy il faut s'enquerir comment on satisfait aux besoins du lieu; quels sont les vivres qui s'y trouvent, ou de quelle autre Province on en tire ; comment on s'en pourvoit, & qu'elle provision on en fait ordinairement.

La matiere dont on se sert pour avoir du feu, ou de la lumiere, est encor une de ces choses qu'il faut observer, parce que cela sert beaucoup à connoistre la nature & la complection du Pays. Le feu ne se fait pas également par tout. Il y a des lieux ou l'on ne brûle que du Gazon, ou d'autre terre de Carriere, comme en Islande, en Angleterre & ailleurs. D'autres ou des Pierres servent à cét usage. On a écrit méme qu'en Islande il y avoit des Glaces si anciennes, qu'elles estoient converties en une matiere seiche & combustible, en sorte qu'estant jettées dans le feu, elles faisoient le méme effet que le charbon, qu'on appelle *Houille* en Flandre.

La lumiere de même ne se fait pas par tout semblablement. Le Suif, la Cire & l'huile sont communs ; la derniere neammoins se fait avec differentes matieres : dans l'Ukraine on se sert de Chandelles faites d'éclats de bois, & l'on en a pour un double suffisamment pour la plus longue nuit.

Si l'on trouve des Montagnes en chemin, il les faut d'écrire ; marquer leur nom, leur hauteur, les tours qu'on fait pour les monter, ou pour les passer; si elles sont habitées, ou couvertes d'Arbres ou non.

Les Fleuves, les Rivieres, les Ruisseaux, les Torrents, excitent assez les Voyageurs à les remarquer; & a se souvenir comment on les passe, de qu'elle maniere on les navige; qu'elles emboucheures elles ont. Il ne faut pourtant pas oublier de s'instruire, si ils naissent dans les plaines, ou sur les Montagnes; qu'els Poissons ils nourrissent, quel fond ils ont, qu'elle espece de Bateaux ils portent, & si cela se peut qu'els Arbres qu'elles plantes ou qu'elles herbes on trouve sur leurs bords.

Il faut d'écrire exactement qu'elles commoditez on a, ou qu'elles incommoditez on souffre dans le voyage.

Dans quels perils on se trouve lorsqu'on traverse des Fleuves, des Plaines desertes ou nom, & des Forests, ou qu'on passe d'un état à un autre; de qu'elles seuretez il se faut munir, comment éviter les uns, & obtenir les autres.

Les provisions d'eau en voyage sont souvent si necessaires, qu'il faut bien marquer ou on les fait, & en quels endroits elles sont mal saines à boire, ou désagreables au goût. Il faut aussi observer la situation du lieu, ou il s'en treuve de medecinales.

Il faut s'informer autant que l'on peut dans les Villes ou l'on passe, de qu'elle maniere elles sont policées, leurs Officiers, tant Civils, que militaires. Les commoditez qu'elles ont, tant pour les besoins necessaires, que pour la volupté. Ecri e correctement leurs noms presens, tacher d'apprendre ceux qu'elles avoient dans les Siecles qui ont precedé la barbarie : on pourroit par ce moyen expliquer la Geographie des Conquestes de Tamerlan ; celle qu'on appelle *Nubiensis*, & celle des autres Arabes, qui nous ont esté presque inutiles jusques à present.

Je remarque que tous ceux qui voyagent se font un point d'honneur de bien observer les mœurs des Peuples, & de les decrire exactement autant qu'ils peuvent. Cependant comme ils ne sçauroient pas tout remarquer le plus souvent, il est bon de faire ses Observations particulieres, quand on se trouve quelque part, & de ne s'en pas raporter à ce que les autres en ont dit. Il faut étudier le genie, & l'humeur de la Nation ; qu'elles sont ses inclinations militaires, ou Civiles, ses penchans au bien ou au mal. Le genre de Religion

gion qu'elle professe, la maniere de son culte, s'il est ancien, & qu'elle attache elle y a.

Les Anciens ont toûjours recherché l'origine des Peuples, l'Epoque des Empires, des Nations, des Villes, des coûtumes; c'est à dire le commencement de tout cela; le progrez des Rois & des Heros; la fondation des Royaumes, des Villes; l'établissement des Peuples & des usages. Nous avons perdu toutes ces descriptions, & les changemens qui se sont faits depuis, nous obligent à faire de nouvelles recherches, sur l'état present des Provinces principalement, de qui elles sont sujettes ou tributaires.

La magnificence des Rois & des Princes, est encor une chose à examiner. Si leur Cour est superbe, de quelle maniere il sont accompagnez, comment ils en usent avec leurs Sujets, & comment ils reçoivent les Etrangers, quel pouvoir ils ont dans la Religion; quel est le gouvernement politique, & l'administration de la Justice

On nous rapporte en effet des choses si singulieres de certains Peuples, qu'elles ont besoin de plus d'un témoin pour y faire ajoûter quelque foy. Comme par exemple.

En Islande, ou l'on trafique encor par échange, accause qu'il n'y a point d'argent monnoyé, on dit que les plus belles filles stipulent avec les Marchands qui abordent cette Isle, qu'elles coucheront avec eux pour tant de marchandise ; & que celles qui en deviennent grosses s'estiment les plus heureuses.

Que parmy les Cosaques en VKraine, ce sont les filles qui font les avances en amour ; c'est à dire les mêmes démarches que l'on fait icy dans la recherche de celles qu'on aime.

Que les maris en quelques endroits de l'Affrique ne se soucient pas qu'on couche avec leurs femmes, & qu'en Perse au contraire ils sont si jaloux, qu'ils ne peuvent souffrir méme qu'on regarde les leurs ; & que s'ils s'en étoient aperceus cela seul leur suffiroit pour les répudier. Aussi les Loix y permettent elles d'en prendre telle vengeance qu'il leur plaît, pour peu de soupçon qu'ait un mary de son épouse.

Le sexe est traité plus favorablement dans le Royaume de Cochin des Indes; Car on dit que les femmes y peuvent épouser plusieurs maris, & qu'elles ont la noblesse de leur côté.

Il y a pourtant ailleurs, parmy les mêmes Peuples, une coûtume bien dure, qui oblige les veuves à ne par survivre à leurs maris, & à se jetter dans le même feu ou l'on brûle le défunct.

Cet usage de la Carinthie est encor fort extraordinaire. Quand un homme y est soupçonné d'avoir volé quoy que ce soit, on le fait mourir d'abord; trois jours apres on luy fait son procez, & n'a point d'autre reparation a esperer, s'il est trouvé innocent, qu'une sepulture honorable. Et enfin dans d'autres endroits ce seroit une irreverence d'être autrement que nud, quand on veut se presenter devant le Souverain.

Toutes ces choses valent bien la peine de s'en instruire exactement, quand on passe a dans les lieux, & ainsi des autres.

Les habillemens des hommes & des femmes aux iours ordinaires, qu de ceremonies, leurs parures & leur deüil demandent une description particuliere, aussi bien que les spectacles publics, les ieux des grand, & ceux des peuples, ceux des enfans méme ne doivent pas étre négligez.

Ils faut étudier le commerce, les marchandises qu'on debite les monnoyes qui ont cours le titre & le coin quelles portent. La façon de conter & les chiffres dont on se sert, si l'on ne veut pas revenir chez soy l'esprit & les mains vides.

La commodité des Caravannes est en Orient d'une tres-grande consequence. Il y a des lieux ou elles partent à de certains tems, ce qu'il faut observer; marquer méme jusques ou elles vont, de quelles voitures elles se servent, & de combien de gens au moins il faut qu'elles soient composées pour partir. Que les escortes, quels passe-ports elles prennent pour leur seureté; qu'elle en est la police ordinairement, ou lors que quelqu'un d'une nation, ou d'une autre en est le directeur. C'est a dire il faut observer l'ordre qu'on y tient dans les voyages, & la soumission que tous les voyageurs ont à un chef éleu entre eux, qui a le pouvoir de réprendre, de corriger, de condamner méme a de certaines peines pecuniaires & afflictives.

Lors qu'on a de longues courses à faire, & que l'on veut parcourir plus d'une partie du monde, on eſt ſouvent obligé de changer de terrain & d'Element. Les obſervations ſur mer ſont infinies, & il faut y avoir déja quelque experience pour les faire iuſtes. Quoy que les vents qu'on nomme *biſes* regnent le plus ſouvent, il ne faut pas laiſſer que d'étudier en quel tems il commencent, & combien ils durent. On a bien remarqué depuis pluſieurs ſiecles que la mer a des courans en plus d'un endroit, qu'il faut décrire quand on en rencontre, & marquer de quel côté ils portent; mais ce n'eſt que depuis quelques années qu'on a découvert qu'elle avoit une eſpece de mouvement, & de cours du Septentrion vers le Midy. Il ne faut pas negliger de tâcher à faire des experiences ſur cette découverte.

Il y a de certains ſignals qu'on trouve quand on approche de terre, & il eſt neceſſaire de les remarquer auſſi bien que les endroits ou on les rencontre.

L'uſage de la bouſſole eſt ſi merveilleux, qu'il va iuſques au prodige; & rien ne merite tant d'examen. Il eſt conſtant qu'il y a pluſieurs endroits ou l'esguille varie beaucoup : c'est pourquoy l'on doit prendre avec soin la variation de l'aimant. Car sans cela il seroit impossible de bien iuger des routes, & l'on se mettroit en danger de se méprendre considerablement. Il faut aussi bien specifier le lieu ou la variation de l'aiguille est plus grande, de méme que celuy, & le côté ou elle diminuë, lendroit ou elle devient fixe, & regarde le vray Nord, & ou elle commence à varier à l'Est.

La Martiniere remarque que devant les Montagnes de Rouxella en Norvege, la Boussole se détourne de six lignes, & il croit assez plaisament qu'il y a de l'aimant dans les Montagnes qui cause cet effet. L'aiguille ne se remet ensuite dans son centre qu'aprés deux iours & deux nuits de course au dela de ces monts. Une des relations de Mr Thevenot dit aussi ce me semble que la méme chose arrive dans l'Ocean Meridional. Sur le chemin des Jndes. Ce qui n'est pas un sujet mediocre de speculation. Ce que raporte Pyrard à propos de cela n'est pas moins surprenant. Il dit avoir apris des Portugais qu'un corps mort ietté dans les Mers d'Affrique au Nord de la ligne

Equinoxiale flotte sur l'eau la tête toûjours tournée du côté de l'Occident & les pieds par consequent à l'Est. Si les vagues & les vents luy font changer de situation, on remarque que le cadavre s'y remet aussi-tost. Il n'en est pas de méme ajoûte-til au dela de la ligne vers le Sud, car les corps y dessendent au fond de la mer. *Pyr.* 2. *part. p.* 129.

Soit qu'on se trouve dans un Port, ou sur des côtes à terre, il faut observer l'heure & le jour des plus hautes marées dans les tems de la Pleine, ou de la nouvelle Lune; marquer exactement combien elles montent, en quel tems de l'année, & en quel âge de la Lune.

Pour peu enfin qu'on ait leu de relations un peu exactes & conversé avec des voyageurs, on s'accoutumera à remarquer quels mers baignent les pays par ou l'on passe, & quels Ports sont les meilleurs pour l'abord, pour le commerce, ou pour l'abry.

Si le voyage se faisoit par les pays Septentrionnaux; il faudroit s'enquerir au vray, si en Islande toute l'herbe qui y croit y sent si bon, qu'on s'en sert méme pour parfumer le linge. Si les

Annalles de ce pays sont si curieuses qu'elles contiennent l'histoire des Etats voisins & méme des plus éloignez. Celles qui sont en vers sont les plus anciennes.

Si les Lappons ne voyagent point hors de leur province, & si la temperature des climats vosins leur est si incommode qu'on le dit.

Pour peu qu'on passât en Moscovie, il faudroit courir un peu les bords du Volga, comme a fait Jean Struys. Mais il faudroit attendre l'hiver & que le fleuve fut gellé; parce qu'on auroit par la beaucoup de commodité de connoître la grandeur d'un degré sur le cercle de latitude. D'autant plus que ce fleuve va assez loin *Nord* & *Sud* On pourroit ainsi mesurer quelque grande distance, & prendre la hauteur Meridienne de quelque étoille, comme de quelqu'une de la grande Ourse, ou d'une autre qui montât au dessus des refractions.

Il faudroit voir & examiner soy-méme la plante qu'on dit étre semblable à un Agneau, & qui broute pour ainsi dire les herbes aux environs d'elle. S'informer de ces hirrondelles qui se jettent en hyver au fond des étangs.

Comme on n'a point veu icy de cartes des Mines, & que les desseins d'Agricola ne nous en font voir qu'une partie des machines qu'on y employe, il faudroit tâcher d'avoir une copie de celles des Mines les plus celebres & les plus curieuses, avec l'histoire ou la description de l'ouverture, de progrez & des evenemens : rien ne seroit plus utile. Ces lieux au reste sont des Provinces la pluspart du tems, où il y a autant d'habitans, de villages, & de singularitez que sur terre.

C'est une chose étrange qu'on ait si peu fait de voyages du côté du Nort, dans le dessein d'en receüillir les antiquitez, & d'y voir ce qu'il y a de singulier. Les plus grandes Provinces de cet Horison sont pour ainsi dire vierges de ce côté la, quoy qu'il soit vray de dire qu'elles ne seroient pas steriles.

Dans Kiovvie sur le Boristene ou le Dnieper des relations nous avertissent qu'il y a des inscriptions Greques fort anciennes & des ruines de monumens considerables. Les Mosaïques sur tout des Temples de sainte Sophie & de S. Michel sont tres curieuses.

Il faut voir les Grottes de Peczary au dessus de Kiovvie, & les corps entiers qui s'y conservent cóme les Mumies d'Egypte. Il y a trois têtes d'hommes qu'on y voit dans des plats & qui distillent une huile precieuse il en faudroit aporter si cela se peut pour l'examiner. Je ne doute point qu'on ne trouvât encor à s'instruire dans ce lieu, ou le Monastere est des plus anciens, de beaucoup de choses singulieres.

Il ne seroit pas difficile de faire apporter de ces petits animaux qui se trouvent vers Czechrin semblables à de petits lapins, & qu'on appelle *Bobaques* en ce pays. Ceux qui en parlent, disent qu'on les apprivoise aisement & qu'ils sont aussi guais, & plus divertissans encor que des Escureuils.

On raporte aussi que dans les Ruines des vieux Châteaux qui sont sur les montagnes, on y trouve quantité de Medailles; i'en ay veu l'ectipe de quelques vnes, & elles me paroissent étre constament ou de Justin ou de quelques vnes de ses prochains successeurs. C'est pourquoy si l'on pouvoit déterrer quelques vieille chronique du pays on découvriroit beaucoup de choses considerables.

Il faudroit aussi apporter de ce sel d'vKraine apellé *Kolmey*, qui se fait avec du bois d'aulne & de chesne ; en decrire la fabrique ; aussi bien que de ce pain de poissons secs qui se fait dans les Provinces du Septentrion, & particulierement dans l'Islande. Dans ce dernier endroit il y a deux fontaines vers le mont Hecla, dont la nature & les effets sont assez differens quoy qu'elles soient l'une contre l'autre; les eaux de la premiere boüillent toûjours. On y voit neantmoins comme des plongeons ce qui est assez singulier. La seconde est tellement froide qu'elle convertit méme en pierre ce qu'on y jette. Ces prodiges si voisins meriteroient bien la peinne d'étre examinez par des voyageurs Physiciens & de loisir.

Un nommé de la martiniere parle de Lappons sujets de Danemarc, ce que ie n'ay point remarqué ce me semble dans la description de Scheffer, non plus que cette circonstance qu'il aioûte que ces peuples ont tous un gros chat noir, qu'ils consultent comme un oracle dans toutes leurs affaires.

Les femmes de MOSCOVIE, dit encor le méme voyageur, ne croyent point étre aimées de leurs marys, si elles n'en sont battües de tems en tems. Ce que je trouve assez étrange. J'aurois moins de peine à croire l'inclination de ces Affriquaines qui veulent étre morduës jusques au sang par ceux qui les caressent.

Je ne sçay non plus sur quel fondement, on raporte que le grand Duc de MOSCOVIE envoye dans la Samogicie des Criminels condamnez à mort, pour étre devorez des peuples de cette Province. Il ne sera pas difficile à un voyageur de se souvenir de quelques vnes de ces particularitez & de s'en instruire lors qu'il passera sur les lieux.

On dit que proche de Severin en Hongrie, il se voit encor des restes du Pont admirable, qu'Hadrien fit bâtir sur le Danube, & qui est decrit par Dion Cassius. On trouve aussi dans ce méme pays à ce qu'on pretend des Medailles qui furent frapées en memoire de ce Pont.

On y devroit aussi trouver des monnoyes D'INGENVVS & de VETRANIO, que les legions de MŒSIE saluerent Empereurs dans cette Province. Quelques-vns croyent que Lysimachus a fait autrefois sa residence dans ces quartiers la, puisque dans le dernier siecle on trouva sous un Pallais ruiné proche de *Deva*, une grande quantité de medailles d'or de ce Prince ; & Edoüart Brovvn dit qu'entre autres on fit present à Charles Quint de deux medailles d'or trouvées dans cet endroit, sur l'une desquelles on voyoit le Nil, & sur l'autre Semiramis.

Les environs de *Sene* ou de *Senia* sur le Danube, sont aussi remplis d'antiquitez.

Les Mines de cette Province ne sont pas une des moins considerables raretez à visiter. On voit dans celle de *Hern Grundt*, deux sources d'eau de Vitriol qui ont la vertu de changer le fer en cuivre. Il faudroit apporter de cette eau pour voir si elle feroit le méme effet hors de sa source, que sur les lieux ; & si l'art ne pourroit point imiter avec un peu d'industrie, ce que la nature fait si aisement.

Le lac de *Zirchnitz* dans la Carniole est une chose si merveilleuse qu'il ne seroit pas inutile d'en avoir une description & une histoire exacte, aussi bien que de cette Pierre, par la qu'elle les pescheurs conjecturent quand l'eau doit dessendre sous terre. Ce prodige arrive d'ordinaire au mois de Iuin, & l'eau remonte au mois de Septembre avec les mémes poissons qu'elle avoit entraisnez. Ainsi l'on voit faire tous les ans une espece de moisson & paistre les Animaux dans un lieu ou les poissons n'ageoient auparavant, & deux ou trois mois apres les Pecheurs voyent avec plaisir que l'eau retourne & rameine dequoy exercer leur mestier.

Si l'on dessend de la en Grece il faut avoir leu Pausanias ou l'avoir à la main, pour ne rien échaper des antiquitez qui peuvent rester. Mr Spon a des-ja fait de semblables recherches; mais comme une personne ne sauroit tout remarquer, ny tout découvrir; il ne faut rien negliger des remarques qu'on peut faire, parce qu'il n'y en a point qui ne puissent étre utiles.

Combien en effet peut on remarquer de choses considerables dans les restes des Edifices, soit de ceux qui ont esté bâtis sous les anciens Grecs, sous les Empereurs Romains, ou depuis; & combien d'observations peut-on faire sur ce que Vitruve a enseigné, & qui ne se trouve point avoir été observé aprés luy, ou qui n'a pas été au gout de quelques Autheurs.

Il faut s'instruire encor à propos de cela avec autant de soin des regles & de la pratique des Arts qu'on exerce dans chaque pays, ou l'on passe, tant de ceux qui ne regardent que les besoins naturels, que de ceux dont l'usage est pour la manificence, & la volupté.

Le raport necessaire, que la plusspart de ces Arts ont avec les sciences, excitera sans doute assez les Voyageurs habiles à sinformer de qu'elle maniere, la Theologie, L'astronomie, la Medecine, la Geometrie, la Chronologie, ainsi des autres, sont cultivées dans chaque climat.

La langue des lieux ne fournit pas moins d'observations à faire pou peu qu'on l'étudie ou qu'on s'adresse à quelque personne hors du commun. On apprendra aisément si elle est riche, si elle subsiste depuis l'on tems, si elle est derivée de quelque autre, si elle est capable d'ornemens, soit en Vers soit en Prose, & quel est le genie & l'éloquence des Orateurs ou des

Poetes du pays.

S'il se trouve des ouvrages écrits dans quelque langue que ce soit, il faudroit tâcher d'en avoir, & principalement de la Poesie qui constament est la plus ancienne maniere, & s'il se peut en avoir une traduction fidelle Il faut receüillir encor tout ce qu'on pourra de la Musique cõme des chants nottez. Le tablature, & l'explication tant pour la voix, que pour les instrumens; & ne pas oublier la description exacte de tous les instrumens de Musique, de quelque nature qu'ils soient.

Si les peuples ont eu quelque culture, & qu'il ayent eu quelque connoissance de l'Antiquité, il est impossible qu'ils ne se soient appropriez ce qui pouroit servir d'avantage à leur politesse. Les Arabes par exemple que n'ont ils point traduit en leur langue, apres avoir chassé les Grecs des pays que ces mémes Grecs avoient vsurpez avant eux. Peut-être recouvreroit on dans leur Bibliotheques une infinité de livres qui nous manquent dans toutes les sciences, & entre autre ce que nous avons perdu de Tite live & qu'un Voyageur pretent avoir veu. Comme nous

nous avons dans cette langue Euclide, Diophante, Apollonius Pergæus, on peut esperer de retrouver le 8 Livre du dernier qui nous manque. Je ne sçay combiē de traittez d'Hippocrate & de Galien, qui ne sont point imprimez. Il ne faudra pas negliger non plus les ouvrages de ceux qui ont aussi travaillé de leur chef. On en trouve de tous les genres, comme des observations astronomiques par *Maymon* ou sur ses memoires ; par *Nassiridim Tousy*. Les Tables appeliées *Send'hend*. Les commētaires sur l'Alcoran ne sont pas des pieces moins curieuses comme celuy de *Varnachart*, de *Bedaout* la *Souna* en Turc & les œuvres des quatre chefs de la loy Mahometane. Tout ce qui se trouveroit enfin, en Arabe seroit encor plus precieux qu'il ne l'est s'il ètoit vray, comme le pretend le Pere Philippe que toutes les autres langues d'Orient en sont derivées & que la langue Arabe en est la mere.

Au reste Mr Naudé & le P. Iacob pretendent que la Bibliotheque du Roy de Maroc est remplie de tous ces thresors.

L'Asie mineure, qu'on appelle aujourd'huy la Natolie, est presentement si detruitte, que pas un Voyageur n'a eu le courage de la penetrer, pour nous en d'écrire les precieux restes que l'antiquité a tant celebrez. Si quelqu'un neanmoins entreprenoit ce dessein, il ne faudroit pas qu'il oubliât ny *Strabon*, ny *Stephanus de Vrbibus* ny *Denis d'Alexandrie* avec les fragmens de *Scylax Caryandensis*, d'*Agathemer*, d'*Heraclides Ponticus*, de *Ioannes Damascenus*, de *Marcianus Heracleotes* & ces autres qu'Heschelius nous a donnez, & de l'Anonime de Mr Godefroy. On trouve tous ces Autheurs en petit & ainsi ils sont fort commodes à porter.

La quantité de Villes celebres, ou pour avoir été les Capitales & la demeure de tant de Roys ou la patrie d'une infinité de grands hommes. Les Isles renommées dont les Anciens nous racontent des prodiges comme celle d'Achille d'écrite par Arrian & tant d'autres, les Monts Taurus, celuy de la Chimere en Lycie, le fleuve Pactole, le Thermodon & le Phase, ne doivent pas moins exciter nos courses aujourd'huy qu'ils faisoient anciennement.

Favorin raporte que sur les confins d'Armenie & de Medie, il y a des lieux ou les Chevaux sont tous jaunes & isabeles, le Pere Philippe le dit aussi quelque part & tient que les femelles sont beaucoup meilleures que les masles. Il n'est pas difficile de s'éclaircir de ce fait. Je ne doute point qu'il ne se puisse trouver des anciens livres Armeniens. Ces peuples comme je l'ay dit ailleurs n'ont pas commencé si tard à cultiver les lettres qu'on le pretend. Un Ancien Autheur nommé Moyse a publié plusieurs livres d'Histoire & je ne crois pas qu'un voyageur negligeât de s'en charger s'il pouvoit les découvrir.

S'il est vray qu'en Perse les communes sont obligées comme en Angleterre, de garder les chemins, les voyages s'y doivent faire agreablement, & il est aisé d'y rechercher les restes de la manificence des Perses ou des Romains qui en ont possedé une bonne partie pendant plusieurs siecles. En effet à deux journées de Schiraz vers Hispahan qui est l'ancienne Suse, quelques Voyageurs disent que quarante Colonnes soûtenoient un superbe Palais qu'on tient être un ouvrage Romain, selon les uns & selon les autres des anciens Perses. Le lieu s'apelle *Tchéel-Minar*, Struys en parle aussi, il dit qu'il n'y a plus que 18. Colonnes, on en voit un profil dans son voyage, auquel il ajoûte une espece de description. Ce qu'il en dit au reste fait soûhaiter davantage d'en avoir un dessein & un recit plus exact, il croit que ce lieu est à l'endroit de l'ancienne Persepolis.

Il est impossible que les Grecs d'Eretrie qu'un Darius relegua dans la Cissie, aujourd'huy *Chrusistan*, n'ayent laissé quelques monumens dans cette Province, soit de monnoye, soit d'inscriptions. Comme on fait des clefs de bois en Perse, il seroit bon d'en apporter : la fabrique ce me sẽble en doit estre plaisante & aussi extraordinaire que ces Vaisseaux des parties Septentrionnales de la Moscovie, dont l'unique matiere est le bois, les voiles les cordages, les clous & l'ancre.

Si l'on ne peut pas trouver des livres écrits en ancien caractere Persan, il faut tâcher du moins de recouvrer ceux qui traittent de la Religion ancienne de ces peuples, lors qu'ils n'adoroient encor que le Soleil ou le feu. On dit que ces livres s'intitulent ainsi *Vante Parans volta.* Un illustre Persan nommé Mirconde a fait une histoire tres curieuse & tres considerable, ainsi l'on n'employeroit pas mal son tems à la recherche de cet ouvrage dans quelque langue qu'il se trouvât: il y en a sept Volumes. Il faut receüillir aussi exactement ce qu'on pourra apprendre de l'état des Eglises Chrétiennes de ces pays-là, de quelque secte qu'elles soient, Melchites, Nestoriennes, Jacobites, Eutychiennes ou autres, & si l'on trouvoit des histoires ou des collections de leurs Concils, la découverte n'en seroit pas inutile.

Nous n'avons rien de plus curieux que ce que Pyrard nous a raporté des Isles Maldives, mais comme il n'en avoit veu que deux ou trois, ce n'est rien encor puis qu'on tient qu'il y en a onze mille. La fievre que le Europeans gagnent toûjours en abordant celle de Malé meriteroit bien une observation en forme.

Quelques Voyageurs disent qu'on trouve des Onces à Malaca, & loüent fort les gentillesses de cette espece d'animal. Le Pere Philippe dit qu'il ressemble au Singe; je ne sçay si la figure attellée avec une Panthere dans un revers d'Antonin Pie publié par Mr Spanheim ne seroit point un de ces P. 242.

arima x. S'il est vray qu'on en ait fait voir à Rome dans les jeux publics, il faut que ç'ait été dans la saison la plus chaude. La difficulté en ce cas seroit de sçavoir comment ces Princes les avoient pu faire transporter puisque le moindre froit les fait mourir, comme je crois l'avoir leu quelque part.

Herodote raporte que tous les animaux sont plus grands dans les Indes qu'ailleurs, mais que le Cheval seul y est plus petit, je ne me souviens pas qu'aucun Voyageur ait fait reflection sur cette circonstance, il ne la faut pas negliger.

On dit que les eaux du Gange ne pesent que la moitié des autres eaux, ce qui est un peu paradoxe, car la difference en est bien grande, peut-estre que toutes celles des Indes & des autres pays chauds, sont plus pures que les autres & par consequent plus legeres. Cette experience n'est pas difficile à faire, & peut contribuer à quelque utilitê, on n'a pour cela qu'à prendre un vase, l'emplir & le peser, en observant la temperature de l'air avec un Thermometre pour ne se point méprendre, il sera aisé apres cela de faire une épreuve exacte de l'eau des autres fleuves & des autres climats. Car les anciens ont dit bien des merveilles de quelques-unes, comme entre-autres de celles du fleuve *Lyncestis* en Macedoine. Ovide dit qu'elles enyvrent ceux qui en boivent, & qu'elles les font chanceller comme si ils avoient beu du vin.

Haud aliter titubat, quam si mera
vina bibisset.

Et Pline rapporte que dans l'Isle d'Andros une des Cyclades, il y avoit une fontaine dont les eaux prenoient le gout du vin, le cinquiéme jour de Fevrier.

Quelques relations raportent que dans la Province de Tenassary, il y a une espece de cochons qui multiplient sans masles, si cela est vray ce doit étre un prodige.

On dit aussi quelque chose d'assez plaisant des Elephans de l'Isle Ceylan, ceux des autres pays les croyent si nobles, qu'ils les honorent particulierement, & qu'ils leur font méme la reverence.

Un voyageur parle d'une soye d'herbe qui croit dans quelque Isle de ces quartiers là, c'est peut-estre la matiere dont on fait les étoffes que nous appellons icy, d'écorce de bois. On peut s'enquerir de cela & l'examiner aussi bien que la boisson qu'on donne aux miserables veuves Indiennes, qui sont obligées de se jetter dans le feu où l'on brule le corps de leurs maris.

Il y a long tems que les monnoyes d'Orient n'ont rien de curieux: & depuis que la loy de Mahomet s'y est répanduë, la fabrique en est devenuë toute barbare. Ce que Tavernier raporte neantmoins dans le second Volume de ses Voyages, merite bien qu'on y fasse reflection, & qu'on ne neglige pas une certaine mõnoye qui y fut frappée par les ordres d'une Princesse à qui le Roy permit de regner pendant 24. heures. *Nour-gehan Begum*, car c'est ainsi que s'apelloit cette Reine qui vivoit en 1620. ne songea qu'à sa gloire pendant ces precieux momens; & elle ne crut pas la pouvoir mieux eterniser, qu'en faisant battre de la monnoye qui portât son nom avec des Types singuliers. Elle choisit les douze signes du Zodiaque, comme ayant quelque raport avec son nom,

nom, qui signifie *Lumiere du monde.* Ce point d'histoire merveilleux donne du merite à cette monnoye, & doit la rendre precieuse aussi biẽ dãs ce pays-cy que dans les Indes ou elle devient tres rare, à ce que dit le Voyageur qui a receüilly ce fait, & qui donne la figure de ces monnoyes à la page vingt-quatriéme.

J'ay leu quelque part des merveilles d'une Montagne qui separe presque les Indes en deux, elle s'apelle *Bellegati*, & l'on rapoite qu'en la passant on y éprouve les deux saisons les plus differentes & les plus opposées de l'année. Rien n'est plus surprenant que l'hyver regne d'un côté & qu'une heure apres vous vous trouviez de l'autre en été.

On a si peu penetré dans le Royaume de Siam, & de la dans la Cochinchine, ou dans l'Achine, qu'on ne feroit pas mal de s'enquerir s'il y a des passages, & de quelles commoditez on pourroit se servir. Cette recherche sur tout abregeroit extremement les voyages que l'on fait à l'Achine.

Ce que Iean Struys raporte de l'Isle Formose est assez singulier. Il dit avoir veu un homme avec une queuë longue de plus d'un pied, couverte d'un poil roux, & semblable à celle de bœuf. On sceut de cet homme qu'il étoit de la partie Meridionale de l'Isle, & que ceux qui l'habitoient avoient tous une queuë semblable.

Il faudroit sçavoir si ces poissons qu'on trouve vers l'Isle de S. Laurent, & qu'on apelle des Syrenes sont si utiles, & si leurs os servent tant à la chasteté, & contribuent si fort a rendre un homme impuissant comme on le dit.

Les Roys d'Egypte entretenoient sans doute de grans Haras, puisque selon Diodore, ils avoient plus de cent escuries le long du Nil, dont chacune étoit capable de tenir deux cét chevaux, il faudroit prendre garde en voyageant si l'on n'en découvriroit point les vestiges. Il se trouve encor en ce pays là des obelisques, chargez de figures, on pourroit en apporter des desseins si l'on vouloit s'en donner la peine. Peut-être renaitra t'il quelque nouveau Kirker pour nous en reveler les mysteres. Il y faudroit dessiner une branche de l'*Enimez* qui est le vray sicomore apellé *Figuer de*

Pharaon par les Europeans. Cet Arbre croit proche d'Alexandrie. On y appelle aussi *Rat de Pharaon*, un petit animal domestique que ceux d'Alexandrie aprivoisent chez eux, il est connu sous le nom d'*Icneumon* chez les anciens. Ie ne sçay pas à quel usage les Egyptiens s'en peuvent servir, si ce n'est qu'il est ennemy du Crocodil, ce que quelques Medailles nous font remarquer, je ne crois pas qu'on en ait veu d'en vie en Europe.

En adit. Et quelques autres.

Le Pere Philippe raporte une chose merveilleuse dans son Itineraire, de la maniere que les habitans d'Alep aprennent l'arrivée des Vaisseaux, & le détail des Marchandises qui sont dedans. On prend en cette ville des Colombes dont les petits sont nouvellement éclos; on porte ces pigeons au Port de Mer, & aussi-tost que les Navires sont arrivez, on leur donne la liberté apres leur avoir attaché un billet sous l'aile. Et ce qu'un courier ordinaire ne pourroit faire en deux jours ces Colombes le font en trois heures. Ainsi l'on a des nouvelles en peu de tems. Pietro della Valle raporte neanmoins ce fait differemment; car il dit qu'on ne se sert seulement que des masles desappareillez d'avec leurs femelles, & que ces sortes de couriers sont communs dans toute la Perse, dont il y a des races meilleures les unes que les autres. Un autre Voyageur dit que *Lantopelaton* qui croit en Grece, se trouve aussi dans le voisinage d'Alep. Ceux du pays reduisent sa racine en poudre & s'en servent pour netoyer les tâches des habits. Cette plante a les fleurs jaunes & une grosse racine. Il faudroit en apporter en ce pays-cy, aussi bien qu'une certaine fleur qu'on apelle *Lys blanc de Syrie*, & qui est different des nostres.

Au milieu du chemin entre Alep & Babylone, il y a un endroit au bas d'une Montagne, ou l'on voit beaucoup de statuës taillées méme dans les roches. Tout auprés encor, au bas d'une petite colline d'ou sortent plusieurs fontaines, on trouve comme un Pallais pratiqué dans la Montagne, ou il y a aussi des Statuës. Ces ouvrages paroissent antiques & Romains à ce qu'on pretend, si cela est ils valent la peine d'étre examinez de prés & dessinez.

On tient la langue des Chrétiens de Bassara, * pour tres ancienne. Ie ne sçay si ce ne seroit point celle * quelques Voyageurs la nomment *Bassora*, mais la Geographie qu'on appelle *Nubiensis*, marque le nom de cette Ville comme je l'ay mis des Sabaites dont parlent les Autheurs & depuis peu le Pere Simon. S'il reste des monumens de cette langue, ils ne peuvent estre par consequent que tres precieux, & meritent bien qu'on les receüille & qu'on les traduise en quelque langue plus connuë. Il faudroit chercher particulierement chez eux les livres qu'ils apellent *Sidra* qui sont leurs livres sacrez.

Si l'on passoit en Lybie il faudroit s'enquerir s'il reste encor de ces peuples nommez Psylles, qui ayent tant de vertus contre les serpens comme Pline & Plutarque le disent. Mais en voila assez pour le present, je ne crois pas qu'il soit à propos de m'étendre d'avantage sur ces observations. Ce que j'ay dit excitera sans doute assez les Voyageurs à s'instruire par eux mémes des choses curieuses & cōsiderables qu'on peut découvrir. Je ne me suis point étendu au reste sur les manieres de voyager ; car j'ay remarqué en travaillant à ces observations, qu'on en a déja imprimé un discours fort judicieux à la fin des voyages de Pyrard.

Ce voyageur méme donne quelques leçons tres utiles à ceux qui vont sur mer, & principalement du côté de la ligne & vers les Indes de l'un & de l'autre Hemisphere. Ainsi ie me suis abstenu du détail des preceptes dans le dessein de renvoyer ceux qui en auroient besoin, à l'ouvrage que ie viens de citer.

A AIOUTER.

p. 525. aprés la premiere ligne.

Et à propos de cela Plutarque raporte, que Remus & Romulus aprirent les sciences dans la Ville des Gabiens, ce qui marque qu'on y cultivoit les Lettres anciennement. Cela n'apprend pas neanmoins si la langue de ces peuples étoit la Greque ou l'Hetrusque qui se parloient en Italie, ou peut-étre la Punique, parce que leur Ville étoit une colonie de Sicile.

A la page 536. après *le plus qu'ils peuvent.*

Je trouve a propos de cela une medaille parmy les miennes, sur laquelle on voit representé la figure d'un osselet des deux côtez. le P. du Moulinet en a aussi une ou il n'y en a qu'un d'un côté seulement. Je ne sçay si ces monnoyes sont Greques ou Romaines; mais il se peut faire que les Autheurs dont je viens de parler, faisoient allusion à cette espece de monnoye, ou qui avoit eu cours dans les premiers tems, ou qui n'étoit de mise que dans de certaines circonstances, comme il y a lieu de soupçonner que se pourroit étre pendant les Saturnales. Quoy qu'il en soit il paroît que les anciens, &c.

pag. 642. après la 29. ligne.

Je ne dois pas oublier icy une Medaille de plomb grande comme un denier que le P. du Moulinet me vient de communiquer. Je l'aurois fait graver si le tems me l'avoit permis : mais en voicy la description. D'un côté un Hercule debout & nud, tient une massuë de la main gauche & s'appuye dessus. Il soûtient quelque chose de la droite qu'on ne sçauroit discerner. Le revers n'a que ces trois lettres ainsi L A S. Ce que j'ay dit à la page 486.

touchant l'Acca Larentia, m'aide beaucoup a expliquer cette Medaille & à la donner aux Saturnales. l'Hercule qu'on y voit d'un côté me fait donc croire que la Legende du revers veut dire LARENTINALIA SATVRNALIORVM, ou SACRA, ou ces autres expressions cy, *Larentia Acca Sacerdotes*, ou *Larentinalia Augusti*, &c. ou bien si l'on veut *Libertas à Saturnalibus* ou *Ludi Arra Saturnalibus*. Ce que Plutarque & Macrobe, qui en est le singe, raportent des deux Larentia confirment extremement mon interpretation. Les Romains sacrifioient à ces deux femmes non seulement dans les Saturnales, mais aussi au mois d'Avril. D'ou vient que celuy qui a fait frapper la monnoye dont je parle, a peut-être voulu marquer cette difference de Feste, par la Legende, LARENTALIA AVGVSTI SATVRNALIORVM. en voila assez ce me semble pour établir ma conjecture des Medailles de plomb. Si on trouve au reste quelque chose de meilleur la dessus, j'y souscriray avec plaisir.

LISTE DES AVTHEVRS qui ſont citez ou expliquez dans l'ouvrage

A

Ælian,
Aetius,
Æſchines,
Leonardo *Agoſtini*,
Albert le Grand,
Alexandre Aphrodiſée.
Alemannus,
Angeloni,
Ant. *Auguſtin*,
Agrippa,
Ariſtide,
Alex ab Alexandro,
Andocides,
Antiphanes,
Annius de Viterbe.
Arnaud d'Andilly,
Arrian,
Ariſtophane.
S *Auguſtin*,

Leo *Allatius*,
Appian Alex.
Ammian Marcelin,
Arnold,
S. *Ambroise*,
Apostolius,
Aristote,
Arnobe,
Asconius Pedianus,
Atticus,
Artemidore,
Athenée,
Aulugelle.
Athenagoras.

B

Bacon,
Baillet,
Barbaro,
Bellarmin,
Beroalde,
Bellory,
Beuverlant,
Beyerus de fribourg,
Bochart,
Boileau Depreaux,
Boissart,
I. C. *Boulenger*,

Boutroüe,
Boxhorne,
Brebeuf,
Ed. *Brovvn*,
Budée,
Busbecq,

C

Comm. de Cesar,
Le Card. *Cajetan*,
Callimaque,
Callistrate,
Camilli Leonardi,
Cambdenus,
Campanella,
Campege,
Canini,
Cantherus,
Capitolin,
Casaubon,
Cassiodore,
Catanœus,
Caton,
Catulle,
Cedrenus,
Censorinus,
Chaduc,
Charpentier,
Chifflet,
Chronique Alexandrine

Ciceron,
S Clement d'Alexandrie
Le Code Iustinien,
Le Code Theodosien,
Colomiez,
Columelle,
Corringius,
Cujas,
Cupperus.

D

Dalechamp,
Damascius,
De la Roque,
Demostene,
De Thou,
De Noris,
P. della Vallé
Denys d halycarnasse,
De Vallois,
Laurens *de Luques*;
Le Digeste,
Ludov. *de Montiosius*,
Diodore de Sicile,
Dion. Cassius,
Dion. Chrysostome,
Doublet,
Du Cange,
Du Choul,

Du Moulinet,

E

L'Ecclesiastique,
Egesippe,
Eginhart,
Ennius,
Epicharme,
Erasme,
Eschyle,
H. *Estienne*,
Ethicus,
Etymologicon Magnum
Eunapius,
Eusebe,
Examen des esprits,
Ioan. *Epiphaniensis*,

F

Fabretty,
Farnabe,
Felibien,
Festus,
Figrelius,
Florus,
Forets Duchesne,
Frotunatianus,

Frolichius,
Marc. *Ficin*.

G

Gaffarel ,
Galien ,
Geber,
Guenebaud,
Iac. *Godefroy*,
Golzius,
Gonzales ,
H. Gontier *Tiulem*.
Gorleus ,
Goropius Becanus ,
S. Greg.. *de Nazianze*,
Gruter ,
L. *Gyraldus*.

H

Harpocration,
Herodote,
Hesychius,
S. *Hierome* ,
Himmer us ,
Homere ,
Horace ,
Hottinger,
Hyginus ,

I.

Le P. *Iacob*,
Iamblichus,
Inghiramnio,
Ioseph,
Iourn. Des Scav,
Isidore,
Iustin,
Iuvenal.

K

Kipping,
Kirchmannus,
KirKer,
Kirstenius,
Krantzius.

L

Labbe,
Lactance,
La Martiniere,
Lambecius,
Lampride,
Lancelot,
I. *Lascaris*,
Le Bret,

Le F.vre,
Le Poids,
Le Vayer,
Licetus,
Lipse,
L eain,
Lucien,
Lucrece,
Lysias.

M

Mabillon.
Macarius,
Machabées,
Macrobe,
Mamertin,
Manilius,
Girol. *Marafioti,*
Martianus Capella,
Martial,
Meibomius,
Mirconde,
Gios. *Monterchi,*
Morel,
Maxime de Tyr,
Minucius Felix,
Morin,
Muret.

N

Naevius,
Naudé,
Nicetas
Nigidius figulus ;
Nonnius,

O

Occo,
Olaus Magnus,
Origene,
Ortelius,
Ovide

P

Palephatus,
Pallade,
Pancirolles ,
Papebroch,
Paracelse.
Ch. *Pascal ,*
Ch. *Patin,*
Paul Diacre,
Pausanias,
Peiresc,
Perse ,

P. Petit,
I. Petit,
Petrone,
Philon Iuif,
Le P. *Philippe Carme,*
Philostrate,
Photius,
Pyrro Ligorio,
Pietre sante,
Pignorius,
Pindare,
Platon,
Plaute,
Plethon,
Plotin,
Pline le Grand,
Pline le Ieune,
Plutarque,
Polienus,
Polybe,
Porphyre,
Priscien,
Procope,
Prudence,
Pyrard.

Q

Quinte-curce,
Quintilien,

Ios. *Simler*,
Simon,
Sirmond,
Smith,
Sophocle,
Spanheim,
Spartian,
Spelman,
Spon,
Stace,
Stephanus de Vibibus,
Strabon,
Stobée,
I. *Struys*,
Suetone,
Suidas,
Synesius,
Syphorian.

T

Tacite,
Tavernier,
Tenulius,
Terentianus,
Tertulien,
Theodoret,
Thevenot,
Thucidide,
Tibulle,

Tite-Live,
S. *Thomas,*
Trallian,
Trebellius Pollio,
Tristan de S. Amant,
Troge Pompée,
Turnebe,
Tzetzes.

V.

Valere Maxime,
Valerius Probus,
Vansleb,
Varron,
Vaserus,
Vegece,
Velleius Paterculus
Virgile,
Vitruve,
Volaterran,
Vopiscus,
Vossius.
Fulv. *Vrsinus,*
H. *Vrsinus,*
Vulcanius,
Vuilthemius.

X

Xenophont,

Ximenes,
Xiphilin.

Z

Zonare.

FIN.

ERRATA.

PAge 400. l. 9. *Astrolosques* lisez *Astrologiques*.

p. 451. *misna* lisez *Mischna*.

p. 468. caractes *lisez* caracteres.

p. 485. φρενὸν lisez φρενῶν.

p. 4°5. feroient *lisez* seroient.

p. 516. l. 23. ce traitté des Romains, & entre par *lisez* & entre autre par ce traitté des Romains.

p. 519. l. 10. de 3. manieres *lisez* de deux manieres.

p. 533. ἐυρημένων lisez ἐυρημένον.

ἡγεῖται lisez ἡγεῖσθαι.

αἶμα. lisez αἶμα.

p. 559. Xenophont. *lisez* Xenophon.

ligne 20. boublier *lisez* bouclier.

l. 23. bigues *lisez* biges.

p. 615. μίσρων lisez μὲ ὁρῶν.

p. 624. l. 11. dernier *lisez* denier.

p. 630. l. 11. sestes *lisez* festes.

ὑθὶ lisez ἐπὶ.

p. 641. avoit *lisez* en avoit.

Depuis la page 652. le chiffre est fautif, & commence par 635.

p. 651. au chiff. 7. SERGIUS *lis*. SERVIUS.

www.ingramcontent.com/pod-product-compliance
Ingram Content Group UK Ltd.
Pitfield, Milton Keynes, MK11 3LW, UK
UKHW031831260826
14628UKWH00001B/319

9 782013 488075